아동중심 놀이치료

Risë VanFleet · Andrea E. Sywulak
Cynthia Caparosa Sniscak 공저
권윤정 역

Child-Centered Play Therapy

학지사

Child-Centered Play Therapy
by Risë VanFleet, Andrea E. Sywulak, Cynthia Caparosa Sniscak
and Louise F. Guerney

역자 서문

많은 훌륭한 임상가들이 놀이치료를 활용하여 현장에서 어려움을 겪는 아동과 그 가족을 돕기 위해 열심히 상담에 임하고 있다. 놀이치료가 아동을 상담하는 핵심적인 상담 방법 중 하나로 인정되어 널리 쓰이면서 아동 관련 일을 하는 전문가들에게 놀이치료를 체계적으로 소개하고 가르치는 일 또한 중요하게 되었고, 나에게도 이러한 일을 할 수 있는 기회가 주어진 것을 감사하게 생각한다.

현재 국내에는 놀이치료에 대한 책이 많이 소개되고 있고, 다양한 임상 경험을 바탕으로 한 아동 상담 책들 역시 저술되어 나오고 있다. 하지만 나는 대학에서 수년간 강의를 해 오면서 현장에서 가장 널리 활용되고 있는 아동중심 놀이치료의 이론과 실제가 함께 체계적으로 저술된 책은 부족하다고 느껴 왔다. 기존의 여러 책 역시 아동중심 놀이치료를 충실히 소개하고는 있지만 아동중심 놀이치료에서 중요한 철학적 관점과 태도를 소개하는 것에 치중하다 보니 정작 놀이치료의 과정이나 놀이에 대한 이론, 그리고 치료자들이 염두에 두어야 할 실제적인 내용에 대해서는 간과하는 경우가 많다. 따라서 놀이치료의 주제와 과정에서의 이론을 다루면서도 실제를 놓치지 않는 책이 있었으면 하는 바람을 갖고 있던 중, North Texas 대학의 여름 놀이치료 과정에 참여하면서 이 책을 알게 되었다.

이 책의 저자들은 Rogers의 제자였던 Axline의 아동중심 놀이치료 원칙을 확장하여 체계화한 부부상담가 Bernard Guerney와 Louise Guerney의 제자로, 임상 현장에서의 폭넓은 경험을 바탕으로 스승의 이론에 자신들의 임상 경험을 덧붙였다. 풍부한 실제와 자세하고 쉬운 설명은 이 책의 또 다른 강점 중 하나다. 아마도 아동상담을 시작하여 놀이치료 현장에서 일하고 있는 상담가들은 놀이치료의 실제적 내용과 과정을 지도감독자들과의 수퍼비전을 통해서도 배울 수 있겠지만 그러한 내용을 체계적으로 정리하여 놀이치료를 이제 막 시작하는 초심자나 관련 전공 전문가들과 함께 공유할 수 있다면 비용적인 면뿐 아니라 놀이치료를 깊이 있게 이해하도록 하는 교육적인 면에서도 더없이 좋을 것이다. 특히 이 책에서 다루고 있는 놀이치료 과정에서의 상담 단계 분류나 놀이 주제에 대한 부분은 나 또한 해외 워크숍이나 수퍼비전을 통해서 익힌 내용으로, 저서 등에서는 소개하고 있는 경우가 드물다. 그러므로 놀이치료 현장에서 상담을 하고 있는 상담자나 나처럼 학생들에게 놀이치료를 가르치는 이들에게 이 책에서 다루고 있는 내용은 큰 도움이 될 것이라 생각한다.

이 책이 놀이치료를 시작하는 사람들에게는 충실한 소개서로, 관련 전공의 학생들에게는 놀이치료에 대한 이해를 넓힐 수 있는 교재로, 또 임상가들에게는 놀이치료에 대한 이론을 다질 수 있는 저서로 쓰였으면 하는 바람을 가지고 부족한 실력이나마 번역하여 내놓는다. 끝으로 이 책을 출판할 수 있도록 도움을 주신 학지사의 김진환 사장님과 관계자 분들께 깊은 감사를 드린다.

2013년 9월

권윤정

추천사

내가 기억하는 것보다 더 오래전부터 로저스 학파인 Virginia M. Axline의 놀이치료 접근의 열정적인 추종자로 지내 오면서, 나는 아동중심 놀이치료(CCPT: child-centered play therapy)에 대한 어떠한 종류의 출판물도 노파심 없이는 읽을 수가 없었다. 적어도 이 책의 저자들이 아동중심 놀이치료에 대해 폭넓게 이해하고 있고, 그것을 잘 통합시키고 있다는 확신이 들기 전까지는 그러한 마음이었다. 이 책의 저자들이 언급했듯이, '아동중심 놀이치료는 많은 사람들이 인식하는 것보다 복잡한 상담 방법이다.' 그러므로 사실 아동중심 놀이치료의 실제와 유사성이 거의 없어서 아동중심 놀이치료의 특수한 사례로 문헌에서 분류하는 사례 연구는 일반적인 아동중심 놀이치료라고 볼 수 없다. 아동중심 놀이치료를 충분히 교육받을 기회가 없었던 사람들은 자신이 믿는 것을 임상적 검증을 받은 것으로 만들기 위해 종종 아동중심 놀이치료를 개인화하거나 수정한다. 하지만 이 책은 안내서이므로 그러한 실수는 없을 것이다.

내가 이 추천사를 쓰기로 동의했을 때, 아동중심 놀이치료라는 이름 아래 내가 새롭게 알게 될 수도 있는 것에 대해 두려움이 없었다. 나는 저자들이 논리적이고 수준 높은 문헌을 만들었으리라고 확신한다(나는 Risë, Andrea, 그리고 Cinthia 모두를 지도한 것에 자부심을 갖고 있다). 그들이 이 모델을 전파하면서 수년간 성취해 온 것들을 볼 수 있어서 기쁘다. 또한 이 책은 그들의 지식을 확장하고, 이 모델을 배우고자 하는 사람들의 경험의 폭을 넓혀 줄 것이다. 물론 항상 그래왔듯이, 저자들은 독자에게 이 방법을 숙달할 수 있는 실제적인 훈련과 수퍼비전을 구하도록 격려한다.

이 방법에 있어서 초보자와 숙련된 아동중심 놀이치료자 모두에게 이 책의 내용은 유용한데, 이 책이 기본적인 것에 대해 그들의 기억을 새롭게 해 주거나 전문적인 문제 혹은 부가적인 적용에 대한 지식을 확장해 줄 수 있기 때문이다. 치료자가 아무리 기본 원리를 잘 이해하고 있고, 그 방법의 성공적인 적용에 대해 적절한 태도를 취하고 있다고 해도 기술적인 딜레마와 개인적인 아동의 치료 목적, 그리고 고려해 봐야 할 반응에 따라 미묘한 차이가 존재한다. 아동이 다양한 이유로 준비가 서툴 때, 이러한 관점에서 이 책은 여러 가지를 안내하고 있다.

나는 특히 이 책에서 몇 개의 장이 아동중심 실제를 견고하게 확장한 것에 흡족했다. 우선 첫 번째로, 어떤 장은 나의 열정의 한 부분을 다루고 있다. 즉, 부모-자녀 놀이치료로 알려진 아동중심 놀이치료의 한 분파는 부모에게 아동과의 아동중심 놀이치료 회기를 실행하기 위한 기본적인 변화 동인으로 작용한다. 이 책은 또한 비지시적 아동 놀이 개입을 활용하기 위해 다른 비전문가들을 대상으로 한 훈련 역시 기술하고 있다.

두 번째로, 다른 장에서 저자들은 사례의 심각성과 긴급성에 따라 아동중심 놀이치료에 추가적인 치료를 보충해야만 하는지에 대한 사례를 논의했다. 두 치료법을 성공적으로 적절한 사례에 결합하는 방법에 대한 세부사항 또한 제공하고 있다. 그러한 세부사항은 개인적인 수퍼비전을 제외하고는 거의 제공하지 않는 것이기 때문에 더욱 의미가 있다. 저자들은 이러한 유형의 치료 결합이 일반적인 상담 실제가 아님을 명확히 하고 있으며, 이것을 분별 있게 사용하기 위한 안내도 제시해 두었다. 나는 이러한 논의가 아동, 가족, 또는 사회적 복잡성 때문에 치료의 진전에 방해를 받는 상황에 직면한 치료자들에게 특히 도움이 될 수 있을 거라고 생각한다.

세 번째로, 놀이치료에 있어서 접촉이라는 논쟁적인 주제를 다룬 장도 있다. 저자들은 이 복잡한 문제에 대해서 자신들의 확장된 이해를 상세히 기술해 놓았다. 만지고 만져지는 것은 아동중심 놀이치료에서 많은 아동에게 의사소통의 중요한 수단이 되기 때문에 무시할 수 없을 것이다. 저자들은 치료자와의 접촉이 일부 아동에게는 외상을 일깨울 수도 있고, 다른 사람들에게는 오해를 받을 수도 있기 때문에 특히 주의를 요할 것을 강조한다. 하지만 그렇다고 할지라도 그들은 접촉이 아동으로부터 시작되며, 치료자가 아동의 생육사와 관점에 대해 민감할 때는 그것이 적절할 수 있다고 믿는다. 저자들은 현명하게 치료자들에게 경고하지만 일부 성인이 그에 대해 심각하게 걱정하여 아동과의 접촉을 오해하거나 잘못 인지하는 것도 무리는 아닐 수 있다. 치료자는 이러한 사전 지식을 가지고 관련된 자신들의 민감성을 위협받지 않은 채 아동의 욕구를 충족시킬 수 있다.

네 번째로, 저자들은 두 개의 장에서 아동 내담자와 관련된 아동을 상대하는 것에 대해 다루고 있다. 그중 하나에서는 (부모-자녀 놀이치료에서 놀이 회기를 수행하지 않는) 부모와 학교 관계자들을 다루었고, 다른 장에서는 사회적 서비스와 정신 건강 기관 구성원, 그들 모두와 사법 기관을 다루었다. 이러한 집단의 모든 구성원이 아동을 위해 의사결정을 하는 중요한 역할을 담당하고 있기 때문에, 그들은 무엇이 놀이치료고 무엇이 아닌지, 무엇이 달성될 수 있고 그렇지 않은지, 아동에게 제공할 수 있는 구체적인 이점은 무엇인지, 시간이 얼마나 걸리는지 등을 이해할 필요가 있다. 그러한 관계를 형성하고 지속하는 구체적인 방법들을 임상가에게, 특히 이러한 혼란스러운 현실에 새롭게 직면한 사람들에게 도움이 된다고 입증된 방식으로 사려 깊게 제시하고 있다.

요약하자면, 이 책은 아동중심 놀이치료의 기본적인 기법을 매우 명확하게 다루고 있다. 나는 특히 공감을 강조한 부분에 가치를 두는데, 공감은 로저스 학파의 기법에서 가장 강력한 것이기에 그렇다. 더 나아가, 저자들은 경험의 모든 수준 중 놀이치료자에게 중요한 것임에 틀림없는, 놀이실 밖(가족, 학교, 지역사회)에서 이 방법을 적용하는 좀 더 넓은 문제에 대해서도 일부 다루었다.

마지막으로, 이렇게 강력한 방법을 정확히 이해할 수 있도록 도와준 저자들에게 깊은 감사를 표한다.

놀이치료 지도감독자(RPT-S)이자
Pennsylvania 주립대학 관계 증진 연구소 명예교수
Louise F. Guemey 박사

저자 서문

아동중심 놀이치료는 이 방법의 개척자인 Virginia Axline이 자신의 책 『놀이치료(*Play therapy*)』(1947)를 처음 출판한 이래로 문헌에서 중요한 주제였다. 그리고 『딥스: 자아를 찾아서(*Dibs: In Search of Self*)』(1964)와 『놀이치료(*Play therapy*)』(개정판, 1969)가 몇 년 후 뒤따라 출판되었다. 이는 1960년대 이후 지시적 · 비지시적 · 가족 중심 방법을 포함하여 놀이치료의 여러 형태가 나타나면서, 임상가들이 놀이가 진정으로 아동이 선호하는 표현 매체라는 것을 인식함에 따라 나타난 것이다. 가령, 젊은 발달장애 성인을 위한 지역 거주 센터 직원들도 내담자에게 활용하기 위해 아동중심 놀이치료 훈련을 받으며, 심지어 일부 행동주의자들도 현재는 자신들의 상담 방법과 놀이를 통합하려 한다(Drewes, 2009; Ginsberg, Sywulak, & Cramer, 1984). 다양한 수준의 정서 · 행동 문제를 나타내는 아동을 위한 치료로 선호되는 방법으로서 놀이치료의 출현, 놀이치료에서의 일탈, 그리고 소생에도 불구하고 아동중심 놀이치료로 아동을 치료하는 효과성은 여러 해 동안 수행된 연구에 의해서 입증되어 왔다.

이 책의 세 저자인 우리는 아동중심 놀이치료의 상담, 교육, 지속적인 학습에 있어서 도합 85년의 경험이 있다. 우리는 아동중심 놀이치료의 활용을 명확히 하는 방법으로 우리의 지식과 경험을 나누고 싶으며, 그것을 사용하는 사람들에게 친숙한 형태로 세부적인 정보를 제공하고 싶다. 오늘날 임상 실제에서의 분위기는 임상가가 결과를 산출할 수 있는 접근 방법에 유창해지도록 요구한다. 인터넷은 그들의 아동과 가족의 환경에 도움을 줄 수 있는 치료법에 대한 방대한 정보에 상담 소비자들이 접근할 수 있도록 한다. 부모는 문제가 발생했을 때 자신의 자녀에게 도움을 주기 위해 입증된 방법을 찾는다. 더구나 서비스 비용은 지속적으로 상승하는 반면, 보험 환급 비용은 감소하기 때문에 부모는 결과에 대해 좀 더 많은 요구를 한다.

우리는 가장 먼저 훈련의 뿌리에 대해 공식적으로 감사를 표하지 않고서는 아동중심 놀이치료에 대한 정보를 퍼뜨리지 않으려 한다. 우리 세 저자 모두 부모-자녀 놀이치료의 창시자이자 선구자인 G. Bernard 및 Louise F. Guerney 박사에게 진심으로 감사하고 있다. 그들의 대학원 학생이자 피훈련자로서, 우리는 열정적으로 여러 해 동안 그들의 선구적인 작업에 대한 이야기를 경청했다. 그 당시, 아동 문제의 원인일 수도 있는 부모를 아동과 함께 놀이실에 들어가게 한다는 생각이 그들의 동료들에게는 이상하게 여겨졌다. Bernald와 Guerney 박사 부부는 부모가 그들의 자녀와 아동중심 놀이치료 회기의 실행에 대해 배울 때, 부모가 주의 깊게 지도를 받도록 마음을 썼다. 뿐만 아니라 자신들이 수립한 모델의 효과성을 증명하는 연구 역시 수행했다. 주의 깊은 훈련은 아동중심 놀이치료의 원리와 절차를 사전에 훈련받지 않은 일반인도 쉽게 이해할 수 있도록 그 교수법을 세분화할 필요가 있었다. 그리고 Guerney 박사 부부가 만든 아동중심 놀이치료에서의 '할 것과 하지 말아야 할 것'은 약간의 변형이 있었던 것을 제외하면 수년간 살아남아 오고 있다. 이 책은 여러 해에 걸쳐서 Guerney 박사 부부가 학생들에게 보급해 온 아동중심 놀이치료의 모든 측면에 대한 안내서다. 따라서 독자는 이 책의 지시를 따라가기만 한다면 가장 실용적이고 높은 수준에서 아동중심 놀이치료를 연습할 수 있는 명확하고 간결한 규칙을 배울 수 있을 것이다. 부모-자녀 놀이치료를 배우기 원하는 독자 혹은 아동중심 놀이치료에 능숙해지고 싶은 사람들에게도 도움이 될 수 있다.

아동중심 놀이치료의 숙련된 임상가로서, 우리는 Guerney 박사 부부에게 배운 중요한 방법에서 크게 벗어나지 않되, 여러 해 동안의 상담 경험을 기반으로 터득한 아동중심 놀이치료의 실제에 대한 우리 스스로의 관점을 이 책에 추가하였다. 일부 독자는 다르게 훈련을 받았을지도 모르고 우리가 저술한 내용 중 일부에 대해 동의하지 않을 수도 있다. 아동중심 놀이치료의 임상가이자 교사로서, 훈련 프로그램의 내담자와 전문가에게 접근, 배후의 이론에 대해 종종 도전을 받았을 때, 아동중심 놀이치료에 대한 우리 스스로의 발달과 이해는 향상되었다. 우리는 이 책이 아동중심 놀이치료를 좀 더 충분히 자신만의 개인적인 방식에 맞추려는 전문가들 사이에서 대화의 물꼬를 터 주기를 기대한다.

이 책은 Guerney 박사 부부의 작업과 연관되어 있기 때문에, 우리 저자들 중 한 명(Andrea E. Sywulak)이 이 책의 집필과 관련하여 그들과 만남을 가졌는데, 그때 그들은 아동중심 놀이치료의 초기 경험과 자신들의 작업에 중요한 영향을 준 것들에 대해 이야기해 주었다. 둘은 모두 1950년대 중반 Pennsylvania 주립대학의 임상심리 프로그램의 박사과정 학생이었다. 이 프로그램은 Carl Rogers의 업적에 상당한 영향을 받았고, 그 당시에는 드물었지만 아동과의 상담에 관심을 가지고 있었던 Ila Gehman 박사에 의해 아동중심 놀이치료로 처음 소개되었다. Guerney 박사 부부는 자신들의 공부를 위해서 Virginia Axline의 1947년 책을 사용했으나, Clark Moustakas와 Haim Ginott의 영향 또한 받았다.

Axline의 책은 이론에 중심을 둔 반면, 방법은 구체화하지 않았기 때문에 그들은 Gehman 박사와 함께 Axline의 작업을 다른 사람들에게 가르치고, 후에 사용할 수 있게끔 구체적인 기법으로 해석하고 바꿔야만 했다. 그 세부 사항은 이 책에 실려 있다. 역동적인 과정에서 Guerney 박사 부부는 아동 내담자를 만났고, 각 회기에 대한 보고서를 썼으며, Gehman 박사와 Rogers, 그리고 Axline의 작업과 일관성을 유지하기 위해 그들의 상담을 검토했다.

우리는 이 책을 다섯 부분으로 정리했다. 첫 번째 부분인 제1부 '이론적 배경과 관련된 논의'는 놀이의 중요성과 일반적인 놀이치료에 대한 근거 및 이론을 다루고 있으며, 아동중심 놀이치료에 대한 배경 지식을 다루고 있다. 그리고 제2부 '원리와 기술'에서는 아동중심 놀이치료를 실행하기 위해 필요한 기본 지식을 다루고 있는데, 예를 들어 놀이실을 어떻게 구성할 것인가, 회기의 길이는 어느 정도여야 하는가, 필요한 치료적 기법은 무엇인가, 아동의 놀이 주제를 어떻게 인식하고 이해할 것인가 등을 다루고 있다. 제3부 '부모 참여'에서는 먼저 어떻게 부모(교사)를 아동중심 놀이치료 과정에 포함시킬 것인지 논의한 후, 아동중심 놀이치료의 가족치료 적용으로서 부모-자녀 놀이치료를 기술한다. 또한 제4부 '실제적 적용과 문제들'은 어려움을 야기하는 행동과 환경을 어떻게 다룰 것인지에 대한 안내와 더불어 다양한 범주의 문제를 지닌 아동 및 가족과 아동중심 놀이치료를 활용하는 방법을 포함하고 있다. 마지막 부분인 제5부 '연구와 전문적 문제'는 놀이치료 연구의 개관 및 아동중심 놀이치료의 활용에 있어서 역량을 발달시키는 세부 사항을 제공하고 있다.

우리는 독자가 이 책의 재미와 가치를 알기 바란다. 무엇보다 아동과 가족을 긍정적으로 만들고, 그 변화를 지속시키는 데 도움을 주는 아동중심 놀이치료의 풍부함을 발견하기를 기대한다.

Risë VanFleet

Andrea E. Sywulak

Cynthia Caparosa Sniscak

차 례

제1부

제3부

제4부

제5부

제5부 연구와 전문적 문제

제1부

이론적 배경과 관련된 논의

놀이의 중요성

많은 사람들이 놀이를 보면서 자신이 그것에 대해 안다고 생각함에도 불구하고 여러 다른 영역의 전문가들은 '놀이'에 대해 서로 합의된 과학적 정의를 이뤄 내지 못했다. 놀이는 참여하는 사람들에게 즐거움을 주며, 종종 창의성, 융통성, 위험을 감수하는 능력, 호기심, 적응력, 문제해결, 그리고 몰입(flow) 경험과 관련된다. 더욱이 놀이는 유년기의 삶에서 독보적인 위치를 차지하고 있기에 중요할 수밖에 없다. 이 장에서는 인간과 동물의 삶에서 놀이가 차지하는 중요성을 현재, 그리고 최근에 제시되고 있는 지식에 근거하여 탐색하고자 한다.

놀이란 무엇인가

Else(2009)는 놀이를 놀이 행위자가 자유롭게 선택하고 주도하는 과정으로 보았으며, 그 자체가 보상이 되는 것임을 강조했다. 즉, 놀이하는 아동은 자기 행동의 내용과 목적을 선택하고, 스스로의 본능과 생각, 흥미에 따라 자기만의 방법으로 놀이한다(p. 11). 이와 유사하게, Clark과 Miller(1998)는 아동의 놀이를 정의하기 위한 네 가지 기준을 제시했다. 첫 번째, 현실적이지 않을 것, 두 번째, 자기 목적적이며 외부적 목적에 의해 이끌리지 않을 것, 세 번째, 긍정적인 감정과 연관되어 있으며 즐거움을 줄 것, 네 번째, 놀이 매체의 사용과 놀이 과정에 있어 융통성이 있을 것 등이 그것이다.

놀이에 대한 이러한 개념화가 우리의 즉각적인 목적을 달성하게 해 줄지는 모르지만 그 어디에도 놀이가 함의하는 바를 보편적으로 수용하는 설명은 없다. 놀이 현상은 아동 발달 전문가, 아동 정신 건강 전문가, 생물학자, 비교 심리학자, 역사학자, 동물행동학자, 인류학자, 심지어 개 조련사들에게까지도 관심의 대상이었다(Bekoff & Byers, 1998; Brown & Vaughan, 2009; Burghardt, 2005; Chudacoff, 2007; Elkind, 2007; Fagen, 1981; London & McConnell, 2008; Miller, 2008; Paley, 2004; Pellegrini & Smith, 2005; Sutton-smith, 1997; Terr, 1990). Sutton-smith(1997)는 몇몇 연구 분야에서 전문가들이 축적한 견해를 통해 놀이에 대한 일곱 가지 관점을 제시하였다. 첫 번째, 놀이는 보다 높은 단계의 발달과 학습을 위한 적응 과정이다. 두 번째, 놀이는 힘과 체계에서 높은 지위를 얻기 위한 기술과 전략을 적용하는 것이다. 세 번째, 놀이는 삶의 부정적이고 회의적인 측면을 상쇄하는 낙관적 심리 과정이다. 네 번째, 놀이는 평범한 것을 과장하고 가장하면서(pretense) 변형한다. 다섯 번째, 놀이를 통해 자아나 자신의 정체성에 대해서 표현할 수 있다. 여섯 번째, 놀이는 사회적 애착을 형성하거나 지역 공동체를 수립하는 수단이 된다. 일곱 번째, 놀이는 일(work)의 세계와는 대조적으로 재미있다. 이러한 일곱 가지 관점이 서로 반드시 일치해야 할 필요는 없으며, 심지어 서로 상당히 일치하지 않을 수도 있다.

Burghardt(2005, pp. 45-82)는 놀이의 역사, 이론, 연구에 관한 훌륭한 고찰을 제시한 바 있는데, 그는 중요한 연구 결과를 강조하며 인간과 동물의 놀이를 나타내는 다섯 영역의 정의를 제안했다. 그가 제시한 놀이의 정의 기준은 다음과 같다.

1. 제한되고 직접적인 기능

이것은 관련 행동의 목적이 온전히 생존에만 초점을 맞추고 있지는 않음을 뜻한다. 놀이는 놀이 행위자의 생존과 관련된 몇 가지 잘 정의된 기능만을 수행한다고 볼 수 없다. 물론 놀이가 그러한 기능을 지니긴 하지만 그 기능이 무엇인지 즉각적으로 명백히 드러나지는 않는다. 예를 들면, 놀이는 음식이나 금전의 획득, 또는 다른 구체적인 무언가를 얻기 위한 목적과는 관련되어 있지 않다.

2. 내부적 원인에 의한 요소

놀이는 내적 동기를 가지고 있음을 의미한다. 즉, 즉흥적으로 일어나고, 자발적이며, 의도적이고, 즐거움을 주며, 보상적이고, 놀이 그 자체가 목적이 된다는 특성들 중 하나 또는 그 이상의 것을 갖는다. 예를 들면, 아동은 놀이를 할 때 종종 미소 짓거나 웃는다. 그들의 놀이 행위는 성인의 촉구 없이도 지속하고자 동기화된다. 여러 동물 종의 놀이 행위자들은 놀이에 참여하는 동안 빠져들고, 즐거운 태도를 보인다.

3. 구조적 또는 시간적 차이

이 기준은 놀이 행동이 어떤 측면에서 '진지한' 유형의 행동과는 다르다는 것을 뜻한다. 놀이는 과장된 표현, 우스운 신체 움직임, 또는 순차적 행동 패턴에서 벗어난 행동으로 규정된다. 보다 진지하고 심각한 행동과는 질적 · 양적으로 차이가 있다. 예를 들면, 많은 종에서 놀이로서의 싸움과 실제 싸움이 각각 존재하고, 그 둘은 서로 다르게 존재한다. 싸우는 놀이와 실제 싸움에서 동물은 다른 표정과 신호를 보이고, 놀이로서의 싸움은 그다지 거칠지 않으며, 단지 잠재적인 위험이 존재할 뿐이다. 동물이 서로 싸우는 놀이를 할 때는 입을 보다 부드럽게 다물고(개와 같은 포유류는 깨무는 것을 억제한다), 장난감 칼을 가지고 놀이할 때 놀이 행위자는 더 많이 신경을 써서 상대방에게 최대한 닿지 않게 한다(아동은 힘을 주어 일격을 가하는 것을 억제한다).

4. 반복된 수행

놀이 행동은 일반적으로 여러 번 반복되는데, 그 주제는 종종 변화가 있다. 예를 들어, 공을 쫓아가는 개는 주인이 다시 던지는 대로 반복해서 돌아오는데, 종종 지칠 때까지 그러한 행동을 반복한다. 땅따먹기 놀이는 돌을 던진 후 그 돌이 떨어진 땅에 적힌 숫자를 밟고 뛰어넘기를 여러 번 반복하는 게임이다. 아동의 가상적인 티파티(tea party)는 컵에 물을 끝없이 붓는 것과 관련될 수 있으나 그 놀이에서 물은 차, 커피, 주스, 우유 등으로 대체될 수 있다.

5. 이완된 장(field)

이것은 동물이 놀이할 때 다른 행동을 수행하려는 동기가 거의 없다는 사실과 관련된다. 동물은 놀이할 때 이완되고, 낮은 스트레스 수준을 보인다. 또한 그 놀이 행동은 배고픔이나 포식(predation), 위험에서 벗어나려는 다른 욕동(drive)에 의해서 영향을 받지 않는다. 신체는 안전한 환경에서는 더 이완되고 느슨해지는 경향이 있다. 실제적 위협을 받으면 놀이는 대개 즉각적으로 멈춘다. 예를 들어, 두 고양이가 잔디밭을 어슬렁거리며 노닐 때 그것들에게 비우호적인 옆집 개가 나타난다면, 고양이들은 즉각적으로 놀이를 멈추고 보다 안전한 장소로 이동할 것이다. 이처럼 놀이치료에서의 아동도 놀이를 통해서 진정으로 자신을 표현하려면 물리적 · 정서적으로 안전하다는 느낌을 받아야 한다.

Burghardt(2005)는 인간과 동물의 놀이에 대한 기준을 다섯 가지로 제시하며 각각 한 문장으로 요약했다. '각 단어가 함의하는 의미를 염두에 두면서 놀이를 한 문장으로 정의하자면 다음과 같다. 놀이는 반복되고, 보다 구조적이고 맥락적이며, 개체 발생적인 심각한 형태의 행동과는 구분되는 불완전한 기능을 가지는 것으로, 동물이 이완되고 낮은 스트레스 상태에 있을 때 자발적으로 시작된다.' (p. 82) 이러한 측면에서 앞서의 다섯 가지 기준은 놀이 행동에 대한 대안적 설명을 배제하면서도 놀이의 핵심적 요소를 정의한다.

이러한 다섯 가지 기준은 인간의 놀이에도 들어맞는데, 특히나 아동의 놀이에는 더더욱 그렇다. 그럼에도 '무엇이 놀이인가?' 라는 논의와 놀이에 대한 의문사항은 지속될 것이며, 바람직하게도 다학제적 전문가 집단에서 계속될 것이다.

놀이와 아동 발달

놀이는 발달에서 대수롭지 않은 문제가 아니다. 적어도 놀이는 중요한 발달적 목표를 갖는다. 달리 말해, 아동을 포함하여 많은 동물 종은 어린 시절 대부분의 시간과 힘을 놀이에 몰두하는데, 아동 발달 전문가들은 어린 시절 자연스럽게 출현하는 놀이가 신체 발달과 근육 발달, 사회정서 발달, 심지어 지능 발달에도 중요한 역할을 담당한다는 데 동의한다(Elkind, 2007; Ginsburg, 2007; Hirsh-Pasek, Golinkoff, & Eyer, 2003; Paley, 2004; Sutton-Smith, 2008; Winerman, 2009). 미국소아과학회(Ginsburg, 2007)는 "놀이는 아동에게 상상력, 손재주, 신체적 · 인지적 · 정서적 역량을 발달시키면서 창의력을 사용하도록 한다."고 발표했다. 또한 놀이는 건강한 뇌 발달에도 중요하다(p. 183). 뇌과학에서 놀이는 뇌의 신경 경로를 형성하고 강화하는 데 도움을 준다는 사실을 제시하고 있다(Panksepp, 2005). 놀이성(playfulness)은 아동의 배우고자 하는 동기 역시 강화한다(Sutton-Smith, 2008).

게다가 아동의 자유놀이는 아동이 놀이 속에서 상상적 역할에 참여하고 함께 놀이하는 활동을 하게 함으로써 사회성을 발달시키도록 돕는데, 그들이 놀이에서 결정해 나가고 문제를 해결하며 서로 배우는 과정을 통해서 가족이나 다른 사회적 장면을 연기하도록 한다(Elkind, 2007; Ginsburg, 2007; Pelligrini, 2008; Perry & Branum, 2009). 놀이의 단순함과 안전감은 그들이 복잡한 사회적 상호작용을 연습하고 협상해 보도록 한다. 예를 들어, 아동이 소프트볼 게임 중에 논쟁을 하는 것은 결국 아동이 사회적 협상 능력을 발달시키도록 돕는다. 또한, 놀이는 종종 애정적 결속을 촉진하기도 한다. 함께 놀이하는 사람들은 종종 함께 머물기를 선호한다. 또래나 형제자매, 부모와의 놀이는 아동이 관계와 애착을 강화하는 데 도움을 준다. 건강하고 안전한 애착은 아동에게 안전한 경계 내에서 자신의 세상을 탐색하도록 하며, 이후 다시 관계의 안전함으로 돌아가도록 한다.

아동 놀이의 변화하는 경향

상당히 우려스럽게도 전문가들은 아동의 놀이 경험의 성격이 변화하고 있다고 말한다. 놀이가 구조화되고 성인에 의해서 이끌어질 때, 아동이 스스로 시작하는 자유놀이의 시간은 상당한 정도로 줄어든다. 아동에게 적절한 학습 경험을 제공하고자 하는 의도를 가진 부모와 교사는 현재 아동이 놀이를 언제 어디서 어떻게 할지 결정하는 데 크나큰 역할을 하려고 한다. 휴식 시간은 점차 줄어든다. 많은 아동의 삶이 점점 더 꽉 짜여지고, 매일 밤과 주말 구조화된 활동으로 넘쳐난다. 아동이 거친 신체놀이를 즐길 수 있는 안전한 공간은 점차 줄어들고, 운동장 바닥은 점점 포장되며, 성인이 만들어 낸 설비가 즐비하게 된다. 많은 부모가 거친 신체놀이를 '폭력적'이라고 여기는데, 심지어는 그 부모들이 어린 시절 정상적인 것으로 매우 즐겼던 놀이조차도 폭력적으로 치부한다. 점차 성인은 놀이를 기본적으로 정보나 기술을 가르치기 위한 수단으로 여기게 되고, 그것으로 아동의 학습과 관련된 수행 및 선택을 향상시키려는 바람을 갖는다. 놀이는 성인이 결정하는 구조화된 놀이와 아동이 덜 주도하는 자유놀이가 증가하는 방향으로 변화하는데, 이러한 변화는 복잡한 사회·과학기술 변화의 결과지만 다양한 단계의 아동 발달에 부정적인 영향을 줄 수 있다(Bergen, 2009; Brown & Vaughan, 2009; Chudacoff, 2007;

Elkind, 2007; Ginsburg, 2007; Hirsh-Pasek et al., 2003; Honoré, 2008; Sutton-Smith, 2008; Winerman, 2009).

Sutton-Smith(2008, p. 18)는 두 가지 중요한 의문점을 제시했다. 첫 번째, "행동으로서 놀이는 어디에서 오는가? 놀이의 본질적인 자율적이고 재미를 추구하는 특성은 그것이 예상보다 더 진화론적인 특성을 갖는다는 좋은 근거가 된다." 두 번째, "아동의 놀이는 적응적인 결과를 가지고 있는가? 그렇다면, 성인은 아동의 놀이에 관여해야 하는가?" 미국 소아과학회의 보고서(Ginsburg, 2007)는 소아과 의사와 아동 관련 전문가에게 아동의 건강한 발달을 위한 자유놀이와 아동이 주도하는 놀이의 중요성에 대해 부모에게 가르치기 위한 다양한 방법을 제시했다. 이렇게 부모에게 놀이의 중요성에 대해 가르침으로써 놀이의 학습적 기능에 치우쳐 있는 부모의 바람과 기대를 보다 확장시킬 수 있다. 그러나 부모와 교사가 좋은 의도를 가지고 있다는 점은 강조되어야 한다. 그들은 아동이 최선의 기회를 가지기 원하지만 아동의 자연스러운 놀이 경향의 필요성과 그로부터 얻는 이득에 대해서는 간과하고 있고, 결과적으로 아동의 놀이를 손상시킨다.

자연적으로 발생하며, 아동이 주도하고 이끄는 놀이는 아동의 정신적 · 신체적 · 사회적 발달 구조의 일부이며, 중요한 발달적 기능을 수행하고 있다. 하지만 놀이가 아직 온전히 이해되지 못하였음을 기억해야 한다. 누구도 걸음마기 아동이 걷기를 시작하고 말하기를 시작하는 시간을 촉진할 수 없는 것처럼, 아동의 놀이에서 자연적으로 펼쳐지는 많은 과정은 성급하게 다루어져서는 안 된다. 성인은 이 발달적인 과정을 지지하는 환경을 제공할 수 있지만 그것을 기대하거나 정해진 시간 구조 밖에서 그것이 일어나도록 할 수는 없다. 아동의 놀이에 성인의 생각을 부과하는 것은 연령에 따라 일어나는 아동 발달을 촉진하는 놀이의 자연스러운 과정을 궤도에서 벗어나게끔 하는 것과 같다. 그런 이유로, 아동 관련 전문가에게 있어서 아동의 놀이에 대한 이론, 연구, 논의를 이해하는 것은 중요하다. 이러한 바탕에서 아동 관련 전문가는 건강한 아동 발달의 여러 부분에서 자유놀이의 핵심적인 역할에 대해 부모와 교사를 교육할 수 있다.

놀이의 치료적 활용에 대한 가정

놀이 연구가 그것에 대한 답만큼이나 많은 의문점을 야기했음에도 아동 발달에 있어서 놀이의 중요성에 대해 이해하는 정신 건강 전문가들은 놀이 기반 접근을 점점 더 치료에 활용하고 있다. 그들은 놀이라는 아동의 언어를 통해서 발달적으로 적절한 치료를 제공하려는 목적을 지닌다. 아동의 심리사회적 문제를 해결하도록 하는 주요한 접근으로서 놀이치료 분야는 계속해서 진화하고 있다. 이 책에서 강조하려는 점은 아동의 놀이가 치료적 과정에 통합되는 방식과 아동중심적 놀이가 다양한 문제에 치료적으로 사용되는 방법이다.

아동중심 놀이치료(CCTP: Child-centered play therapy)를 포함하여, 놀이치료의 여러 형태는 아동의 놀이에 대한 가정과 놀이의 치료적 가치에 대한 가정에 기초하고 있다. 대부분의 놀이치료자는 이러한 가정을 받아들이지만 일부는 이에 도전하기도 한다. 놀이의 성격과 목적에 대한 깊이 있는 연구가 발달과 치료에 있어서 놀이의 역할을 명확히 하기 위해 필요하다. 많은 놀이치료자는 다음과 같은 중요한 가정을 따르고 있다.

1. 놀이는 아동의 생물학적인 특성의 일부로, 욕구이며 강한 동기를

가진다. 인간은 일생을 통해 놀이를 하고, 아동의 경우에는 더 빈번히 일어나고 폭넓게 나타난다.

2. 놀이는 여러 영역의 아동 발달에 기여하는 아동기의 강력한 발달적 특징이다. 놀이를 통해 아동은 운동 · 인지 · 정서 · 사회성 · 도덕 판단 능력이 발달한다. 많은 아동 발달 이론가는 아동의 놀이를 관찰하면서 이론에 대한 아이디어를 얻어 왔다.
3. 놀이는 아동의 내적 세계(감정, 투쟁, 인식, 바람)를 표현한다.
4. 놀이는 의사소통의 수단이다. 놀이를 통해서 아동은 놀이 친구, 부모, 치료자와 그들의 생각, 의도, 감정, 인식에 대해 의사소통한다.
5. 놀이는 사회적 결속력을 형성한다. 아동은 다른 아동과 놀이하려 하고, 사회적 주제를 연기하며, 놀이를 통해 사회적 행동과 관습에 대해 배운다. 초세대적인 놀이, 예를 들어 부모가 자신의 자녀와 놀이하는 것은 부모-자녀 관계에 있어 애착이 형성되도록 한다.
6. 놀이는 자유롭게 하는 효과가 있다. 놀이는 즐거움과 흥분을 촉발한다. 그것은 고통을 방출하도록 하고 내적 억제를 감소시키거나 없앤다.
7. 놀이를 통해서 아동은 자신의 문제를 훈습하고 극복한다. 놀이가 주는 자유는 아동이 불이익 없이 대안적인 해결책을 시도해 보도록 하며, 그것은 아동이 자신의 내적 · 외적 세계를 탐색할 수 있고, 어려움을 해결할 수 있는 창의성을 적용하도록 정서적인 안정감을 제공한다.
8. 놀이는 아동에게 다른 상황에서는 거의 허락받을 수 없는 힘과 통제에 대한 경험을 제공한다. 아동은 전형적으로 성인의 지도를 통해 자신의 행동을 '사회적으로 받아들여지는' 규범에 일치하도록 수정하는 것을 배운다. 가정과 학교를 포함한 대부분의 상황에서 아동

은 상당한 시간 동안 성인의 규칙에 순응할 것으로 기대받는다. 그리고 현실에서 성인은 인생 경험과 기술을 가지고 있으며, 가족과 기관에 도움이 되게 지휘하도록 합의가 된 사람들이다. 그러나 아동은 자신의 놀이에서 해가 되는 결과들 중 위험하지 않은 책임을 맡을 수 있다. 놀이를 통해 아동은 자신의 감정과 충동을 다루고 규제하는 것을 배우면서 통제감을 경험한다. 아동은 사회화됨에 따라 적응적인 방법으로 힘과 통제를 다루는 법을 배우는데, 놀이가 그것을 하기 위한 안전한 환경을 제공한다.

9. 놀이는 여러 맥락에서 일어난다. 또한 사회적 놀이는 형제, 또래, 부모, 치료자 등 모든 형태의 관계의 맥락에서 일어난다. 더욱이 놀이는 전형적으로 아동이 신체적 · 정서적으로 안전하다고 느낄 때만 일어난다. 놀이는 또한 이웃, 지역사회, 문화 등 확장된 사회적 맥락에서도 일어난다. 아동은 자신이 자라난 문화 안에서 놀이하며, 아동의 놀이는 그들의 문화와 세계에 대한 인식을 반영한다. 심지어 더 넓은 사회정치적 맥락, 즉 가난이나 전쟁 등의 상황도 아동의 놀이에 영향을 줄 수 있다.

노벨상을 수여한 물리학자 Albert Einstein은 이렇게 말했다. "상상력은 지식보다 더 중요한 것이다. 지식은 우리가 지금 알고 이해하는 모든 것으로 한정되지만 상상은 전 세계를 모두 포함하기에 상상 속에서는 모든 것이 알아야 하고 이해해야 할 것이 된다." 즉, 미래를 위해서도, 아동 개인을 위해서도 아동과 부모, 교사, 아동 전문가의 상호작용에서 아동의 상상력을 수용하고 육성하는 것은 중요한 것으로 간주된다. 놀이는 이것을 달성하기 위한 가장 자연스럽고 덜 참견적인 방법이다.

놀이치료에 대한 간략한 개관

'놀이'에 대한 개념이 하나로 정의되지 않듯이 '놀이치료' 또한 그러하다. 그러나 전문가들 사이에서 놀이치료가 무엇인지에 대한 꽤 합의된 정의는 존재한다. 다음의 네 가지 정의를 살펴보자.

저자들 중 한 명(VanFleet, 2004)은 놀이치료를 "의사소통, 관계 형성, 아동을 위한 문제해결을 촉진하는 정서적으로 안전한 치료적 환경을 만드는 수단으로서, 놀이에 대한 아동의 자연적 경향성을 이용하는 광범위한 영역"(p. 5)이라고 정의했다.

한편, Wilson과 Ryan(2005)은 놀이치료를 다음과 같이 기술했다.

> 치료자와 아동 또는 젊은 사람들 사이의 강렬한 관계 경험을 창조하는 수단으로서, 놀이가 의사소통의 중요한 매개가 되는 것을 말한다. 성인 치료에서처럼 이러한 경험의 목적은 발달 동안 왜곡되고 손

> 상된 개인의 기본적 관계 변화를 가져오는 것이다. 또한 그 목적은 아동이 자신의 발달 단계에 맞는 정서적 · 사회적 기능 수준에 도달하게 하는 데 있으며, 그 결과 보통의 발달적 진전이 다시 시작된다(pp. 3-4).

국제놀이치료학회는 놀이치료를 "훈련된 놀이치료자가 내담자의 심리사회적 문제를 예방하거나 해결하도록 돕고, 그들이 적절한 성장과 발달을 달성하도록 놀이의 치료적 힘을 활용하는 개인 간 과정을 구축하기 위해 이론적 모델을 체계적으로 사용하는 것이다."라고 하였다(www.a4pt.org, 2009).

한편, 영국 놀이치료학회는 놀이치료를 다음과 같이 기술하였다.

> 아동의 행동을 수정하는 데 도움을 주는 효과적인 치료로, 아동의 자기개념을 명확히 하고, 그들이 건강한 관계를 형성하도록 돕는다. 놀이치료에서 아동은 자신을 표현하게 하는 치료자와의 역동적인 관계 속으로 들어가 어렵고 고통스러운 경험을 한 후 그것을 이해한다. 놀이치료는 아동이 의사소통하는 건강한 방법을 찾고, 만족스러운 관계를 발달시키도록 하며, 정서이해능력을 증진시키고 회복탄력성을 증가시킨다(www.bapt.info, 2009).

다른 문장과 다른 방법으로 표현됐다 할지라도, 이러한 정의들은 많은 공통점을 지닌다. 즉, 이 정의들 모두 아동이 심리사회적으로 더 건강하게 발달하고 문제를 해결할 수 있도록 돕기 위해 치료적 관계 맥락 안에서 체계적인 놀이 상호작용을 사용하는 것을 강조한다.

놀이치료가 꽤 오랫동안 특정한 형태로 행해져 왔음에도 많은 정신건강 전문가는 그것이 실제로 무엇인지 오해하고 있다. 예를 들면, 많은 치료자는 자신의 아동 내담자와 무엇이 힘든지 말할 수 있도록 하는 방법으로 장난감을 사용한다. 몇몇 치료자는 가족 인형과 같은 더 표상적인 장난감을 사용하고, 그들의 아동 내담자가 가족 문제에 집중할 수 있도록 한다. 그러나 그들은 아동이 놀이하는 것보다 말하는 것이 더욱 중요하다고 믿는다. 놀이치료에서, 그것이 어떠한 형태를 취하든 간에 놀이는 곧 치료다. 지시적인 놀이치료나 아동중심 놀이치료, 가족 놀이치료를 포함하여 아동의 기초적인 표현 방법으로서 놀이에 초점을 두고 있다면 모든 형태의 놀이치료에서 그렇다. 놀이치료자는 아동이 놀이의 의미나 내용에 대해 인지적으로 토론하는 것을 바라는 것이 아니라 놀이를 통한 표현에 나타나는 아동의 무의식적인 문제를 인식하고자 한다. 그리고 무의식의 문제가 올라오면 아동이 자신의 정서적 · 사회적 건강을 회복하기 위해서 다루어야만 하는 문제를 훈습할 수 있도록 치료자가 만들어 놓은 놀이와 환경을 그들에게 이용하게 한다. 각 놀이치료 접근이 아동이 정서적 문제에 대처하는 것을 돕도록 고안되었다 할지라도, 일반적으로 놀이치료의 과정과 그것에 사용되는 특정한 방법은 각 접근마다 독특성을 지닌다. 각 방법의 이론적인 근간은 놀이치료자가 아동과 아동의 놀이에 대해서 어떻게 반응해야 하는지를 알려 준다.

놀이치료의 유형

대부분의 놀이치료 유형은 지시적 놀이치료, 비지시적 놀이치료 혹은 아동중심 놀이치료, 가족 놀이치료의 세 가지 범주로 나뉜다. 지시적 놀이치료에서는 치료자가 아동의 놀이에 구조를 제공하고, 지시를 하며,

종종 해석도 내리는 등 적극적이고 이끄는 역할을 맡는다. 더 인기 있는 형태의 지시적 놀이치료는 인지행동 놀이치료, 이완 놀이치료, 놀이의 형태를 포함하는 표현적인 활동을 포함하고 있다. 비지시적이거나 아동 중심적 놀이치료 접근에서 치료자는 지지적이지만 침범하지 않으며, 아동 스스로 방향을 결정할 수 있도록 한다. 아동중심 놀이치료보다 더 비지시적인 형태의 놀이치료도 있긴 하지만 그중 가장 잘 알려진 것은 아동중심 놀이치료로, 다음에서 언급하는 것처럼 그것은 종종 비지시적 놀이치료와 동의어로 사용되기도 한다. 한편, 가족 놀이치료 접근에서 강조하는 점은 부모-자녀 관계를 지지하고, 부모가 애착을 형성하는 기술을 배우게 하며, 아동의 문제행동과 부모-자녀 관계의 어려움을 경감시키는 것이다. 가족 놀이치료는 치료놀이처럼 성인 주도적일 수도 있고 부모-자녀 놀이치료(filial therapy)처럼 아동 중심적일 수도 있다.

인지행동 놀이치료

인지행동 놀이치료는 직접 아동의 사고와 행동을 변화시키기 위한 수단으로 장난감과 놀이를 사용한다. 장난감은 아동이 보이는 문제에 기초해 선택하고, 각 아동의 요구를 충족시킬 수 있도록 계획한다. 인지행동 놀이치료의 근본적인 가정은 사고, 상황, 정서, 행동이 서로 관련되어 있다는 것이다. 인지 이론은 개인의 사고가 개인의 정서적 경험 및 뒤따르는 행동을 결정한다고 주장한다. 따라서 인지행동 놀이치료에서 아동은 자신의 혼란한 감정을 다룰 수 있도록 돕고 증상을 경감해 주는 더 나은 대처 기술을 학습한다. 그것은 인지행동 놀이치료에서 통제 문제, 숙달 문제, 그리고 행동의 변화를 책임지는 문제를 강조한다. 또한 그것은 마음속에 그러한 목적을 갖고 있는 치료자에 의해 주도된 놀이 활동을 통

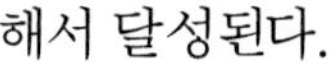

해서 달성된다.

이완 놀이치료

이완 놀이치료는 David Levy(1938)가 특정한 외상적 사건을 경험한 아동을 위해 개발하여 Heidi Kaduson에 의해 확장된 구조화된 놀이치료 접근이다(H. G. Kaduson과의 개인적 대화, 1995; VanFleet, Lilly, & Kaduson, 1999). 이완 놀이치료에서 치료자는 아동에게 자유놀이에 참여할 것을 먼저 허용함으로써 안전하고 지지적인 분위기를 제공한다. 이어서 치료자는 일반적으로 외상적 사건을 재구성하는 데 필요한 모형 인형을 소개하여 아동이 안전한 환경에서 외상과 연합된 부정적 사고 및 감정을 처리하게 한다. Levy의 접근은 놀이의 정화적 효과와 외상으로 야기된 고통을 후속적으로 이완시키는 것에 대한 믿음에 기초하고 있다.

다른 지시적 놀이치료 접근

심리적 사고를 다루는 거의 모든 주요 학파가 놀이치료와 관련된 형태를 가지고 있는데, 예를 들어 대상관계 놀이치료(Benedict, 2006), 아들러 놀이치료(Kottman, 2002), 융 놀이치료(Allan, 2008), 그리고 앞서 언급한 인지행동 놀이치료가 그것이다. O'Conner와 Braverman(2009)은 주요한 대부분의 놀이치료 형태에 대해 이론적이고 실제적인 기초를 이해하도록 하는 비교 접근을 제안하였다.

스토리텔링, 음악 치료, 미술 치료, 역할놀이, 독서치료 등 그 외의 특수한 치료 방법에서 역시 종종 놀이를 포함한 상호작용을 시행한다. 그들은 때로는 지시적 형태를 띠기도 하는데, 왜냐하면 그 접근들의 일부는 치료자가 놀이치료를 구조화한 것이고, 그들이 구조화의 책임을 맡고 있는 것이기에 그렇다. 종종 이러한 방법들은 아동 치료의 다른 형태와 함께 사용되기도 한다.

집단 놀이치료는 여러 연령대와 여러 장면에서 활용되고, 상대적으로 비지시적이거나 지시적일 수 있다(Kottman, Ashby, & Degraaf, 2001; Sweeney & Homeyer, 1999; VanFleet, 2009). 게다가 몇몇 치료자는 치료적 개입에 있어서 두 가지 이상을 통합하여 사용한다. 극적 놀이치료(Dramatic play therapy)(Gallo-Lopez, 2001; Gallo-Lopez & Schaefer, 2005)는 연극치료와 놀이치료를 통합한 것이고 견공보조치료(VanFleet, 2008b)는 동물보조치료와 놀이치료를 통합한 것이며, 그것은 지시적이거나 비지시적 형태일 수 있다.

모래상자 및 모래놀이 치료

모래상자 및 모래놀이 치료에서(Labovitz-Boik & Goodwin, 2000; Lowenfeld, 1979) 치료자의 사무실은 광범위한 모형 인형과 모래, 물을 구비하고 있다. 모래는 푸른색 바닥과 벽을 가진 얕은 상자에 담겨 있다. 아동은 모래상자에 모형 인형들을 위치시키고, 모래를 옮기거나 무늬를 만들어 자신의 세계를 창조한다. 모래를 가지고 하는 놀이치료는 지시적이거나 상대적으로 비지시적인 형태가 있다. 모래와 관련된 놀이 개입은 아동이 은유와 상징을 사용하도록 촉구하고, 그들이 덜 위협적인 방식으로 자신의 세계에 대해 의사소통하도록 한다.

아동중심 놀이치료

아동중심 놀이치료는 정서적 · 행동적 어려움을 가진 아동을 돕기 위한 비지시적 접근이다(Guerney, 2001; Landreth, 2002; VanFleet, 2006a, Wilson & Ryan, 2005; Cochran, Nordling, & Cochran, 2010). 아동중심 놀이치료에서 핵심적인 신념은 아동이 스스로 경험한 문제를 해결할 수 있는 내적인 능력을 가지고 있으며, 향상된 능력과 자신감 속에서 스스로 자기숙달력을 높인다는 것이다. 그러므로 아동중심 놀이치료의 기초는 아동이 놀이치료를 이끄는 것이다. 이 접근의 이론적 · 철학적 중심에는 인간 능력에 대한 존중이 있고, 아동을 포함한 모든 내담 아동의 능력에 대한 존중이 있다. 또한 이 접근은 아동이 스스로의 치유를 위해 탐색하도록 하는 입장을 취한다. 이것은 놀이치료에 있어서 놀이치료자가 아동에게 그저 순순히 따라주거나 수동적인 입장을 취해야만 하는 것을 의미하지는 않는다. 사실, 아동중심 놀이치료에서 치료자의 역할은 꽤 적극적이다. 치료자는 아동에게 안전과 구조를 제공하는 지침을 따르게 하면서 무조건적으로 그들과 그들의 놀이를 받아들인다. 그리고 그들은 아동이 스스로를 이해하고 경험하도록 허용하는 환경을 만들고자 노력한다.

때때로 아동중심 놀이치료에서 아동의 놀이는 믿을 수 없을 만큼 상징적이고 치료자에게 쉽게 이해되기도 하지만 다른 경우에 그들의 놀이는 꽤 무작위적이고, 심지어 의도를 파악하기 힘들다. 다음은 우울증을 지닌 11세 여아의 가족 놀이치료 회기에서 나타난 상징적인 놀이의 사례다. 아동은 부모-자녀 놀이치료(부모가 수퍼비전을 받으며 자녀에게 비지시적 놀이치료를 실시함)를 배운 어머니와 놀이하고 있었는데, 한 정서적 어려움이 드러난 회기에서 칠판에 장례식 장면을 그렸고, 무덤 옆에는 외할머니의 관을 그렸다. 아동은 장례식에 참석한 목사, 어머니, 자신을 그렸고, 아동 자신만이 유일하게 머리를 아래로 하고 눈물을 떨구는 모습으로 그렸다. 어머니가 아동의 그림을 살펴본 후 눈물을 흘리자, 아동은 어머니에게 왜 할머니의 장례식에서 눈물을 흘리지 않았느냐고 물으면서 어머니의 무릎에 파묻혀 흐느꼈다. 어머니는 인식하기를 계속하면서 아동의 감정을 인정해 주었고, 할머니의 상실에 대한 아동의 슬픔을 반영해 주었으며, 왜 자신이 어머니의 장례식에서 울지 않았는지 인식하고는 딸과 함께 부둥켜안고 울었다. 딸의 질문에 대답해야 한다는 압력을 받자 어머니는 자신이 딸 앞에서 강해져야 할 필요를 느꼈기 때문에 울지 않았던 것이라고 설명했다. 회기가 끝나갈 무렵, 아동은 칠판으로 가서 할머니의 관이 땅속에 묻혀 있는 그림으로 바꾸어 그렸다. 이것은 가족 놀이치료자와 어머니에게 있어서 아동이 어머니와 함께 상실에 대해 애도하고 나서야 상징적으로 자신의 할머니를 묻을 수 있었음을 분명히 드러내는 것이었다.

6세 남아 리안은 치료자와 아동중심 놀이치료 과정에 있었다. 리안의 1학년 담임선생님은 그가 교실에서 완전히 통제 불가능하다는 이유로 상담에 의뢰했다. 아동은 20회기 가량 놀이치료를 했지만 치료자에게 말했던 것은 한 번뿐이었다. 즉, 첫 회기를 시작하기 전 치료자가 자신에 대해서 소개하고 놀이실에 들어가기 직전에 그의 이름을 물었을 때뿐이었다. 첫 번째 회기에서 리안은 펀칭백을 마구 두들겨 패고 방에 있는 다양한 물건에 다트를 던지는 등 다소 공격적이었다. 회기의 중간쯤에는 장난감 군인 모형 한 상자를 연 후 바닥에 줄을 세워 조용히 전투 장면을 만들기 시작했다. 그때부터 리안의 놀이 회기는 말 한마디 없이 군인 모형을 가지고 전투 장면을 만드는 똑같은 장면으로 구성되었다. 여기서 아동이 무엇을 하는지, 왜 이 반복적인 놀이가 중요한지 궁금해 할 필요가 있다. 열일곱 번째 회기 즈음에, 놀이치료자는 교실에서의 리안의 행동에 변화가 일어났는지 확인하기 위해 교사를 만났다. 교사는 기꺼이 리안이 전혀 다른 아이가 되었다고 보고했으며, 현재는 리안이 학급의 규칙을 잘 따르고, 소리 지르는 대신 손을 들고, 더 이상 또래나 선생님에게 공격적인 행동을 하지 않는다고 했다. 선생님의 단 한 가지 궁금증은 '무엇이 리안에게 그러한 극적인 변화를 일으켰는가?'였다. 당시 초보자였던 놀이치료자는 "그건 마법봉 덕분이에요." 하고 대답했다. 이때 매 회기 군인 모형을 줄 세운 것이 다였던 리안에게 무엇이 그러한 극적인 변화를 일으켰는지 가능한 가정을 만들어 낼 수 있다. 수년간의 경험을 한 후 현재에 이르러 그 치료자는 강력한 변화 개체가 리안의 자기 주도적 놀이였으며, 그가 아동중심적 놀이치료 회기의 여정에서 받은 자신에 대한 수용감이었다는 것을 이해한다.

아동중심 놀이치료는 아동기 문제를 다루는 근본적인 접근으로 아동치료자들에게 널리 쓰이고 있는데, 그 이유는 명확한 원리와 교수 가능한 구성 요소로 나뉘는 구체적인 기술 때문이다. 흥미롭게도 Guerney 박사 부부가 처음으로 부모-자녀 놀이치료를 개념화했을 때, 그들은 아동중심 놀이치료가 교수 가능하다는 특성 때문에 그것을 부모에게 가르칠 수 있는 놀이치료의 유일한 형태라고 확신했다.

하지만 몇몇 집단에서 '아동중심 놀이치료'라는 말은 다른 의미를 지닌다. 예를 들어, 영국의 많은 놀이치료자들에게는 '아동중심 놀이치료'라고 하면 지시적이든 비지시적이든 아동의 요구에 초점을 둔 놀이치료를 모두 지칭한다. 그리고 미국에서는 '아동중심 놀이치료'를 '비지시적 놀이치료'와 동의어로 쓰는데, 그것은 아동에게 장난감이나 활동을 고르게 하고 치료자가 아동의 지시를 따르는 로저스 학파나 액슬린 학파의 놀이치료 형태를 나타낸다. 이 책에서 지칭하는 '아동중심 놀이치료'는 후자이며, '비지시적 놀이치료'와는 호환적으로 쓰인다.

치료놀이

치료놀이(Jernberg & Booth, 1999; Munns, 2000, 2009; Wettig, Franke, & Fjordbak, 2006)는 부모와 자녀의 관계를 강조하고, 놀이와 부모-자녀 관계에 기초하여 애착을 증진하기 위한 구체적인 기술을 사용한다. 치료놀이에서 장난감은 없으며, 치료자와 부모 혹은 양육자가 놀이 대상이다. 그러나 몇몇 활동에 있어서는 몇 가지 준비물과 다중감각적인 장난감을 적용한다. 부모는 치료자의 안내를 받아서 참여하고 양육하며, 아동으로부터 감정을 이끌어 내는 방법으로서 자신의 표정을 통해 표현하고, 신체적 존재, 목소리, 리듬, 접촉 등을 사용하여 놀이 활동에 맞추는 것을 배운다. 치료놀이에 있어서의 근본적인 가정은 부모가 아동의 우뇌와 의사소통하는 것을 배우는 것이다. 우뇌는 관계적 정보를 처리하는 뇌의 비언어적인 부분이다. 이러한 치료놀이는 지시적인 가족 개입으로 여겨지며, 아동과 함께하는 구체적인 상호작용에서 성인이 아동을 이끄는 역할을 맡아 아동에게 선택하게 하고 아동을 안내한다.

부모-자녀 놀이치료

부모-자녀 놀이치료는 3세에서 12세까지의 아동과 그 가족을 다루는 첫 번째 가족치료 접근이며, 조금 더 어린 아동이나 더 나이 든 아동에게도 적용 가능하다. 부모-자녀 놀이치료에서 부모는 아동중심 놀이치료 기술을 배우는 심리치료의 대상이 되고, 훈련 받은 부모-자녀 놀이치료자의 감독과 지시를 받으며, 자신의 자녀와 아동중심 놀이치료를 실시한다. 1960년대 초반 Bernard와 Guerney에 의해 개발된 부모-자녀 놀이치료는 어린 자녀를 둔 가족을 돕기 위한 심리교육적 접근으로 고안되었다. 여기서 부모는 부모-자녀 관계를 강화하도록 고안된 아동중심 놀이치료 기술을 배운다. 부모-자녀 놀이치료는 아동중심 놀이치료의 모든 장점을 가지고 있으며, 동시에 부모와 양육자의 양육 기술, 일관성, 자녀와의 조율 등을 향상시킨다. 부모-자녀 놀이치료의 목표는 다음과 같다. 첫째, 아동에게 스스로의 감정을 이해하도록 학습시킨다. 둘째, 아동이 자신의 감정을 적절하게 표현할 수 있도록 학습시킨다. 셋째, 아동과 부모 사이의 신뢰감을 증진시킨다. 넷째, 아동이 부정적인 행동 이면의 정서적 문제를 다룰 수 있도록 한다. 다섯째, 아동의 자신감과 자기숙달감을 증진시킨다. 여섯째, 부모의 양육 능력에 대한 자신감을 증대시킨다. 일곱째, 부모에게 그들이 몇 년 내로 사용해야 할 구체적인 기술을 가르친다. 부모-자녀 놀이치료는 많은 부분 아동중심 놀이치료 회기에 기초하고 있기 때문에, 이에 대한 더 많은 정보는 이 책의 뒷부분에서 구체적으로 다루기로 한다(제8장 참고).

왜 놀이치료인가

어떤 종류의 놀이치료든지 관계에 기반을 두고 아동의 감정과 욕구에 맞추려고 매우 노력해야 한다는 점은 중요하다. 놀이는 아동의 언어이며 치료자에게 아동의 세계로 가는 경로가 된다. 대부분의 치료자는 자신의 성격적 특징, 이론적 배경, 또는 상담하는 아동에게 적용하기 편안한 기술에 맞추어 몇 가지 유형의 놀이치료에 초점을 둔다. 그들은 자신의 지식적 배경과 기술을 넓히기 위해 다양한 형태의 훈련을 받아야 한다. 하지만 아동을 상담할 때 선호되는 방법일지라도 치료자는 종종 패러다임을 전환할 필요가 있다. 예를 들면, 부모-자녀 놀이치료를 선호하긴 하지만 아동중심 놀이치료를 실시하는 것에 대해서는 불편하게 여기는 비협력적인 아버지, 그리고 우울한 어머니와 함께 작업하는 상황에서 치료자는 단순하게 그 아동과 가족을 포기해야만 할까? 치료자가 하나의 놀이치료 접근에 익숙한, 외상을 입은 아동과 함께 작업할 때, 그는 더 나은 치유를 촉진하기 위해 다른 방법을 고려해야 하는가? 그리고 외상을 입은 아동의 세계로 들어갈 수 있는 보다 적합한 방법을 찾아야 하는가?

오늘날의 세상은 치료자의 지식과 기술, 접근 방식을 넓히기 위한 정보 및 훈련을 쉽게 접근할 수 있고 사용할 수 있게 제공하고 있다. 함께 작업하는 아동과 가족을 돕기 위해 탐색하며, 놀이치료 접근에서 유사점과 차이점에 대해 대화하는 것은 치료자의 시야와 능력을 확장시킬 수 있다.

Child-Centered Play Therapy

아동중심 놀이치료의 역사, 이론, 원리, 변형

아동중심 놀이치료는 1947년 이전에 Virginia Axline이 처음으로 개발했는데, 그녀가 '놀이는 아동의 자연스러운 자기표현 수단'(1969, p. 9)이라고 인식한 것을 그 이유로 들 수 있다. Axline은 내담자 중심 치료를 개발하고 발전시킨 Carl Rogers의 학생이었다. Axline은 성인이 공감, 수용, 진실성, 일치성(congruence), 안전감, 존중받는 환경 속에서 자신의 문제를 드러낼 수 있다면 아동도 같은 분위기를 가진 놀이실을 제공했을 때 자신의 문제를 놀이로 나타낼 수 있을 거라고 생각했다. 내담자 중심 치료(Rogers, 1951)는 인간이 스스로의 문제를 해결하려는 강한 욕구를 가진 존재일 뿐만 아니라 자기실현을 위해 분투하는 존재라는 사실에 기초하고 있다. 그러므로 스스로를 이해하고자 하는 자신의 능력에 대한 무한한 신뢰가 있다면, 내담자는 자신의 문제를 숙달하고 자신의 삶을 생산적이며 정서적으로도 건강한 방식으로 이끈다는 것이다. 내담자 중심 치료에서 치료자는 내담자를 있는 그대로 수용해 주고, 판단이나 평가가 불가능한 무조건적인 수용을 해 준다. 수용의 깊이는 그들이 독특한 자아를 탐색하도록 하고, 자신을 받아들이게 하며, 자신의 행동, 태도, 정서적 성장에 대해 스스로 책임을 받아들이도록 하여 내담자가 자기 자신을 이해하도록 한다. 내담자 중심 치료는 완전히 수용적인 분위기를 통해 이것을 가능하게 하고, 이때 내담자의 반응 중 한 가지에 대해 해설하는 것은 내담자의 감정을 깊이 있게 이해하고 인정하게 하는 공감적 경청 반응이 된다.

Axline(1969, p. 73)은 아동중심 놀이치료의 과정을 안내하는 여덟 가지 원리를 개발했다. 단순하긴 하지만 이 지침은 아동 내담자의 변화와 성장을 촉진하기 위한 기초를 제공한다.

1. 치료자는 내담 아동과 따뜻하고 우호적인 관계를 맺어야만 하고, 가능한 한 빠른 시간 안에 좋은 관계를 형성해야 한다.
2. 치료자는 아동을 있는 그대로 수용해야 한다.
3. 치료자는 아동이 자신의 감정을 온전히 자유롭게 표현할 수 있는 관계 속에서 허용감을 구축해야 한다.
4. 치료자는 아동이 표현하는 감정을 기민하게 알아차려야 하고, 아동이 자신의 행동에 대한 통찰을 얻을 수 있는 방식으로 그들의 감정을 반영해야 한다.
5. 치료자는 기회가 주어진다면 자신의 문제를 해결할 수 있는 아동의 능력을 진심으로 존중해야 한다. 선택하고 변화하는 것은 아동의 몫이다.
6. 치료자는 어떤 방식으로든 자신이 아동의 행동과 대화를 이끌고자 해서는 안 된다. 아동이 이끌고, 치료자는 따라야 한다.

7. 치료자는 치료를 서두르려고 해서는 안 된다. 치료는 점진적 과정이며, 치료자도 그것을 점진적으로 인식해야 한다.
8. 치료자는 상담이 현실 세계에 단단히 기반을 두고 있어야 할 때, 그리고 상담 관계에서 아동의 책임을 인식시켜야 할 때만 제한을 설정한다.

이러한 원리들을 각각 개별적으로 살펴보면 다음과 같다.

관계 형성

Axline의 첫 번째 원칙은 어떤 형태의 놀이치료에서든 기본적인 것이라 생각하지만, 때로는 아동과 함께할 때 매우 어려운 과제일 수 있다. 예를 들어, 어린 아동은 어머니에게 맞추려는 경향이 있고, 어머니와 떨어져서 치료자와 함께 놀이실에 들어가는 데 어려움이 있다. 중기 아동기에 있는 아동은 신뢰감 문제로 어려움을 가질 수 있는데, 특히 아동이 가족 내에 내재한 문제로 비난받는다고 느낄 때는 더욱 그렇다. 아동중심 놀이치료에서 신뢰 관계를 맺기 위해서는 성공적으로 친밀감을 형성해야 하는데, 치료자는 각 아동의 요구에 매우 잘 맞춰야 하고, 공감적인 방식으로 반응해야 한다. 부모와 분리되기 싫어하는 어린 아동과의 놀이치료 초기에, 부모는 치료자가 아동에게 반응하는 것을 허용하고 치료자는 부모에게 놀이실에 수동적으로 앉아 있으라는 구체적 지침을 제공한다. 어머니의 친구였던 보모에게 성적 학대를 당한 2세 여아 캐서린은 도무지 어머니로부터 떨어지려고 하지 않았다. 하지만 만약 어머니가 함께 놀이실에 들어간다면 자신도 그렇게 하겠다고 했다. 캐서린이 몇 회기 동안이나 치료자에게 아무 말도 하지 않자, 치료자는 "이곳에 엄마와 함께 있어서 너는 안전하다고 느끼는구나." "너는 나와 함께 있는 것이 안전하지 않구나." "너는 나를 지켜보고 있구나. 내가 어떤 사람인지 확신이 없구나." "네가 편안하지 않은 곳에서 놀기란 쉽지 않지."와 같은 반응에만 머무르며 상담의 주제를 유지했다. 그러한 반응들은 캐서린이 어머니에게서 신체적으로 떨어져 놀이실에서 놀이할 수 있게 하였고, 결국 캐서린은 치료자와 단 둘이서 놀이실에 들어갈 수 있게 되었다.

Virginia Axline은 부모가 아동과 함께 놀이실에 들어가는 것을 절대 허용하지 않았고, 아동이 놀이실에 혼자 들어가는 것에도 제한을 두었다. 아동이 Axline과 놀이실에 들어가고 싶어 하지 않으면 Axline은 아동에게 자신이 한 시간 동안 부모와 이야기할 때 대기실에서 기다릴 것인지, 아니면 어머니가 있는 대기실을 떠나 자신과 놀이실에 함께 들어갈 것인지 선택하게 했다. 놀이실에 들어가기를 주저하는 아동에 대한 Axline의 접근은 아동중심 놀이치료 과정에서 존중할 만한 것이었으나 종종 부모는 아동의 두려움을 수용하지 못하는 모습을 보였다. 치료의 초기에는 이처럼 부모가 자녀의 고통을 감내하기 어려워할지도 모르지만 치료의 종결 즈음에는 그것이 가능해질 수도 있다. 하지만 60년의 시간 동안 시대와 철학이 바뀌었고, Axline의 시대보다 오늘날 부모를 치료 과정에 참여시키는 경향도 더 강하다.

아동과 친밀한 관계를 형성하는 일은 시간이 걸리는 과정이고, 소요되는 시간은 아동마다 다르다. 아동중심 놀이치료자가 끊임없이 아동에게 맞추려고 노력하고, 아동을 판단하지 않고, 아동이 이끄는 대로 따라가 주며, 정서적 · 신체적으로 필요하다고 생각하는 규칙만을 제시한다는 점을 깨닫기 시작하면서 아동은 치료자와의 관계를 발전시킨다. 그리고 치료 과정을 신뢰하기 시작하면서 자기 자신을 신뢰하기 시작한다. 이 신뢰감이 발달함에 따라 아동은 자기를 이해하기 시작하고, 자연스럽게 동반하는 긍정적인 존중감을 발달시킨다.

브라이언의 사례는 친밀감 및 신뢰감 형성, 숙달의 좋은 예를 제시한다. 브라이언과 그의 쌍둥이 여동생은 어머니가 자신들을 학대하는 남자친구와 동거하기로 결정하자 양육권을 가진 친아버지와 살게 되었다. 그의 어머니에게 남자친구를 떠나거나 아이들을 보내거나 둘 중에 선택하라는 최후통첩이 주어졌기 때문이다.

충분한 시간 동안 놀이실을 둘러보고, 치료자가 제공하는 정서적 안전감을 느끼고 나자 브라이언은 인형 집에서의 놀이에 집중했다. 여러 회기 동안 아동은 가족 구성원과 집 안에 든 모든 것을 휩쓸어 버릴 폭풍, 폭우, 괴물들을 만들었다. 아동은 어머니 인형을 반복적으로 지붕에서 떨어뜨려 죽게 했다. 치료자는 어떠한 판단이나 해석도 하지 않은 채, 즉 폭력적인 폭풍우가 얼마나 무서운지, 이때 집 안에 있는 것이 얼마나 안전하지 않은지 등에 상관없이 아동의 놀이를 따라가 주고 인정해 줬다. 브라이언이 어머니의 상실에 익숙해지기 위해서 노력하고 있다는 것이 명백했지만, 아동은 결코 놀이에서의 집을 자신의 집이라거나 인형을 자신의 가족 구성원이라고 생각하지 않았다. 그러므로 아동은 자신의 놀이가 자신들을 버리고 남자친구를 선택해 떠난 어머니에게 느낀 정서적 혼란과 어떻게 연관되어 있는지 참조할 수 없었다.

이 사례에서 치료자는 브라이언이 놀이를 통해서 은유적으로 드러내는 의미를 무조건적으로 수용하면서 친밀한 관계를 형성했다. 현실과의 명백한 관련성을 찾아내는 것은 침투적이고, 브라이언을 정서적으로 압도시킬 수 있으며, 치료적 과정에 있어서도 방해가 된다.

아동에 대한 수용

때때로 아동은 방금 전에 만난 치료자와 놀이실에 들어가기를 주저하기도 한다. 어떤 아동에게는 놀이실이 매우 매력적으로 보이고, 성인에게 지시를 받는 것에도 이미 익숙하기 때문에 놀이실에서 치료자가 "여기는 매우 특별한 방이야. 여기서 네가 원하는 거의 모든 것을 하거나 말할 수 있어. 만약에 네가 할 수 없는 것이 있다면 내가 말해 줄게."라고 말하면 긴장을 푼다. 자신감이 없거나 주도적이지 않은 아동은 방 가운데 서 있기만 하거나 방을 둘러보기만 할지도 모른다. 어떤 아동은 서서 울 수도 있다. 치료자는 이런 어려움을 겪는 아동을 보는 것이 고통스럽기 때문에 본능적으로 그들을 달래거나 그들을 위해서 몇 가지 장난감 혹은 활동을 소개하며 놀이를 시작하도록 돕게 된다. 하지만 아동중심 놀이치료에서 아동을 돌보는 일은 치료자의 일이 아니며, 그보다는 아동을 있는 그대로 수용하는 것이 그들의 일이다. 그러한 상황에서는 "나와 함께 여기에 있는 것이 긴장되는구나." "모르는 누군가와 함께 있을 때 편안하기란 쉽지 않지." "뭔가를 잘못할까 봐 걱정되는구나." "너는 새로운 곳에서는 당황해서 어떤 것을 해야 할지 모르겠구나."라는 공감적 반응을 할 수 있다. 진정한 수용은 아동이 그 순간에 느끼는 정확한 감정에 맞추어야 함을 기억하는 것이 중요하다.

Axline(1969)은 아동이 감정을 드러낼 때까지 치료자는 침묵하거나 필기하거나 그림을 끄적거리거나 하면서 가만히 있을 것을 추천했다. 하지만 우리가 아는 것처럼 긴 침묵은 어떤 아동에게는 정서적인 위협이 된다. 침묵은 종종 승인하지 않음을 의미하기도 한다. 예를 들어, 아동이 성인의 허락을 받지 않은 무언가를 할 때 성인은 종종 침묵이라는 조용한 개입을 한다. Axline은 아동중심 놀이치료 시간에 노트에 기록을 하기도 했지만 현재의 아동중심 놀이치료에서는 거의 그렇지 않다. 우리는 노트에 기록을 하면서 완전하게 아동중심적이 될 수 없다. 우리는 아동에게서 멀어져 전적으로 다른 곳에 관심을 쏟아야 하는 활동, 예를 들어 부적절한 행동을 무시하는 활동을 포함해서 어떤 것이라 할지라도 그러한 활동을 하는 것은 아동에게 부정적인 영향을 미친다고 믿는다. 계속해서 치료자는 자신이 아동을 살피고 있다는 신호를 전달하면서 아동과 함께 놀이실에 들어가는 동안이나 상담 시간의 초기에 진정한 관심과 수용의 분위기를 형성해 나간다.

초보 놀이치료자가 궁금해 하는 것 중 하나는 아동이 수용감을 자신의 행동에 대한 승인이나 동의로 오해하진 않는지 하는 점이다. 아동은 신체적 · 정서적 안전감이 필요하기 때문에 치료자가 제한을 설정하는 것은 중요하지만 아동의 놀이에 대해서는 판단하지 않아야 한다. 놀이치료의 가정은 아동이 자신의 문제를 해결하기 위해 필요하다고 생각하는 것을 주어진 특정 시간 동안에만 정확히 할 수 있게 하는 것이다. 예를 들어, 한 아동이 카펫 위의 장난감에 물을 붓기로 결정했다면, 아동중심 놀이치료자는 "그것에 물 붓는 것을 재미있어 하는구나." "가끔씩은 물로 무언가를 적셔 보는 것이 재미있지." 등과 같이 반응할 수 있다. 아동이 치료자의 반응을 구한다면, 치료자는 "물을 엎지르면 내가 어떻게 생각할지 궁금하구나."와 같이 반응할 수도 있을 것이다. 아동이 치료자의 반응을 끊임없이 알고자 하면, 치료자는 "내가 어떻게 생각하는지 정말로 알고 싶구나. 기억하렴. 이 특별한 방에서는 네가 원하는 어떤 것이든 할 수 있단다."라고 단순하게 반응할 수 있다. 이때, 치료자는 아동이 사용할 물의 양을 제한하여 놀이실 바닥이 흥건히 젖지 않도록 미리 준비해야 한다. 예를 들어, 작은 병에 한두 컵 분량의 물만을 준비해 둘 수 있다.

이것이 이후에 올 다른 아이들을 위해 아동이 놀이실을 적시지 않으면서 물놀이를 할 수 있게 허용하는 방법이다.

허용감 구축하기

허용감(a sense of permissiveness)이란 아동중심 놀이치료자가 수용적인 어조를 사용하고, 아동의 놀이를 판단하지 않는 태도로 대하며, 지시하지 않는 태도를 보이고 진실된 관심을 유지할 때 구축될 수 있다. 아동중심 놀이치료를 받는 아동은 치료 초기에 방을 탐색하며 치료자가 허용감을 전달하는지 여부를 그 반응이나 행동에 신경 씀으로써 파악한다. 아동은 성인의 방식에 맞추려고 매우 노력하는데, 심지어 작은 몸짓조차 놀이실에서 아동이 느끼는 허용감에 영향을 미칠 수 있다. 예를 들면, 아동이 컵에 물을 받다가 넘쳐서 물이 싱크대에서 사방으로 퍼지면 치료자는 카펫이 물에 젖는 것을 막기 위해서 스펀지를 가지고 오는데, 그러한 치료자의 행동은 허용적이지 않은 느낌을 전달한다.

아동중심 놀이치료에서의 허용은 아동이 어떤 것이든 마음껏 할 수 있다는 것을 의미하지는 않는다. 뒷부분에서도 기술하겠지만 치료적 방식으로 적절한 시간에 규칙을 지키도록 해야 한다. 여기서의 허용의 의미는 놀이실에서 그 순간에 아동이 스스로 생각하고 느끼는 점을 표현하도록 허용하는 것을 의미한다.

아동과 치료자의 관계에서 허용은 놀이치료 회기에서 매번 만나게 되는 부분이자 과제다. 그리고 아동에게 어떠한 지시나 문제에 대한 소개도 해서는 안 되며, 문제를 해결해 주려는 자세도 피해야 한다. 비록 그것이 '악의 없이' 행하는 것일지라도 치료자는 일관적으로 허용감을 유지해야 한다. 치료자는 무의식적으로 경계를 넘을 수 있는데, 그렇게 하는 것은 아동이 상담 방향을 이끌도록 허용하는 것이라기보다 상담 회기 동안 치료자 자신에 대한 좋은 인상을 남기는 것일 뿐이다. 부정적인 판단이 허용적인 분위기를 만들기 위해 노력하는 데 부적합한 것처럼, 너무 과한 승인과 칭찬, 격려 역시 마찬가지다. 긍정적이든 부정적이든 간에 치료자가 자신의 기대에 관한 메시지를 전달하는 것은 판단을 하는 것이다. 예를 들면, 아동이 콩주머니를 바구니에 던지는 상황에서 매번 마지막 하나를 실패해 좌절했을 때 "너는 열심히 하고 있어. 넌 할 수 있어."와 같이 말하는 것은 부적절하다. 치료자가 전달하는 미묘한 메시지는 아동이 성공할 때까지 그 활동을 계속해야 한다는 것을 의미할 수 있기 때문이다. 그러면 아동은 자신이 성공하지 못했을 때 치료자가 실망할 수 있다는 생각에 불충분한 감정을 느낄 수 있다. 따라서 이때 치료자가 취할 수 있는 더 나은 반응은 "네가 많이 실망했구나. 바구니에 콩주머니를 넣는 건 어렵더라."와 같은 반응일 수 있다.

아동중심 놀이치료에서 건강한 관계의 기초는 수용해 주고 허용감을 주는 치료자의 일관적인 태도를 통해서 구축된 친밀한 관계에 있다. 아동은 치료자와의 관계 속에서 신뢰감을 배우고 자신감을 갖는데, 이 과정에서 아동은 깊은 마음속 감정을 드러내기에 충분히 안전하다고 느낀다. 몇몇 아동에게 있어서 이러한 신뢰는 상대적으로 빠르게 구축되기도 한다. 예를 들면, 함께 살고 있던 양부모에게 심각한 학대를 당한 조이라는 아동이 있다. 첫 번째 회기에서 조이는 놀이실에 있는 두 개의 가면을 썼다. 아동은 치료자에게 자신이 너무나 못생기고 더러워서 치료자가 자신을 좋아하지 않을 것이기 때문에 가면을 써야 한다고 말했다. 놀이치료자는 수용적이고 허용적인 태도를 유지하였고, 아동은 천천히 자신의 가면을 벗기 시작했다. 회기가 끝나갈 무렵, 조이는 젖병에 물을 채우는 것조차 허용받을 만큼 충분히 안전하다고 느꼈고, 치료자의 무릎에 바짝 붙어서 아기처럼 옹알이를 하고 젖병을 빨았다. 비록 이것이 정서적 어려움을 겪는 아동이 경험하는 전형적인 첫 번째 회기가 아니라 할지라도, 아동이 스스로 자신이 겪는 어려움을 탐색할 때 안전감을 얻을 수 있다는 의미에서 치료자가 제공하는 수용감과 허용감은 중요하다. 정서·행동 문제를 가진 많은 아동은 이보다 훨씬 느린 과정을 거친다. 왜냐하면 성인과의 이전 경험이 아동에게 자신을 표현하는 것이 안전하지 않다고 느끼게 만들기 때문이다. 이때 치료자는 공감적이고 참을성 있게 아동중심 놀이치료 과정을 믿으며 함께 가야 한다. 아동중심 놀이치료 과정은 아동이 다룰 수 있는 만큼의 속도로 자신의 문제를 펼쳐 보이게끔 한다. 결과적으로 아동은 자신의 생각, 감정, 행동에 대한 숙달을 이루어 나갈 수 있다.

공감적 재인지와 감정의 반영

Axline(1969)은 아동중심 놀이치료 과정의 탐색 단계에서 수렁에 빠지지 않기 위해, 아동이 한 직접적인 질문은 반영하지 말아야 한다고 기술했다. 사실 우리는 이것이 정확히 반대라는 것을 알고 있다. 즉, 치료자가 "너는 그것이 어떤지 궁금하구나."라고 직접적인 반영을 하거나 비슷한 해석을 하면, 아동은 재빠르게 자신의 생각을 신뢰하고 자신의 감정을 보다 직접적으로 드러낼 수 있다. 우리 모두는 성인으로서 자신이 아동에게 언제나 질문하고 있음을 기억해야 한다. 결과적으로 아동은 다른 사람과 의사소통하는 방법으로서 질문하는 법을 배우게 된다. 그러나 질문은 종종 불충분한 감정의 표현이기도 하다. 예를 들어, 아동은 어떤 활동을 하고자 서두를 때 긴장해서 시계를 바라보고는 “시간이 얼마나 남았어요?” 하고 질문할 것이다. 가장 적절한 공감적 경청 반응은 “2분 남았어.”라고 말하는 것이 아니라 “네가 그걸 마칠 때까지 충분한 시간이 남았는지가 걱정이구나.” 하고 말하는 것이다. 흥미롭게도 아동은 대개 치료자가 자신의 혼란스러운 마음을 이해하고 있다는 사실에 만족감을 느낀다. 또한 매우 어린 아동의 경우, “이게 뭐예요?”라는 질문에 대한 반영으로 치료자가 “너는 그게 무엇인지 궁금하구나.” “너는 그것이 무엇인지 확신할 수 없어서 그걸 알아보려고 하는구나.”라고 반응하는 것은 종종 몇 가지의 흥미롭고 창의적인 놀이를 이끌 수 있다.

3세 여아인 헬레나는 놀이치료 회기에서 여러 장난감을 집어 들며 “이건 뭐예요?”를 반복했다. 치료자는 “너는 그게 무엇인지 궁금하구나.” 하며 계속 반응했고, 헬레나는 자신을 믿고 몇 가지 창의적인 아이디어를 생각해 냈다. 예를 들어, 헬레나가 손에 대여섯 개의 다트를 들고 질문하자 치료자는 “그것이 무엇인지 궁금하구나.”라고 반응해 주었고, 아동은 다트를 치료자의 손에 건네며 “여기요, 이건 꽃이에요.”라고 말했다. 그런 다음 이번에는 다트 핀을 들고 그것이 무엇인지 치료자에게 물었고, 치료자는 “그것이 무엇인지 알아보고 싶구나.”라고 대답했다. 헬레나는 총을 거꾸로 들고 방아쇠 부분을 유심히 보더니 “웃으세요. 이건 카메라에요. 선생님 사진을 찍을 거예요.”라고 말했다.

헬레나의 반응은 아동의 창의성을 성인이 얼마나 많이 억누르고 있는지에 대해 중요한 문제를 제기한다. 즉, 부모, 교사, 심지어 치료자와 같은 성인의 관점에서는 이미 고정된 관념들이 아동에게는 너무 많은 답과 방향을 제시하고 있다는 것이다. 아동중심 놀이치료에서 공감적 경청은 치료자를 아동의 놀이라는 아동의 세계에 맞추도록 해 주고, 아동에게 치료자가 자신의 놀이와 생각에 흥미를 가지고 자신과 함께 있다는 것을 알게 하는 방식으로 반응하게 한다.

가장 어려운 놀이치료 회기 중의 하나는 회기 시간에 말을 하지 않으면서 행동이나 몸짓도 거의 보이지 않는 아동과 상담할 때다. 11세 잭의 사례가 그러했는데, 잭의 부모님은 상담을 시작하기 얼마 전부터 별거를 시작했고, 그는 인정사정 볼 것 없는 이혼 과정에 있었다. 잭이 처음으로 놀이실에 들어왔을 때, 그는 펀칭백에 기대어 눕고는 치료자를 응시하기만 했다. 치료자는 "너는 이곳에서 무엇을 할지 모르겠구나." 하고 반응했다. 잭은 여전히 펀칭백에 기대어서 그것을 이리저리 굴리며 "아니요."라고 대답했다. 치료자는 "넌 좀 지루하구나. 그리고 이곳에서 무엇을 할지 알기가 어렵구나."라고 반응했고, 잭은 "네."라고 대답했다. 첫 회기에서 대부분의 시간 동안 잭은 펀칭백에 기대어 치료자를 오래 바라보거나 가끔씩 방안을 둘러보는 행동을 반복했다. 치료자는 그의 행동을 반영하기를 반복했고, 가능하다면 그의 감정도 반영하려고 애썼다. 즉, "저기에 있는 무언가를 보고 있구나." "무엇을 가지고 놀아야 할지 모르겠구나." "새로운 곳에 오면 무언가를 시작하는 게 쉽지 않지." 또는 "너는 나를 보고 있고, 이곳에서 무엇을 해야만 하는지 궁금하구나."와 같은 공감적 경청 반응을 보였다. 다시, 잭은 확고한 태도로 치료자의 반응에 응답했지만 그다지 활동성을 보이지는 않았다. 그러나 경험을 쌓은 치료자들에게 아동이 놀이하지 않거나 표현하지 않으려는 모습을 보이는 것은 그다지 문제가 되지 않는다. 숙련된 놀이치료자는 단순히 아동이 조율한 채로 머물며, 아동이 준비가 될 때까지 수용적이고 허용적인 분위기를 만들고자 한다.

두 번째 회기가 5분 남았을 때까지 잭은 말하거나 놀이를 하려고 하지 않았다. 이때 잭은 쓸쓸한 얼굴로 치료자에게 자신의 부모가 별거 중인 사실을 아는지 물었다. 치료자는 알고 있다는 것을 인정하며 "너는 내가 그 사실을 알고 있는지 확실히 하기를 원하는구나. 넌 그 사실에 대해서 슬퍼하고 있구나."라고 반응했고, 잭은 "네."라고 대답했다. 세 번째 회기에서 잭은 보다 활기가 생겼고, 여전히 통제적이긴 했지만 펀칭백과 다트 총을 가지고 공격적으로 놀이를 시작했다. 아버지는 놀이치료자에게 아들이 감정을 표현하는 것을 언제나 불편해하며, 극도로 예민하다고 했다. 잭과 같은 아동은 놀이실에서 무언가를 하기 전에 그곳이 자신을 드러내기에 충분히 안전한 곳인지 확신할 필요가 있다.

Bernard Guerney는 몇 해 전 공감적 경청의 가치에 대해서 가르치고 있을 때, Carl Rogers가 청소년 내담자와 작업했던 회기를 소개했다. Rogers는 1년 정도 인간중심적 상담 접근으로 10대 청소년을 상담하고 있었다. 그는 그 소년이 전체 회기 동안에 결코 말을 한 적이 없다고 기술했고, 다만 치료자를 바라보거나 창밖을 응시하는 것뿐이었다고 했다. 보고에 따르면, Rogers는 적절하다고 생각되는 때에 반응적 경청을 하기도 했다. 마지막 회기에서 그 소년은 Rogers에게 자신이 이제는 나아졌으며 치료를 끝낼 때가 되었다고 했다. Rogers는 자신이 이 소년에게 변화가 생기도록 도운 점이 무엇이었는지 물었다. 그 소년은 Rogers가 말하도록 강요하지도 않았으며, 자신을 있는 그대로 받아들여 주고, 자신과 함께 온전히 있어 준 최초의 사람이라고 대답했다. 이것은 수용과 조율(attunement)의 힘이 잘 드러난 사례다!

문제해결을 위한 아동의 능력을 존중하기

아동중심 놀이치료의 핵심은 적절한 환경이 주어진다면 모든 사람이 자기 자신의 문제를 스스로 해결할 수 있는 능력을 지닐 수 있다는 것이다. 아동중심 놀이치료는 놀이를 통해 스스로의 문제를 해결할 수 있다는 아동 능력에 대한 절대적인 믿음을 바탕으로 적절하게 놀이치료 환경을 제공한다. 아동중심 놀이치료에서 아동은 자신과 자신의 행동에 대해 자신에게 전적인 책임이 있다는 것을 배운다.

예를 들어, 자기조절 문제로 상담에 의뢰된 7세 남아인 로비는 상담 시작 후 얼마 지나지 않아 자기 책임의 힘을 배우게 되었다. 로비는 놀이실에 들어가는 것을 즐거워했지만 과도하거나 부족한 자기조절력을 보이며 이내 치료자를 다트로 세 번이나 쏘았다. 그래서 아동중심 놀이치료에서의 제한 설정에 따라 결국 상담을 시작한 지 몇 분 되지 않아 치료를 끝마치게 되었다(제5장 참고). 그 다음 회기에서도 로비는 상담 회기 시간을 좀 더 늘릴 수는 있었지만 역시나 치료자를 세 번이나 쏘면서 제한을 어기는 행동을 삼가진 못했다. (로비의 어머니에게 아동의 자기조절 문제와 아동이 규칙을 세 번째 어겼을 때 상담을 그만두는 일이 왜 중요한지에 대해서 놀이치료자가 말하는 동안 로비를 대기실에 앉아 있게 하는 것은 아동에게 지금이 상담 시간이라는 것을 상기시킬 수 있다.) 이 같은 사건이 대여섯 번 반복된 후에 로비는 놀이실에서 전체 시간을 보내는 것이 전적으로 자신이 통제할 수 있는 일임을 깨달았다. 그리하여 그는 치료자가 있는 곳을 피해서 다른 곳에 다트 총을 쏘기 시작했고, 더 이상의 제한 설정이 필요하지 않게 되었다.

후속 상담 회기 동안 로비는 다트 총을 쏘고, 자신이 할 수 있는 것보다 더 센 힘으로 펀칭백을 쳤으며, 놀이실 사방에 물을 뿌리고, 치료자에게 맞게 하지 않으면서 여러 장난감을 방 이곳저곳에 던지며 더 큰 분노와 좌절을 표현했다. 그러던 어느 날, 로비는 치료자에게 다트 총을 겨누었다. 하지만 1분 정도의 경고 시간 동안 블록을 쌓으며 진정하기 시작했고, 치료자에게 웃고 나서는 치료실 밖으로 걸어 나갔다. 그는 몇 분 일

찍 회기를 끝내긴 했지만 스스로 조절하는 모습을 보였다. 치료자는 아동에게 "네가 다시 나에게 총을 겨누기를 즐길 수 있어. 중요한 건 상담을 끝내는 책임이 네게 있다는 거다."라고 말했다. 다음 회기에서 로비의 놀이는 자기 숙달감에 초점이 맞춰졌다. 로비는 목표물에 다트를 맞추면서 높은 점수를 내고자 했으며, 놓치는 것 없이 콩주머니를 여섯 개의 지정된 자리에 맞추어 넣으려고 했다. 각 회기마다 아동의 어머니는 치료자에게 치료를 시작한 후 로비가 집과 학교에서 보이는 긍정적인 변화들을 말했다. 비록 로비의 어머니가 처음 다섯 회기 동안에는 회기를 시작한 지 몇 분 지나지 않아 놀이치료가 끝나는 것을 이해하기 어려워했지만, 지금 그녀는 로비가 그 자신의 문제를 해결할 수 있고 겪어낼 수 있다는 치료자의 믿음의 가치를 이해하게 되었다.

아동중심 놀이치료의 치료자들은 아동이 스스로 문제를 해결할 수 있다는 믿음을 깊이 존중하기 때문에 아동이 놀이하고자, 또는 놀이하지 않고자 선택하는 모든 방식이 놀이 환경이나 자아에 숙달하기 위한 아동의 필요라고 본다. 아동이 심하게 의존적이고, 두려워하거나 거칠거나, 솔직하거나 불안해하거나, 공격적이거나 위축되어 있는 것은 문제가 되지 않는다. 아동중심 놀이치료자들은 아동이 스스로 정서적 · 행동적 어려움을 해결해야 한다는 점을 찾아낼 수 있고, 아동이 자기 자신을 수용하고 신뢰하는 것을 배울 수 있다는 그들의 능력에 대한 확신이 있다. 아동이 허용적이고, 수용적이며, 신뢰를 주는 환경에서 놀이를 하게 됨에 따라, 아동은 자신에 대한 치료자의 신뢰를 알 수 있게 된다. 이것을 통해 아동에게 스스로에 대한 신뢰, 자기 수용, 자신에 대한 책임감을 발달시키게 할 수 있다. 그러므로 아동이 다트 총을 장전하고, 농구대의 그물로 바구니를 만들 때, 혹은 줄넘기 줄의 매듭을 풀 때나 그와 비슷한 놀이에 분투할 때 놀이치료자들은 쉽게 아동을 도와주거나 가르쳐주려고 하지 않고 단지 아동이 느끼는 좌절이나 결정에 대해서 반응한다.

사실, 아동이 명확하게 도움을 청할 때 아동중심 놀이치료자는 그들에게 도움을 제공하긴 하지만 그때도 가능한 한 가장 덜 간섭하는 최소한의 도움을 준다. 예를 들면, 치료자는 아동이 다트 총을 집어서 장전할 때까지 기다린다. 만약 아동이 다트 총을 장전하는 것을 계속해서 어려워하며 노력하다가 좌절해서 도움을 청한다면, 치료자는 기다리다가 아동에게 "네가 좌절감을 느끼는구나." "그게 쉽지 않구나." 또는 "스스로 그걸 해 보려고 정말 애쓰고 있구나."라고 반응한다. 대부분의 시간 동안 치료자가 이처럼 수용하지 않거나 간섭하지 않는 태도를 보이면, 아동은 처음에는 치료자의 도움이 필요하다고 생각했던 과제일지라도 이후 그것을 성공적으로 달성하게 된다. 결과적으로 아동은 숙달을 경험하며 기쁨을 느낀다. 그런 다음에 놀이치료자는 단지 "네가 그걸 스스로 알아내서 정말 자랑스럽구나."라고 인정해 준다. 다른 한편으로, 아동이 도움을 청하는 것을 힘들어한다면 그가 치료자에게 도움을 청할 때마다 그렇게 반응할 수도 있을 것이다. 아동의 요구를 부인하는 것은 이 분야에서의 아동의 성장을 부인하는 것이 된다. 그러므로 치료자는 아동을 따르면서 욕구를 반영해야 한다. 즉, "네가 힘들어서 그것을 어떻게 하는지 내가 보여 주기를 바라는구나."와 같이 말할 수 있다. 그런 다음, 아동이 요청한 것을 도와준다. 언제나 치료자는 아동이 필요로 하는 것을 스스로 결정하려는 능력을 존중해야 한다. 그렇지 않다면 아동은 언제나 혼자 해보려고 하기보다 다른 사람에게 도움을 청하게 될 수 있다.

또한, 때로는 아동이 진정 답을 구하는 문제가 아님에도 질문을 할 때가 있는 것처럼, 그들은 실제로는 도움을 필요로 하지 않으면서 성인에게 도움을 청할 때도 있다. 그러므로 아동중심 놀이치료에서 자신의 문제를 스스로 해결하려는 아동의 능력을 존중하는 놀이치료자의 확고한

신념은 아동의 자기 숙달을 이끌고, 자신에 대한 책임감을 키우며, 결국 아동이 스스로 문제를 해결할 수 있게 하여 자존감을 증대시킨다. 좌절하여 어떤 감정이나 어떤 문제에 대해서도 도움을 청하지 않는 아동을 돕고 싶은 유혹이 들 때 우리는 스스로에게 물어야 한다. 만약 아동에게 문제가 생길 때마다 문제를 해결해 주는 성인이 있다면, 아동은 좌절에 대처하는 법을 배울 수 있을까? 또한 성인으로서 우리가 아동이 해결해야 할 문제에 대한 책임을 떠안는다면, 그것은 우리가 아동의 자존감에 "너는 그것을 할 수 없어, 그러니 내가 널 위해서 해 줄게."라는 메시지를 무심코 보내면서 작은 상처들을 내는 것이나 다름없을 것이다.

아동이 이끌도록 하기

아동중심 놀이치료의 다른 주요한 요소는 치료가 내재적으로 비지시적인 성격을 가진다는 점이다. 어떠한 놀이를 할 것인가 하지 않을 것인가, 어떠한 말을 할 것인가 하지 않을 것인가, 어떤 놀이 혹은 어떤 대화를 할 것인가도 치료자가 아닌 아동에게 전적으로 달려 있다. 즉, 아동중심 놀이치료자는 아동에게 맞추려고 하면서 아동이 길을 안내할 때까지 참을성 있게 기다린다. 이 개념을 이해하는 최선의 방법 중 하나는 아동중심 놀이치료에서 못하게 하는 것을 살펴보는 것이다. 여기에는 지시하지 않기, 판단하지 않기, 해석하지 않기, 질문하지 않기 등이 포함된다.

아동에게 지시하는 것은 비지시적인 입장에서 명백하게 벗어나는 일이며, 이것은 초보 놀이치료자가 아동을 조금만 도와주겠다는 유혹에 빠지는 일일지라도 그렇다. 예를 들면, 물놀이를 해서 아동의 손이 젖었는데 남아 있는 수건이 없을 때, 아동중심 놀이치료자는 "손을 닦고 싶으면 아이 담요를 사용할 수도 있어."라고 말하게 될 수 있다. 그러나 정확한 반응은 "너는 손이 젖는 것을 좋아하지 않을 수 있지. 어떻게 말려야 하는지 알 수 없을지도 몰라."일 것이다. 아동중심 놀이치료에서 이러한 딜레마에 대한 해결책을 결정하는 일은 전적으로 아동에게 달려 있다.

판단은 초보 놀이치료자가 장난감을 눈에 띄게 꺼내 놓을 때도 무의식적으로 일어날 수 있다. 아동은 치료자가 꺼내 놓은 장난감을 가지고 놀아야만 한다는 생각이 들 수 있다. 예를 들면, 놀이치료자가 아동이 분노를 표현하는 데 있어 어려움을 가진다는 것을 알고 있다면, 아동으로부터 분노 감정을 이끌어 내기 위한 공격적인 놀이를 장려하기 위해 공격적인 장난감을 방의 가운데에 배치하고자 하는 유혹을 느낄 것이다(제4장 참고). 아동은 성인의 태도에 극도로 민감하며, 심지어 언어화되지 않는 상황이나 성인을 기쁘게 할 준비가 되어 있지 않은 상황에서도 무언가를 해야 한다는 압박감을 느낄 수 있다. 치료자가 놀이치료에서 자신의 생각대로 아동의 욕구를 판단하게 된다면, 그것은 아동이 자기 자신의 문제를 해결하기 위해 필요하다고 생각하는 것을 스스로 할 수 있는 능력을 부인하는 것이다.

아동은 많은 것을 배우는 과정에 있기 때문에, 종종 그들의 능력은 충분하지 않은 것처럼 보인다. 또한 성인은 학습이 과정이라는 것과 아동이 환경을 스스로 배우고 숙달하려는 내적인 동기를 지닌다는 사실을 잊기 쉽다. 그러므로 성인은 가르치고자 하는 유혹에 빠지게 되는데, 특히 그들은 아동의 놀이가 자신이 중요하다고 생각하는 것을 아동에게 가르칠 수 있는 기회라고 본다. 예를 들어, 아동이 놀이실 칠판 앞에서 교사의 역할을 하면서 놀이를 하는데, 글자의 철자를 잘못 쓰고, 숫자의 셈도 틀렸다. 아동은 그 단어와 수를 바라보고는 혼란스러워할 것이다. 이때 적절하게 반영해 주는 반응은 "네가 혼란스럽구나. 네가 맞게 했는지 확신할 수 없구나."일 수 있다. 때때로 이러한 반응은 아동이 자신의 실수를 스스로 고치게 하는 결과를 가져오기도 한다. 혹은 아동이 치료자에게 그 단어나 계산이 맞는지 물어볼 수도 있다. 만약 아동이 직접적으로 물어본다면 아동중심 치료자는 먼저 "너는 그것이 맞는지 궁금하구나." 하고 반응할 수 있다. 그리고 아동이 대답을 종용한다면 "네가 맞게 했는지 말해 주길 원하는구나." 하고 말할 수 있으며, 아동이 고치기를 강하게 원하며 묻는 경우에는 "아니, 그건 맞지 않아."라고 말할 수 있다. 만약 아동이 수정된 답을 원한다면 치료자는 먼저 "맞는 답을 네게 말해주고 도와줬으면 하는구나."라고 말할 수 있다. 아동이 이것을 강하게 원할 경우에, 놀이치료자는 아동에게 정확한 답을 말할 수 있다. 다른 몇 가지 사례에서는 아동이 활동을 계속하며 실수를 알아채지 못한다. 그런 경우에 적절한 반응은 "너는 선생님처럼 하기를 좋아하는구나. 네가 더 많은 단어를 쓰기를 (더 많은 문제를 풀기를) 원하는구나."다.

가끔씩 아동은 놀이에서 결정을 내릴 때 놀이치료자가 생각해 보도록 이끌기도 하는데, 아마도 "내가 뭘 가지고 놀아야 한다고 생각해요?"와 같이 물을 것이다. 초보 놀이치료자는 아동이 지시를 내리기를 원한다고 생각할 수 있다. 그러나 우리의 경험에 의하면, 아동은 때때로 아동중심 놀이치료의 자기 주도성에 불편함을 느끼기 때문에 놀이치료의 초기에 이러한 행동을 한다. 아동이 놀이치료 상담 회기 밖에서 성인의 지도를 받아들이는 데 꽤 익숙해져 있기에, 놀이치료자가 만들어 놓은 허용적인 분위기를 신뢰하지 못할 수도 있다는 사실을 기억하는 것이 중요하다. 적절한 반응은 "네가 어떻게 해야만 한다고 내가 생각하는지 궁금하구나." 또는 "여기서 무엇을 해야 괜찮은지 확실하지 않구나."일 수 있다.

아동이 여전히 확고하게 반응한다면, 그 다음의 최선의 반응은 "이곳에서 네가 원하는 거의 어떤 것이든지 할 수 있다는 것을 기억하렴."이다. 그래도 아동이 이 문제를 계속해서 밀고 나갈 경우, 치료자는 "네가 무엇을 할지에 대해서 진짜로 결정을 내려 주기 원하는구나."라고 반영할 수 있다. 아동이 무엇을 가지고 놀지 정해 주기를 원하며 확고하게 반응한다면 "음, 넌 콩주머니나 다트 총, 물감, 그 외 다른 것들을 가지고 놀 수 있어."라고 말할 수 있다. 이러한 방법으로 활동에 대한 직접적인 제안을 피하면서, 치료자는 몇 가지 가능한 활동을 제시할 수 있다. 이따금씩 아동은 치료자에게 "나는 콩주머니 놀이나 장기를 좋아하는데요, 어떤 걸 할지 선생님이 정해 주세요."와 같이 말하면서 치료자의 결정을 강하게 요구한다. 아동중심 놀이치료자는 먼저 "무엇을 가지고 놀지 내가 정해 주기를 바라는구나." 또는 "너는 나를 기쁘게 하고 싶구나."와 같이 반영한다. 만약 아동이 확고하게 반응하며 대답을 기다린다면, 치료자가 결정해 주는 것도 괜찮다. 그러나 치료자가 그러한 결정을 하고 나면 아동은 전혀 다른 것을 고르거나 심지어 치료자가 선택한 것과 정반대의 것을 고를 수 있다. 이때 치료자가 "너는 내 제안이 마음에 안 드는구나. 너는 그보다는 이 놀이를 하고 싶구나." 등으로 말하며 공감적 반응을 할 수 있다. 이것이 힘든 과정처럼 느껴진다 할지라도 아동에게 미치는 이익은 막대하다. 그 한 예로, 아동은 진짜 놀이를 이끄는 것이 자신임을 알게 되고, 놀이치료자가 자신이 하는 대로 자신의 선택을 받아들인다는 것을 알게 된다. 또한, 아동은 놀이실의 허용적인 분위기를 신뢰할 수 있게 되고, 그들에게 가장 의미 있다고 생각하는 어떤 방식으로든 자신을 표현하는 데 자유로움을 느끼게 된다.

칭찬과 비판도 역시 판단이므로 아동중심 놀이치료에서 행할 수 없다. 심지어 아동이 치료자를 일종의 평가적 시각으로 바라본다 할지라도 치료자의 아동에 대한 판단은 중요하지 않음을 기억하는 것이 중요하며, 실제로도 아동중심 놀이치료에서 치료자가 생각하고 믿는 것은 중요하지 않다. 대신, 아동중심 놀이치료자가 된다는 것은 아동이 드러내는 감정을 거울처럼 비춘다는 것을 의미한다. 예를 들어, 아동이 그림을 그리고, 그것을 들고는 "이거 마음에 들어요?"라고 묻는다. 이때 적절한 반응을 하기 위해서 아동중심 놀이치료자는 아동의 목소리와 표정에서 드러나는 뉘앙스에 맞추어야 한다. 치료자는 자신이 관찰한 것에 따라 "네가 그 그림을 자랑스러워하는구나. 그리고 내가 어떻게 생각하는지 궁금하구나." 또는 "너는 네 그림에 조금 실망한 것 같구나. 그래서 내가 좋아할지 확신할 수 없구나."와 같이 반응할 수 있다. 가끔은 아동의 감정을 단순히 인정해 주는 것만으로도 아동을 만족시키는 데 충분하며, 더 이상의 언어적 반응은 필요하지 않을 수 있다. 만약 아동이 치료자의 평가를 끊임없이 요구한다면, 치료자는 우선 의견을 묻는 아동의 욕구를 반영하고, 부드럽지만 긍정적인 어조로 "나도 그게 마음에 들어." 혹은 "나는 네가 사용한 색이 모두 마음에 든단다."와 같이 평가할 수 있다. 이렇게 치료자가 판단하는 것은 아동이 질문에 답하도록 밀어붙인 상황이 전제될 때만 가능하다. 치료자는 "그런데 여기서 중요한 것은 네가 어떻게 생각하느냐는 거야."와 같이 말함으로써 상담 회기에서 아동의 주도적인 역할을 강조할 수 있다. 즉, 아동이 자신의 감정과 판단에 대한 의도를 치료자에게 인정받고 반영 받고자 하는 시도를 하지 않게 될 때까지 놀이치료자는 자신의 모든 판단을 유보해야 한다. 아동이 매우 자주 놀이치료자에게 질문한 후 대답을 요구하는 경우도 있는데, 특히 놀이치료자가 아동이 진정으로 전하고자 하는 것의 실제 의미를 알아채지 못했을 경우에 그렇다. 따라서 치료자가 반드시 해야 하는 것은 아동 놀이에서의 감정과 의도를 가장 깊은 수준에서 이해하도록 노력하는 것이며, 그것을 알아채 반영을 확신하는 것이다. 아동은 치료자가 자신이 전하는 메시지의 핵심과 본질을 이해하고 있다는 점을 느낄 수 있어야 한다.

해석이나 분석은 아동중심 놀이치료에서 어떤 역할로도 사용할 수 없는데, 이는 아동을 치료하는 데 있어서 아동이 알고 있는 것보다 치료자가 알고 있는 것이 더 많다는 점을 가정하기 때문이다. 놀이치료자가 해석적인 언어적 반응을 한다면 아동과의 조율은 사라진다. 놀이치료자에 의해서 더 많은 해석적인 언어적 반응이 이루어진다면 아동이 놀이를 이끄는 통제력이 줄어들고, 놀이는 점차 아동이 아닌 치료자에게 의미 있는 것이 된다. 부모의 보고에 의해서 아동이 동물을 잔인하게 대한 경험이 있다는 것을 치료자가 알고 있다고 가정해 보자. 놀이실에서 아동의 놀이가 일반적으로 공격적임에도 곰 인형만큼은 꼭 껴안고 보살펴 주기를 좋아한다. 이에 대해 해석적으로는 "너는 실제 동물에게 상처를 줬다는 죄책감을 느끼기 때문에 그 곰 인형을 돌봐 주어야 할 것 같구나."라고 말할 수 있다. 하지만 아동중심 놀이치료자에게 보다 적절한 반응은 "그 곰 인형을 꼭 안고 있으니 기분이 좋구나. 넌 곰을 돌보는 것을 즐기는구나."다. 사람들은 아동의 놀이에 의도나 심리학적인 의미를 부여하고자 하기도 하고 반영적 반응으로 '때문에'라는 단어를 쓰기도 하는데, 이것은 모두 해석적인 반응이 되기 쉽고, 그것은 우리가 피해야만 하는 것이다.

아동중심 놀이치료에서는 질문 역시 피해야 하는데, 왜냐하면 질문은 지시적으로 간주할 수 있고 그것이 아동 놀이의 성격과 주도성을 바꿀 수도 있기 때문이다. 변호사가 정보를 얻기 위한 의도로 사용하는 질문은 많은 경우 증인을 방어적이고 혼란스럽게 만든다. 이것은 놀이치료자가 질문을 할 때도 마찬가지다. 아동은 이러한 질문의 의도를 잘못 인식하기 매우 쉽다. 즉, 그러한 질문은 아동이 '치료자가 나에게 원하는 것이 무엇이지?' 또는 '무엇이 **맞는** 대답일까?'라고 생각하게 할 수 있다. 또한, 아동은 자신이 무언가를 잘못하고 있다고 느낄 수 있다. 질문은 아동을 포함해서, 사람들에게 방어해야겠다는 감정을 갖게 하고, 그들을 곤란하게 한다. 아동은 자신의 놀이를 이해하는 통찰력을 갖는 것에 관심이 없다. 그러므로 그들에게 "왜?"라는 질문은 의미가 없다. 대부분의 성인은 어떤 상황에서 아이들에게 왜 그렇게 했는지를 묻는데(예를 들어, 형제자매를 때렸을 때), 아동은 어깨를 으쓱하며 "모르겠어요." 하고 말한다. 사실, 아동은 자신이 어떠한 일을 했을 때 그 일을 왜 했는지 모르기 때문에 이때 "모른다."는 대답은 정직한 대답이다. 아동은 자신에 대해서, 그리고 자신의 행동을 이해하는 과정에서 바로 시작 단계에 있다. 아동 행동의 상당 부분은 그들이 어떻게 느끼는가에 의해서 결정된다. 그러나 아동은 감정의 언어를 숙달하지는 못한 상태이기 때문에 자신의 분노, 좌절, 실망, 상처 등의 감정을 행동화할 수 있다.

아동중심 놀이치료에서 치료자는 아동이 느끼고 있는 감정을 반영하거나 감정을 함께 공감하고 비추어 주면서(mirroring) 아동이 감정 언어를 배울 수 있도록 노력한다. 몇몇 초보 놀이치료자는 아동의 직접적이지 않은 감정 표현에 대해서 감정 단어를 말하기를 우려하고, 대신 아동에게 감정에 대해서 묻곤 하는데, 이것은 아동의 머릿속에 특정 생각을 주입하는 것이나 다름없다. 사실, 언뜻 생각하기에는 그 반대인 것처럼 보인다. 하지만 아동중심 놀이치료자가 실수로 틀린 감정 단어를 말했다면, 아동은 보통 개의치 않고 치료자가 말한 감정 단어에 동의하지 않는다고 말하면서 치료자의 말을 자유롭게 수정한다. 예를 들어, 치료자가 "넌 네 그림이 자랑스럽구나."라고 말했을 때, 아동은 아닐 경우 "아니요. 난 그렇지 않은데요."라고 말한다. 이러한 상황에서 아동에게 할 수 있는 가장 최선은 아동이 감정 단어에 대해서 아니라고 말한 것을 "너는 네 그림을 자랑스러워하진 않는구나. 그리고 그걸 내가 알았으면 하는구나."와 같이 수용하는 것이다. 가끔씩 아동은 치료자가 감정을 반영하는 것에 동의하지 않는데, 특히 그 감정이 분노일 때나 치료자에게 특정 감정을 말할 준비가 되지 않았을 때 그렇다. 그러한 상황에서는 아동이 분노를 느끼는지 아닌지 질문하는 것이 그들의 분노를 자극하여 더욱 방어적으로 만들기만 한다. 심지어 아동은 분노 감정을 묻어 버릴 수도 있다. 예를 들어, 한 아동이 화가 난 것처럼 펀칭백을 칠 때 치료자는 "네가 화가 나서 그 사람을 그렇게 치는구나."라고 반영한다. 이때 아동이 "아니요. 그렇지 않은데요. 나는 그냥 그 사람을 때리는 것뿐이에요."라고 말한다면 아동중심 놀이치료자는 "너는 네가 화가 났다는 사실을 몰랐으면 하는구나. 너는 단지 세게 때리는 것을 즐기고 있을 뿐이구나."라고 말할 수 있다.

놀이치료를 서두르지 않는 점진적 과정으로 다루기

아동은 여느 때보다 더 생활의 속도가 고도로 빠른 시대에서 성장하고 있다. 성인이 중학교에서 배우곤 했던 것을 요즘 아동은 초등학교 3학년 때 배우고 있다. 방과 후 그들의 부모는 매일같이 학원에서 학원으로 아이들을 데리고 다닌다. 그러한 아동들에게 학원 시간과 겹치지 않게 상담 약속을 잡는 것은 어려운 일이다. 컴퓨터는 성인만 공유할 수 있었던 정보에 아동을 접근하도록 한다. 아동은 10만 원짜리 머리 손질을 받고, 디자이너 옷을 입고, 최신 기기를 갖는 것을 성공이라고 믿는 매우 성취지향적인 부모에게 가르침을 받는다. 아동은 자신에게 즐거움을 주는 기묘한 기계들에 마음을 빼앗기는데, 이것은 치료자가 장난감 가게에 가서 놀이치료에 필요한 기본적이고 적합한 장난감을 사는 데 어려움을 주기도 한다. 부모들은 아동이 겉옷 단추를 채우거나 자신의 신발 끈을 매거나, 수학 문제로 어려움을 겪는 일과 같이 기본적인 것을 숙달하려고 노력하는 것을 인내하지 못한다. 많은 부모가 아동이 스스로 그것을 할 수 있을 때까지 충분히 기다리지 못 한다. 결과적으로 아동은 자격을 충분히 갖춘 것 같지만 의존적이고, 뽐내지만 불안정하며, 이상적이지만 서투르다.

아동기는 실제로 모든 인간의 삶에 있어 매우 짧은 시기다. 단지 18년 정도 밖에 되지 않는다. 생애 첫 5년 동안에 아동은 앞으로의 일생에서 남아 있는 것보다 더 많은 학습을 한다. 세상은 매우 크고 복잡한 곳이어서, 자신이 원하는 사람이 되기 위해 아동은 배우고, 숙달하고, 통합시켜야 할 정보가 너무나 많다. 그러나 매우 초보적인 단계에서 아동은 자신에 대해 먼저 배워야 하고, 자신이 세계와 어떻게 관계 맺고 있는지를 배워야 한다. 자신에 대해서 배우고 익히는 과정은 아동기의 학습에서 가장 중요한 부분이다. 아동의 성격이 형성되며, 이 복잡한 세상에서 아동이 세상과 맺게 되는 관계가 형성되는 시기다. 이러한 것들이 건강한 방식으로 이루어지기 위해서는 서둘러 이루어져서는 안 되며, 아동이 필요로 하는 만큼의 시간, 공간, 그리고 수용감이 필요하다.

아동중심 놀이치료는 언제나 아동이 자신에 대해서 알 필요가 있는 점을 학습할 수 있도록 하고, 숙달을 이룰 수 있게끔 연습을 제공한다. 놀이치료자는 아동이 스스로 원하는 곳 어디라도 도달할 수 있는 능력을 가지고 있다는 점을 확신하고, 따라서 아동의 치료 과정을 인내한다. 그 치료 과정이 어떠하든지, 또 얼마나 오랜 시간이 걸리든지 그러하다. 그러나 아동이 자신에게 초점을 맞추는 장소인 놀이실에서 상대적으로 짧은 시간 안에 얼마나 많은 학습이 이루어지는지를 살펴보면 정말 놀랄 만하다. 아동중심 놀이치료자로서 우리는 놀이실의 분위기를 즐기고 평가하는 것을 배워 왔다. 여러 가지 측면에서 놀이실은 치료자를 '많은 것이 일어나도록' 해야 한다는 압박에서 벗어나게 해 주고, 부모가 제기해 온 아동의 문제를 해결해 준다. 아동중심 놀이치료자는 조율, 수용, 인내, 적절한 제한 설정으로 각 아동이 자기 향상(self-improvement)과 자기 실현(self actualization)의 과정을 시작하도록 한다. 치료자는 아동이 이끄는 대로 인내심 있게 따라가며, 어떠한 방식으로도 강요하지 않으면서 자신이 서두르고 있지 않다는 의도를 전달한다. 치료자는 자신의 딜레마를 해결하기 위해서 서두르지 않으며, 놀이치료 시간에 아동이 성취해야 하는 것에 대한 어떠한 기대도 갖지 않는다. 아동중심 놀이치료자는 아동의 존재 자체에 의해 아동이 허용하는 한 그들과의 관계를 즐긴다. 이것은 아동과 치료자에게 똑같이 진정으로 자유로운 경험이다.

제한의 중요성

아동중심 놀이치료에서 설정하는 제한은 거의 없지만 그 몇 가지가 최고로 중요하다. 제한은 아동에게 놀이치료자가 놀이실의 안전한 분위기를 유지하고 있다는 것을 알게 한다. 특히 아동이 자신의 감정을 통제할 수 없다고 느낄 때 더욱 그렇다. 성인이 적절한 제한을 설정하지 못할 때 아동은 불안하고 안전감을 느끼지 못한다. 많은 아동은 성인에게 부정적인 행동을 더욱 보임으로써 그들이 제한을 설정하도록 만든다. 아동은 성인이 제공하는 안전 제한에 의존하고 있기 때문에 놀이치료자가 명확하고 일관된 제한 구조를 유지하지 못할 때 그들과 친밀감을 형성하거나 그들을 존중하지 못한다.

놀이치료에서 제한의 가치에 대한 가장 명확한 예는 선택적 함묵증으로 의뢰되어 부모-자녀 놀이치료 상담을 받고 있는 6세 오드리의 상담 회기를 통해 알 수 있다. 오드리는 아버지와 놀이를 하고 있었다. 아버지는 꽤 지적인 사람이었고 제한을 설정하는 것에 대한 이유를 명확히 이해했지만 가정과 놀이치료 회기 모두에서 이것을 실행하기를 어려워했다. 한 회기에서 오드리는 놀이실의 안전을 시험하려고 했다. 그래서 아버지를 때리기 시작했고, 처음에는 장난감들로, 그 다음에는 펀칭백으로 아버지를 때렸다. 딸을 멈추게 하려는 아버지의 필사적인 노력이 있었음에도 아동은 결국 아버지에게 나무로 만든 장난감 가구까지 던지고 말았다. 아버지는 매우 수용적인 자세를 유지했고, 단순히 자신을 그 어떤 것으로도 때릴 수 없다는 제한을 말하지는 못했다. 부모-자녀 놀이치료자는 아동이 아버지를 때릴 수 없다는 제한을 설정해야 할 것 같아, 아버지에게 방송으로 "'어떤 것으로도 아버지를 때릴 수 없다.'는 것이 규칙임을 기억하세요! 딸에게 그것을 말하세요."라고 전달했다. 아버지는 부모-자녀 놀이치료자의 개입에 매우 놀라서 오드리에게 규칙을 불쑥 말해 버렸다. 아버지에게 그 말을 듣고 오드리는 아버지를 때리는 것을 멈췄으며, 자신의 아버지를 제외한 방에 있는 모든 것에 자신의 분노와 공격성을 폭발했다. 다음 날 오드리는 학교에서 "네." "아니요."라는 대답을 하기 시작했다. 매우 짧은 시간 안에 선생님과 친구들에게 정상적으로 말을 할 수 있게 된 것이다. 아동의 아버지는 마침내 자신을 때리는 것에 대해서 제한을 설정했을 때 오드리가 내부에서 끓어오르는 분노를 더 자유롭게 표현하게 되었으며, 그 제한이 오드리를 편안하게 해 주었음을 즉각 이해할 수 있었다. 오드리의 아버지는 그제서야 자신의 가정생활에서도 이러한 규칙을 보편화할 수 있다는 가치 있는 교훈을 배웠다. 한번은 그가 오드리를 위해 놀이실과 집에서 제한을 설정해 주었는데, 이로 인해 오드리는 자신의 분노가 누군가를 해치지 않아야 한다는 통제를 받음으로써 걱정에서 자유로워질 수 있었고, 자신을 표현할 수도 있었다.

아동은 적절한 제한과 결과를 적용함으로써 자기통제와 적절한 감정 표현을 배운다. 세 단계 과정(제5장 참고)에 있어서 제한과 결과의 적용은 아동이 스스로 자신의 행동에 대해서 책임이 있다는 것을 배울 수 있게 하고, 규칙을 어기는 행동을 지속하든 아니든 간에 자신에게 선택권이 있음을 알게 한다. 아동은 놀이치료 상담 시간을 매우 즐기고 학수고대하기 때문에 자신을 통제하지 못했을 때 놀이치료 시간이 종료될 위험이 있다는 사실을 배운다. 일단 아동이 스스로에 대해서 통제권이 있다는 사실을 배우고, 적절하게 감정을 표현하는 것이 억눌린 정서와 불안을 경감시킨다는 것을 배우면 아동중심 놀이치료 상담 회기는 아동이 그러한 작업을 할 수 있는 안전한 곳이 된다. 아동의 과업은 아동중심 놀이치료에서 달성되며, 아동은 곧 자신을 조절하는 것을 배우게 되고, 놀이실에서 배운 것을 바깥세상에서 일반화한다.

6세인 콜린은 학교와 집에서 통제 불가능한 행동을 보인다는 이유로 의뢰되었다. 아동의 어머니는 콜린의 아버지가 알코올 문제를 가지고 있으며, 신체적으로도 학대하는 행동을 보인다고 하였다. 그러나 어머니는 결혼이라는 덫에 걸려 있는 것처럼 보였는데, 왜냐하면 어머니와 아이들이 그 끔찍한 상황에서 빠져나오도록 돕는 것을 그녀의 친족들이 거부했기 때문이다. 그 어머니는 임상적으로 우울한 상태였고, 약을 먹어도 좋아지지 않았다. 하지만 콜린의 학교에서 어머니에게 매일같이 항의했기 때문에 그녀는 할 수 없이 콜린을 위해 도움을 요청했다. 어머니는 자신을 위한 도움은 받으려 하지 않았으나 매주 의무적으로 콜린을 놀이치료 회기에 데리고 오기는 했다. 콜린과의 첫 두 회기는 제한 설정을 기억하도록 하는 것이었다.

첫 번째 회기에서 콜린은 분노에 차서 놀이실을 엉망으로 만들었다.

장난감들은 놀이실 이곳저곳을 날아다녔으며 가구들은 모두 모로 세워졌다. 그는 바닥에 장난감과 물 한 통을 모두 들어 엎었고, 그 엉망진창인 방 가운데 서서 지금 상태로는 놀이가 어렵다는 것을 깨닫게 되었다. 그는 종이 한 장과 물기 없는 물감을 찾고는 "난 물감 놀이할 거야!" 하고 말했다. 하지만 절망적이게도 물감은 말라 있었고 놀이실 전체에 물 한통을 다 뿌려 통도 이미 비워진 상태였다. 그 다음의 대화는 다음과 같이 이루어졌다.

콜린: (물통을 팔에 끼고 놀이실을 떠나려고 하며) 물이 조금 더 필요해요. 그래야 색칠을 할 수 있거든요.

치료자: 콜린, 몇 가지 규칙이 있다는 걸 기억하렴. 그중 하나가 네가 화장실 갈 때를 제외하고는 놀이실을 떠날 수 없다는 거야. 그렇지 않으면 놀이 시간은 끝나게 돼.

콜린: (여전히 물통을 팔에 끼우고는 문득 생각난 듯) 나 화장실 가고 싶어요.

치료자: 콜린, 몇 가지 규칙이 있다는 것을 기억하렴. 한 가지는 장난감을 가지고 놀이실을 떠날 수 없다는 사실이야. (예외적으로, 아동이 그린 그림이나 찰흙으로 만든 것은 가능하다.)

콜린: 좋아요. 난 그냥 화장실에 가는 거예요. (몇 분 후에 일회용 종이컵 두 개에 물을 담아 가져왔다.)

치료자: 콜린, 몇 가지 규칙을 기억해라. 다른 규칙은 네가 어떠한 물건도 놀이실에 가지고 올 수 없다는 거야. (실망한 채로 콜린은 화장실로 돌아갔고, 물은 개수대에 버리고 컵은 쓰레기통에 넣었다.)

콜린: (방을 둘러본 후 어떻게 목표를 이룰 수 있을지 고심하면서) 난

정말 그림을 그리고 싶어요.

치료자: 네가 물감 놀이를 할 물이 없어서 실망했구나. 어떻게 하면 그렇게 할 수 있을지 찾고 있구나.

콜린: (어지러운 곳에서 작은 주방 놀이용 컵을 찾은 후 눈을 반짝였다.)

치료자: 네가 문제를 어떻게 해결할 수 있을지 알아내어 자랑스러워 하는 것 같다.

콜린은 카펫에 고여 있는 물 쪽으로 향하더니 손으로 할 수 있는 만큼 물을 모아서 작은 컵에 부었다. 하지만 겨우 몇 방울의 물만이 모여서 콜린이 그림을 그리기에는 소용이 없었다. 다시 실망해서 콜린은 물감 붓을 던졌고, 방에서 걸어 나갔다. 치료자는 "콜린, 네가 그림을 그릴 수 없어서 많이 실망했구나, 그래서 상담을 그만했으면 하는구나. 네가 떠나면 오늘 놀이치료는 여기까지야." 하고 말했다.

다음 상담 회기에서 콜린은 행복하게 놀이실로 들어왔다. 치료자는 "너는 오늘 정말 행복해 보인다. 시작하는 것에 주의를 기울이고 있구나." 하고 말했다. 콜린은 소꿉놀이용 장난감 중에서 컵을 꺼내어 물로 채운 다음, 창틀에 안전하게 놓고 나서 치료자를 자랑스럽게 바라보았다. "네가 무언가를 알아내어 자랑스럽구나. 너는 특별히 물을 따로 저장해 두고 놀이를 시작하는구나." 하고 말했다. 그러고 나서 콜린은 이전과 같이 놀이실을 엉망으로 만들었다. 그런 다음 그는 종이 한 장을 집어서 물감을 가지고 오더니 자신이 창틀에 놓았던 물을 가져왔다. 치료자는 "네가 놀이실을 엉망으로 만드는 것이 재미있구나. 오늘은 물감 놀이를 할 물을 조금 놔두어서 기분이 좋은 것처럼 보이네." 하고 반응했다. 콜린은 자신이 그린 밝고 생기 있는 그림처럼 웃었다. 놀이치료 회기가 끝났을 때 콜린은 자랑스럽게 어머니에게 그림을 보여 주었고, 어머니는 그 그림을 냉장고에 걸어 두기로 약속했다.

그다음 주에 콜린의 어머니는 학교로부터 콜린의 통제할 수 없는 행동이 두 번째 놀이치료 회기를 가진 다음 날부터 멈추었다는 보고를 들었다. 그리고 후속된 놀이치료 회기에서 콜린의 분노에 찬 놀이는 의미 있게 줄어들었다. 그는 더 이상 놀이실을 쓰레기장처럼 만들지 않았고, 여러 회기 동안 숙달 놀이(master play)를 하였다. 후에, 그는 부모가 싸우고 아이들이 침대 밑에 숨는 가족의 모습을 꾸몄다. 이러한 유형의 상징놀이는 종종 아동이 역기능적인 가족 내에서 적응하고자 할 때 나타나곤 한다.

아동중심 놀이치료의 변형

아동중심 놀이치료는 Virginia Axline이 시초가 된 이래 비지시적 놀이치료자로부터 그 다음에 이르기까지 변형이 있어 왔다. 가장 중요한 것은 Axline이 자신의 책에서 처음으로 개념화했던 여덟 가지 지도 원칙과 그녀가 고안한 몇 가지 방법을 놀이치료자들이 충실히 유지하고 있다는 점이다. 그러나 아동중심 놀이치료 접근은 진화되어 왔고, 몇 가지는 Axline의 원래 작업에서 변화되었다. 아동중심 놀이치료를 적용하는 놀이치료자들은 놀이치료 회기 동안 노트에 기록하지 않고, 질문에 단순히 정보를 제공하기보다 좀 더 반영적인 방법으로 그것에 반응한다. 또한 치료자들은 일반적으로 아동에게 장난감을 소개하는 데 시간이나 노력을 많이 쏟지 않고, 아동이 스스로의 방법대로 장난감을 탐색할 수 있게 한다. 대부분의 아동중심 놀이치료자는 종종 아동의 키에 맞춰서 아동 근처의 바닥이나 의자에 앉는다.

아동중심 놀이치료를 하는 현재의 치료자들이 Axline의 여덟 가지 원칙을 고수하고 있다 하더라도, 그들이 사용하는 기법의 일부에는 변화된 점들이 있다. L. F. Guerney(개인적 대화, 2009)가 기술한 것처럼, Virginia Axline은 자신의 저작에서 아동중심 놀이치료의 자세한 방법론을 기록하지는 않았다. 따라서 이후의 임상가들이 그녀의 저작을 적용하여 아동중심 놀이치료에 나타난 방법론을 기술해야만 했다. 그들은 사려 깊게 Rogers 심리학의 원칙과 방법을 적용하였으며, 대여섯 가지 다른 출처로부터 정보를 모았다. 이 과정으로 인해 아동중심 놀이치료에는 Axline의 여덟 가지 원칙이 통합되어 있긴 하지만 그 밖에도 각각의 독특한 특성을 지니고 있는 대여섯 가지 정도의 다른 접근이 더 있다(Guerney, 1983; Vanfleet, 2006a; Landreth, 2002; Wilson & Ryan, 2005).

이러한 놀이치료 접근들이 비지시적 놀이치료와 얼마나 차이가 있는지는 서로 다른데, 그것이 각 접근 간의 차이점이다. 이 책은 서문에서 언급했듯이 Guerney가 개발한 접근을 소개하고 있으며, 저자들이 그의 지도를 받으면서 배운 내용을 담고 있다. 그리고 오랫동안 다양한 세팅에서 여러 아동을 상담한 치료 경험을 바탕으로 한다. 방식의 차이가 존재하기는 하지만, 우리는 여기에 기술된 구체적인 방법들에 대한 근거를 공유하고자 하며, 제5장(아동중심 놀이치료의 네 가지 기술)과 제4부(실제적 적용과 문제들)에서는 그것에 대해 더 구체적으로 다루고자 한다.

제2부

원리와 기술

놀이실 구성과 그 원리

아동중심 놀이치료 회기를 실행하기로 결심한 후에, 놀이치료자들은 아동에게 적절한 치료적 분위기를 조성하기 위하여 여러 가지를 고려해야 한다. 이러한 고려사항에 특별한 제한은 없지만 가용할 공간과 여러 종류의 장난감을 포함해야 하고, 아동을 위한 적절한 가구, 특정한 상황에서 놀이치료를 실습할 수 있는 원리가 있어야 한다. 아동중심 놀이치료와 가족치료에서 끌어낸 부모-자녀 놀이치료(FT)는 클리닉과 정신 건강 센터(Ginsberg, 1976; Guerney & Guerney, 1987; Guerney; VanFleet, 2005, 2006a), 사설 상담센터(Ginsberg, 1997, 2003; Mandelbaum & Carter, 2003), 학교(Guerney & Flumen, 1970; White, Draper, & Flynt, 2003; Reynolds, 2003), 교도소(Adalist-Estrin, 1986; Harris, 2003; Landreth & Lobaugh, 2003), 거주 상담 프로그램(Ginsberg et al., 1984), 유아교육과 위기 중재 프로그램(Caplin & Perner, 출판 예정; Guerney, 1969; Guerney, 1991; Wrightt & Walker, 2003),

가정 폭력 쉼터(Barabash, 2004; Ramos, 2003), 훈련된 부모-자녀 놀이치료자에게 아동중심 놀이치료를 배운 부모의 가정(Guerney, 1964; VanFleet, 2005, 2006b; Ginsberg, 1997) 등 다양한 구성에서 적용되어 사용되고 있다. 이러한 구성에서 놀이실을 위한 전용 공간을 구비하고 있지 않다 할지라도, 아동에게 사적 자유(privacy)와 놀이할 수 있는 충분한 자유를 제공하는 공간을 만드는 것은 쉽다. 아동중심 놀이치료에서 필요한 것은 완벽한 구성이 아니라 아동이 사용하기에 적절한 장난감과 최소화된 제한이 주어지는 환경이다.

일반적으로 공공기관이나 사설 상담기관에서의 아동중심 놀이치료 임상가는 자신의 것이라 부를 수 있는 사무실 공간이 있다. 또한 놀이치료를 위한 전용 공간이 존재하고, 그 놀이실에는 장난감과 가구가 있으며, 그곳을 언제나 사용할 수 있어야 하는 것이 물론 이상적인 상황이다. 학교나 어린이집 같은 상황에서는 다양한 놀이실이나 놀이 공간이 있을 수 있으며, 그것이 만들어질 수도 있다. 학교의 도서관도 마찬가지며, 사적 공간이 보장되고 교실의 다른 아동들과 구분될 수만 있다면 학교경영자의 사무실 또는 독립된 책장이 있는 교실 한 구석 등을 사용할 수도 있다. 한 학교 상담가(C. Mader와의 개인적 대화, 1998)는 학교의 경비 아저씨가 사용하지 않는 시간에 그의 탈이실을 간이 놀이실로 활용하였고, 이러한 그녀의 성공적인 상담은 학교 지역구에서 놀이치료용 벤을 구입하여 그녀에게 세 개의 초등학교를 돌아다니며 상담할 수 있도록 만들었다!

놀이실 전용으로 사용되지 않는 공간을 활용할 때는 명백히 추가적인 제한을 설정할 필요가 있다. 예를 들면, 아동을 놀이실의 특정한 공간이나 물건으로부터 떨어져 있도록 한다든지 몇몇 가구는 놀이실의 일부로 사용할 수 없게 할 수 있다. 또한, 책상 위의 종이 같은 것이나 책장의 책들, 벽지의 장식들은 놀이치료 회기 동안 활용할 수 없게 한다. 이러한 구성에서는 종종 장난감을 놀이치료 회기가 끝난 후 다른 곳에 보관해야 한다. 발달장애를 가진 성인을 위한 거주 센터에서는 지역생활 적응 프로그램(community living arrangement program)의 직원들에게 아동중심 놀이치료를 가르친다. 이때 직원-내담자 놀이치료 회기는 거실과 같은 놀이 공간에서 이루어지고, 지도감독자(supervisor)들은 눈에 띄지 않게 거실이나 식당과 분리된 책장 뒤에 숨어서 이것을 감독한다. 교도소에 구금되어 있는 부모들은 많은 장난감이 배치되어 있는 큰 공동 공간에서 아동중심 놀이치료 훈련을 받는다. 각 아동이 부모와 놀이할 때 부모-자녀 놀이치료자들은 적절한 아동중심 놀이치료 방식대로 부모를 지도감독한다. 다르게 적용된 예에서는 재소자들끼리 아동중심 놀이치료의 원리를 배우고 서로 기술을 연습하는데, 각자가 아동의 역할을 맡아 한 번씩 역할놀이를 한다. 각 재소자는 자녀가 면회를 올 때마다 비교적 사적인 장소에서 비지시적 놀이치료 회기를 일주일에 한 번씩 진행한다.

부모가 각 가정에서 부모-자녀 놀이치료의 일부로 아동중심 놀이치료를 진행할 때, 치료자는 가정에서 놀이 회기를 위해 적합한 장소를 계획할 수 있도록 한 회기를 사무실에서 진행한다. 가정에서의 상담 회기에서는 집에 손해가 가지 않도록 하기 위해 추가적인 경계(boundaries)를 설정해야 한다. 또한, 부모-자녀 놀이 회기에서 텔레비전이나 컴퓨터 게임, 혹은 기타 다른 유형의 기기들이 왜 적합하지 않은지 부모가 이해하도록 도와야 한다. 집에서 놀이치료를 할 때는 놀이 매체로서 물을 어떻게 다룰 수 있을지 결정하게 한다. 대부분의 아동중심 놀이치료를 실행하는 부모는 집 안에 있는 지하실이나 가족 모두가 사용하는 방, 혹은 부엌을 놀이실로 활용하게 된다. 이때 부엌에서 물을 사용하는 경우에는 명확한 제한이 주어져야 하고, 주방 도구나 수납장 등을 사용하는 것도 놀이치료 시간 동안에는 금지시켜야 한다. 지하실과 같은 보다 넓은 공간에서는 구석 공간을 사용하는 것이 좋은데, 적어도 두 벽이 놀이치료를 위한 공간이라는 경계가 되기 때문이다. 또한 바닥에 까는 큰 깔개를 사용하고, 적절하게 가구를 배치하거나 바닥에 놀이공간이라는 경계를 알려 주기 위한 테이프를 붙일 수도 있다. 마지막 공간은 아동의 침실이다. 이 장소는 아동 자신만의 공간이기 때문에 아동이 더 엉망으로 만들 수도 있다. 그러나 저자(Andrea E. Sywulak)는 예전에 한 한부모 어머니로부터 아동의 동의를 얻어 가정에서 이루어지는 놀이치료 회기를 관찰해 달라는 요청을 받았는데, 놀이는 아동의 작은 침실에서 이루어져 놀이할 수 있는 공간은 고작 약 1.8m×1.2m 정도였다. 이는 어머니나 아동이나 놀이를 할 수 있는 다른 공간을 결정하지 못 했기 때문이었는데, 그들은 침실이 하나인 아파트를 사용하고 있어서 공간이 매우 협소했으며, 그 공간마저도 몇 개 없는 가구들이 꽉 채우고 있었으며, 어머니는 작은 거실에서 잠을 자고 있었다. 결론적으로, 좋은 제한 구조를 가진 이 매우 협소한 공간은 두 아이들에게 있어서 매우 성공적인 결과를 가져왔다. 때때로 융통성이나 창의성이 필요하긴 하지만 공간에 대한 제약은 대개는 극복될 수 있다. 여기에 제시된 대안들은 아동중심 놀이치료나 부모-자녀 놀이치료에 있어서 성공적으로 사용된 것이다. 가장 중요한 것은 놀이 회기를 정확히 담아 줄 수 있는 한정된 공간이다.

놀이실 구성

아동중심 놀이치료를 위한 놀이실의 이상적인 크기는 일반적으로 약 3.7m×3.7m 정도다. 그러나 앞서 언급한 대로 부모가 가진 공간이 약 1.8m×1.2m 정도라고 해도 성공적으로 사용할 수 있다. 의외로 매우 넓은 공간은 아동중심 놀이치료가 잘 이루어지게 하는 데 있어 이점이 적을 수 있다. 아동중심 놀이치료를 위한 적절한 분위기를 형성할 때의 구조와 제한이 중요한 역할을 담당하고 있다는 점을 기억해야 한다. 매우 넓은 공간에서 아동은 종종 경계가 없이 방황하기도 한다. 아동이 경계가 없다는 느낌을 받으면, 그들은 종종 통제감을 잃고 자신을 진정시킬 수 없게 된다. 이러한 사실은 학교 운동장에서 가장 명백해진다. 주어진 물리적 제한이나 구조가 없다면 자기 통제(self-control) 문제를 가진 아동은 거칠게 뛰어다니고, 때로는 흥분해서 다른 아동과 부딪힌다. 충분한 통제력을 가진 일반적인 아동은 학교 운동장에서 놀이를 하는 동안 자신의 놀이 공간에 대한 경계를 설정하는데, 우수한 내적 조절력을 가지지 못한 아동은 좋은 구조나 신체적 경계, 제한 설정에서 오는 안정감을 얻기 위해 외부(예를 들면, 성인)에 주로 의존한다. 그러한 아동의 흥분 상태는 아동 자신이 최소한의 자기 조절을 얻을 수 있도록 도움을 주는 제한을 설정해 달라고 누군가에게 청원하는 것으로 볼 수 있다. 아동중심 놀이치료에서의 놀이는 놀이실 벽이 가로막은 구조 내에 한정되며, 이상적인 방 크기는 아동이 움직이고 적극적 · 공격적으로 놀이할 수 있도록 자유로움을 준다. 아동중심 놀이치료에서 아동이 효과적으로 작업하기 위해서는 놀이실에서의 안전감이 다른 무엇보다 중요하다. 이러한 안전감은 첫째, 놀이실이 끝나는 곳을 나타내 주는 분명한 표시가 있거나 벽 같은 물리적인 구조가 있을 때 생겨나며, 둘째, 아동의 행동에 대한 제한이 주어져, 아동이 경계를 침범할 경우 치료자가 이를 알 수 있을 때 생겨난다.

아동중심 놀이치료자는 놀이실 외관에 자신만의 색을 입힐 수 있다. 예를 들어, 몇몇 놀이치료자는 놀이실의 벽을 원색으로 칠하기도 하며, 어떤 치료자들은 자신이 상담하고 있는 아동 집단의 흥미를 끌도록 벽화로 장식을 하기도 한다. 혹은 벽을 자연스럽게 놔둬서 놀이실이 아동에게 그 자신의 시나리오를 마음껏 꾸밀 수 있는 빈 종이라고 생각하게 하는 치료자도 있다. 벽이 아동에게 스스로를 충분히 표현하기 위한 자유와 그들의 정체성을 대표하고 있는 한, 올바르거나 그릇된 실내 장식은 없는 것 같다.

아동에게 맞춘 크기의 가구를 준비하는 것은 아동중심 놀이치료에서 아동을 반길 수 있는 부가적인 방법이다. 이러한 것은 그들의 마음속 욕구처럼 가구가 자신을 위해서 만들어졌다는 메시지를 전달한다. 따라서 아동은 그림을 칠하고 찰흙 놀이를 하는 데 있어서 적절한 높이의 탁자에 앉을 수 있다. 또는 자신에게 맞는 의자에 앉을 수도 있는데, 이러한 사실은 아동이 성인용 의자에 앉아서 높은 곳에 떠 있지 않아도 된다는 것을 의미한다. 선반은 네 단 이상으로 높아서는 안 되고, 장난감은 잘 정돈되어 쉽게 닿을 수 있는 곳에 위치해야 한다. 놀이 개수대와 가스레인지에서는 아동이 음식이나 음료를 만들 수 있어야 하고, 아동이 1.5리터들이 물통에서 물을 따를 수 있어야 한다. 가구 및 모형 인형과 세트인 튼튼한 나무로 만든 인형 집은 아동에게 가족 극놀이에 참여할 수 있게 한다. 벽에 붙어 있는 흑판이나 화이트보드 같은 것이 없어도 이젤만으로 충분히 아동에게 '교사'가 되어 보는 경험을 제공할 수 있으며, 아동이 자신의 경험을 남길 수 있게 하고, 미술 작품을 만들 수 있게 하며, 다트 총을 쏘기 위한 과녁을 놓는 공간을 만들 수도 있게 한다. 모든 가구는 그것을 선택할 때 아동의 입장에서 고려하며, 그 공간에서 아동이 자신이 존중받고 있다는 사실을 알 수 있게 선택한다.

아동중심 놀이치료자는 또한 아동의 눈높이에 맞춤으로써 물리적인 방법으로 아동에게 수용되고 있다는 느낌을 전달할 수 있다. 이것은 놀이치료자가 아동 주위를 배회하는 것을 의미하는 것이 아니라, 그보다 바닥에 앉거나 아동의 체구에 맞는 크기의 의자에 앉아서 아동의 눈높이에 맞게 수용감을 전달하는 것이다. 아동에게 눈높이를 맞춘다는 것은 놀이 치료자를 포함하고자 하는 아동에게 더욱더 다가갈 수 있게 해 준다. 예를 들어, 만약 아동이 치료자에게 자신과 농구 게임을 할 것을 요구한다면, 아동중심 놀이치료자는 치료자와 놀이하고 싶어 하는 아동의 욕구를 인정해 준 후에 아동이 지시하는 위치에서 놀이에 참여한다. 예외적으로 치료자가 임신을 했거나 최근에 수술을 받았거나, 다른 신체적 조건을 고려해야 한다면 성인용 의자를 놀이실에 배치할 수도 있다.

부모-자녀 놀이치료를 위한 놀이실 역시 같은 방식으로 구성하는데, 몇 가지 부분에서는 변화가 필요하다. 특히 부모-자녀 놀이치료가 집단으로 진행된다면 더욱 그렇다. 관찰 영역에서의 일방경이나 관찰 공간, 그 외 다른 적용점에 대해서는 다른 곳에 기술하였다(VanFleet, 2005, 2006b).

장난감 선택의 원리

아동중심 놀이치료에서 놀이실이라는 '특별한 방'에 놓을 장난감을 선택하고 그것을 포함하는 것은 심사숙고해야 할 문제다. 아동은 놀이에서 감정을 이끌어 내기 위해 중요하고 쓰임이 다채로운 장난감을 선택해야 한다. 모노폴리 게임(역자주: 장난감 돈으로 동산과 부동산을 사고파는 게임)과 같이 너무 구조화된 장난감은 그것을 가지고 할 수 있는 놀이가 한 가지에 한정되므로 아동중심 놀이치료에 있어 좋은 장난감이라고 볼 수 없다. 유사하게, 컴퓨터나 손으로 조작하는 전자게임 또한 아동중심 놀이치료에 적합하지 않은데, 아동이 이러한 게임을 하면서 자신을 '잃고' 너무 빠져들어 치료자의 '언어적 반응'에 전혀 귀를 기울이지 못하기 때문이다. 이러한 유형의 게임이 보다 지시적인 놀이치료 접근에는 도움이 된다 할지라도, 아동중심 놀이치료의 맥락에서는 아동과 치료자 사이의 관계 형성에 기여하는 바가 거의 없다. 덜 구조화된 게임(예를 들어, 체커 게임, 카드 게임)은 다양하게, 상상력을 풍부하게 발휘할 수 있는 방법으로 놀이실 장난감에 포함할 수 있다.

일반적으로 아동중심 놀이치료를 위한 최선의 장난감은 다섯 가지 범주로 분류된다. 가족/양육, 의사소통, 공격성, 숙달, 창의적 표현을 위한 장난감이 그것이다. 이 범주는 상호 배타적인 범주가 아니기 때문에 두 가지 이상의 범주에 해당하는 장난감도 있다. 아동중심 놀이치료에서 아동이 자주 선택하는 장난감 중 펀칭백, 다트 총, 물의 세 가지는 아동이 어떻게 사용하는지에 따라서 적어도 세 가지 이상의 범주에 포함된다. VanFleet(2005)은 놀이실 장난감을 선택하는 데 있어서 고려해야 할 기본적인 세 가지 요소를 다음과 같이 개략적으로 설명하였다. 첫째, 아동에게 안전해야 하고, 둘째, 감정이나 놀이 주제를 표현할 수 있도록 하는 장난감이어야 한다. 그리고 셋째, 상상적 놀이나 투사를 가능하게 하는 장난감이어야 한다. 각각의 분류에 따른 장난감들이 다음에 제시되어 있으며, 이는 적합한 장난감을 모으려는 아동중심 놀이치료자들에게 도움이 될 것이다.

가족/양육을 위한 장난감

몇 가지 장난감은 이미 가족 주제나 양육, 혹은 애착관계 놀이를 표현한다.

- 인형 가족(엄마, 아빠, 여자형제, 남자형제, 아기)

- 손 인형 가족 그리고/또는 손 인형 동물
- 소년 인형, 소녀 인형
- 실제 크기의 플라스틱 젖병 2개
- 인형 담요와 요람 또는 아기 바구니
- 작은 종이 기저귀와 수건
- 가구가 있는 인형 집
- 싱크대와 가스레인지를 포함하는 주방 놀이 세트
- 아동의 체구에 맞는 탁자와 의자

의사소통을 위한 장난감

몇 가지 장난감은 인간의 의사소통을 상징적으로 나타내고, 사람들이 의사소통이나 관계를 맺는 데 전형적으로 사용하는 기구들을 포함한다.

- 휴대폰/이동전화를 포함한 전화기
- 확성기
- 쌍안경
- 가능하면 실제 작동되는 두 개의 무전기

공격성 표현을 위한 장난감

몇몇 장난감은 그 외양에서 알 수 있는 것처럼 아동에게 공격적인 놀이가 수용된다는 메시지를 전달하고 아동의 공격적 감정과 충동을 표현하게 한다.

- 90~100cm 정도 높이의 바람이 들어간 펀칭백(아랫부분이 물로 채워진 것보다 모래로 채워진 것이 오래간다.)
- 여러 개의 다트가 들어 있는 두 개의 다트 총
- 구부러지는 고무 칼들
- 작은 플라스틱 군인 모형들
- 작은 플라스틱 공룡 모형들
- 약 2~3m 정도의 줄이나 줄넘기
- 늑대, 용, 공격적으로 '무는(biting)' 모습을 하고 있는 손 인형
- 스티로폼 방망이나 스티로폼 막대(swimming noodles)

숙달을 위한 장난감

몇몇 장난감은 아동이 여러 곤란한 상황과 문제를 숙달함과 동시에 발달과 관련된 숙달을 이루도록 한다.

- 물이 1~2컵 담긴 약 1리터 용량의 플라스틱 용기
- 물놀이 장난감
  - 계량컵
  - 접시, 포트, 프라이팬, 공기(bowl)
  - 계량 숟가락, 장난감 요리 도구
  - 플라스틱 음식
- 콩주머니 던지기 게임
- 다트 총을 위한 과녁
- 고리던지기 게임
- 줄넘기

- 훌라후프
- 간이 농구, 공 튀기기 게임(paddle ball), 야구
- 볼링 핀
- 큰 체커 게임
- 카드 게임
- 레고 게임, 브리슬 블록(bristle block: 빗살이 있는 블록)이나 나무 블록과 같은 구성 장난감
- 무게감이 있는 종이 벽돌
- 종이 타월
- 던지기 게임(toss across: 작은 콩주머니를 던져서 OX판을 뒤집는 게임)

창의적 표현을 위한 장난감

몇몇 장난감은 다양한 감정, 바람, 걱정을 표현할 수 있도록 한다.

- 옷 입기 놀이에 필요한 옷, 모자, 스카프, 천 조각
- 가면
- 장난감 돈
- 수채 물감, 사인펜, 크레파스
- 그림을 그릴 종이, 이젤
- 흑판이나 화이트보드, 분필 또는 마커, 지우개
- 작은 모래상자/모형 인형과 용기
- 고무찰흙, 찰흙, 그 외 다른 만들기 도구
- 거울
- 마법 봉

- 차, 트럭, 통학 버스, 나무로 된 기차 세트
- 구급 차량(소방차, 경찰차, 응급차)
- 병원 놀이 세트
- 작은 플라스틱 동물 모형 인형

연령이 높은 아동을 위한 장난감

아동이 성장하고 발달하면서 장난감에 대한 관심은 변화하는 경향이 있다. 이것은 그들이 앞서 언급한 항목 중 많은 부분에 관심이 없다는 의미는 아닌데, 왜냐하면 그들은 종종 과거로 돌아가 이런 놀이를 하기 때문이다. 그러나 기본적으로, 나이 든 아동은 이러한 장난감을 보고 '애들이나 가지고 노는 거'라고 불평하기도 한다. 이런 일이 발생할 때, 아동과 치료자는 놀이치료 상담 밖에서 아동이 놀이실에 추가하고 싶은 장난감의 종류에 대해서 함께 이야기하도록 한다. 때때로 아동은 자신의 목소리를 낼 수 있는 기회를 원하기도 한다. 그들의 의견이 수용되면, 그들은 놀이실에 이미 비치된 장난감을 활용하는 데에도 편안해할 수 있다. 그렇지 않다면, 그들이 추가하고 싶은 한 가지 항목의 장난감을 제안하게 할 수도 있다. 어떤 아동은 자신이 단지 이야기만 하고 싶을 뿐 놀이하고 싶지는 않다고 말하는데, 그것은 그 아동이 이전 치료자들과 놀이를 해 보았기 때문이다. 그러한 경우에, 아동중심 놀이치료자는 아동에게 "너는 이 특별한 방에서 이야기를 할 수도 있고, 네가 원하는 거의 모든 것을 할 수 있어."라고 상기시키는데, 아동이 하기로 결정하는 것에는 '단지 이야기를 하는 것'도 포함된다. 물론, 말만 하기를 원하던 아동 대부분은 결국 장난감을 가지고 놀이하게 되고, 한번 놀이하기 시작하면 아동들은 놀이실의 자유로움에 대한 명확한 느낌을 알게 된다. 나이 든 아동에게는 게임을 추천하는데, 단지 너무 구조화되지 않은 게임만 할 수 있다는 사실을 알게 할 필요가 있다. 덜 구조화된 게임의 구체적인 예로는 사목게임(connect four game), 트러블 게임(trouble game), 배틀십 게임(battleship game), 캔디랜드(candyland), 그리고 쏘리 게임(sorry game) 등이 있다. 정리 시간을 아동이 합당하게 받아들이도록 하기 위해서는 일반적으로 연령이 높은 아동이 놀이실에 이 게임을 포함할 것을 요구한 경우로만 한정하여 이 게임을 하는 것이 좋다. 어린 아동들은 게임을 가지고 실제로 놀이를 하기보다는 게임 말이나 조각들을 이리저리 던지는 경향이 있다.

지저분하게 만들 수 있는 재료

수채 물감, 그 외 칠할 수 있는 도료, 모래, 놀이용 점토, 물과 같이 다양한 방법으로 쓰일 수 있는 창의적인 장난감들은 흥미롭고 가치가 있지만 놀이치료자에게 문제를 안길 수도 있다. 놀이실 바닥이 리놀륨 또는 세라믹 타일로 되어 있거나 아랫부분에 받침을 덧대지 않은 카펫을 시멘트에 붙여 놓은 상태라면 물은 문제가 되지 않는다. 리놀륨이나 타일로 된 바닥은 물기를 닦으면 되고, 시멘트에 붙여진 카펫은 하루 저녁이면 마른다. 어떤 놀이치료자는 '물 영역'을 따로 만들어 놓는데, 그곳에는 놀이에 활용할 수 있는 개수통과 물이 있고, 방수 코팅이 된 식탁보를 깔아 놓았다. 그러한 경우, 규칙은 '모든 물놀이는 물 영역이나 이 식탁보에서만 할 수 있다.'이다. 놀이용 점토는 신속하게 청소하지 않으면 카펫 섬유에 붙어 버릴 수 있으므로 조심해야 하며, 놀이치료 회기가 끝난 직

후 마르지 않도록 가능한 한 빨리 공기가 통하지 않는 용기에 넣어야 한다. 모든 수채 물감은 아동의 옷을 버리지 않도록 세탁이 가능한 것이어야 하며, 그것을 사용할 때는 몇 가지의 추가적인 제한 설정을 두어야 할 필요가 있다. 그 규칙은 "너는 종이에만 물감을 칠할 수 있어." 또는 앞치마가 제공된다면, "앞치마를 입은 동안에만 물감을 칠할 수 있단다." 등이다. 모래 또한 "이 모래는 이 상자 안에 있어야 한단다."라는 규칙이 명시되지 않는 한 청소에 있어 문제가 될 수 있다.

놀이치료자는 편안함을 느낄 만큼의 정리 상태가 어느 정도인지 자신의 기준을 현실적으로 평가해야만 한다. 예를 들어, 물감이 탁자와 바닥에 쏟아진다면 싫어할, 깨끗함을 매우 강조하는 치료자는 아마도 놀이실에 물감을 두지 말아야 할 것이다. 어떤 치료자는 자신의 놀이실 카펫이 매우 고급 제품이어서 고무찰흙을 놀이실에서 사용하지 않기로 결정할 수도 있다. 이처럼 거짓된 수용과 허용감을 보이려 애쓰는 것보다 자신에게 극심한 스트레스를 주는 지저분한 장난감을 아예 없애는 방법이 더 현명할 수 있다. 아동은 거의 언제나 치료자의 불편함을 알아차리고, 뒤따라 그 장난감을 가지고 놀이하는 것을 피하거나 치료자의 제한을 시험하려고 한다. 마치 자신에게 '출입금지구역'처럼 느껴지는 장난감을 제공한 것에 대해 치료자에게 매우 화가 난 듯이 말이다.

공격적 장난감에 대한 논쟁

놀이치료자들은 종종 놀이치료 회기에의 공격적인 장난감 사용에 반대한다(놀이치료 회기에서 아동의 공격성을 다루는 보다 광범위한 문제는 다음 장에서 다룬다). 하지만 정작 우리 스스로는 그러한 장난감을 계속적으로 사용하고 있는데, 그것은 공격성을 다루는 것이 중요하고 아동 발달의 자연스러운 부분이라고 믿기 때문이다. 공격적인 장난감은 아동이 화난 감정을 표현하고 숙달하는 법을 배우게 한다. 대부분의 치료자는 공격적인 장난감 사용에 반대하는 부모들을 만나는데, 그들이 자녀에게 장난감 무기를 사주지 않더라도 아동은 '손가락 총'을 사용하거나 막대기 혹은 다양한 장난감으로 장난감 무기들을 만들어 낼 수 있다. 놀이실에 공격적인 장난감을 포함하는 것은 경계 안에서라 할지라도 공격적인 놀이를 허용한다는 치료자의 의지를 표현하는 것이다. 과학적 근거 또한 이 문제에 얽힌 미신을 조사하고 명확히 하고 있는데, 그것은 총 놀이나 싸움 놀이 등이 사회적 · 심리적으로 많은 이득을 준다는 것을 보여 준다(Jones, 2002; Mechling, 2008; Pellegrini, 2008).

Louise Guerney는 한 부모 놀이치료에서 고인이 된 전남편이 총으로 자살했기 때문에 놀이실에 있는 총 장난감을 참을 수 없어했던 어머니에 대한 이야기를 한 적이 있다. Guerney 박사는 이 어머니의 엄청난 두려움을 인정하고 수용해 주었고, 그녀의 놀이 회기에서 총을 없애는 게 최선이라고 결정했다. 그러나 집단 내 다른 부모들의 놀이 회기를 관찰한 후, 다른 아이들이 총 놀이를 적절하게 배우고 있는 것을 보고 그 어머니는 중요한 것은 제한 설정 기술임을 깨닫게 되었다. 그녀는 Guerney 박사에게 자신의 남편이 자신의 아이와 같은 도움을 받았더라면 스스로를 좀 더 잘 표현할 수 있었을 것이며, 그 자신의 문제도 다룰 수 있었을 것이라고 말했다. 그 어머니는 그런 다음, 아이의 놀이 회기 시간에 놀이실 안으로 총을 다시 넣어 달라고 부탁하였다.

경험 많은 한 놀이치료자(C. Conley와의 개인적 대화, 2010)는 어머니가 심각한 질병을 갖고 있었던 3세 반 연령의 남아에 대한 이야기를 한 적이 있다. 세 회기 동안 아이와 놀이치료자는 장난감 총으로 괴물들을 쏘았다. 괴물들은 어디에나 있었다. 세 번째 회기가 끝날 즈음, 아이는 총을 내려놓았고, 손을 비빈 후 끝났다는 시늉을 하면서 "끝났어."라고 말했다. 뒤따라 아동의 두려움과 불안이 사라지자 괴물을 쏘는 놀이(아마도 여기서 괴물은 질병을 나타낼 것이다)는 아동에게 통제할 수 없는 상황을 스스로 제어할 수 있는 통제감을 회복시켜 주는 것처럼 느껴졌다. Conley는 이 아동의 사례를 통해 놀이 회기에서 총을 사용하는 것의 상징적 성격을 부모에게 유용하게 설명할 수 있다고 보았다.

장난감 정리

아동을 놀이실로 초대하기 위해서 중요한 몇 가지 고려사항이 있다. 첫 번째, 아동이 항상 안전감과 편안함을 느껴야 한다는 것이다. 이것은 아동이 매번 놀이실에 올 때마다 비슷하게 보여야 함을 의미한다. 장난감들은 놀이실의 같은 자리에 있어야 하는데, 심지어 바닥에 흩어져 있거나 탁자 위에 있거나, 선반에 있거나 구석에 있더라도 말이다. 칠판이나 화이트보드는 지워져 있어야 하고, 각 상담 약속 사이에 방은 다시 원상태로 정리되어 있어야 하며, 놀이실에 다른 아동이 놀았다는 증거가 남아서는 안 된다.

두 번째, 치료에 참여하는 많은 아동이 가족 안에서 상당한 혼란스러움을 안고 살아간다. 어수선하고 지저분한 놀이실은 그러한 아동의 불안을 가중시키고, 놀이실의 무질서는 실제 아동 삶의 혼란을 닮았다. 비슷한 방식으로, 어느 정도 정돈된 놀이실은 아동에게 '특별한 놀이실'이 바깥세상과 별개이고 구별된다는 점을 명확히 알게 할 것이다. 블록, 군인, 기차놀이 등 다른 구성 장난감을 담아 둘 수 있는 플라스틱 바구니가 도움이 된다.

세 번째, 놀이실은 완벽하게 깔끔할 필요도 없고, 그래서도 안 된다. 모든 장난감이 이름표가 붙은 상자나 서랍에 정리되어 있는 과도하게 깨끗한 놀이실은 자유분방한 놀이가 허용되지 않는다는 인상을 줄 수 있으며, 이는 아동중심 놀이치료자가 전달하기를 원하는 열린 분위기와는 반대다. 대신, 놀이실의 몇몇 장난감은 개방된 곳이나 바닥에 있어야 하며, 즉각적으로 접근할 수 있는 곳에 있어야 한다. 놀이실은 지저분하거나 깔끔해서도 안 되고 그 사이 어딘가에 있어야 하며, 재미있고 수용적인 환경을 나타내야 한다. 물론 자유롭게 움직임을 허용하는 개방된 공간 역시 있어야 한다.

마지막으로, 다양한 장난감 종류는 놀이실을 더욱 가고 싶은 곳으로 만든다. 앞에서 언급한 다섯 가지 범주 각각에서 적어도 몇 개씩은 포함하는 것이 좋다. 각 아동은 독특한 방식으로 감정을 표현하고 문제를 다루며 자존감을 구축하는데, 다양한 종류의 장난감은 아동이 자신에게 가장 적절한 방법으로 놀이할 수 있게 한다. 아동중심 놀이치료에서 치료자들은 아동이 다룰 필요가 있다고 생각하는 감정이나 행동을 이끌어 내기 위해 특정한 장난감을 선택하게 하지 않는다. 치료자는 장난감과 놀이를 아동에 대한 일차적인 교통수단으로 본다. 즉, 아동중심 놀이치료에서 치료자가 아동에게 교통수단을 제공하면 가는 길은 아동이 찾을 것이라는 것을 그들은 알고 있다.

실행계획

아동중심 놀이치료 회기의 길이는 30분에서 45분에 이른다. 매우 어린 아동(3세와 그 이하)들은 발달적 요구와 주의집중 시간을 고려하여 20분이 적당할 것이다. 일반적으로 아동중심 놀이치료는 일주일에 한 번씩 상담 약속을 잡는다. 아동이 극심한 문제를 보이면(예를 들면, 부모의 죽음으로 인한 우울이나 통제할 수 없는 분노, 심각한 성적 학대, 다른 강렬한 정서적 어려움) 적어도 처음에는 일주일에 두 번 회기를 갖는데, 이것은 아동에게 안정감을 줄 수 있고 극심한 정서적 상태에서 더 즉각적인 안도감을 얻을 수 있게 해 준다. 치료 종료 시점에는 치료를 벗어나는 단계적 중단 과정으로 격주에 한 번이 적당할 수 있다.

아동중심 놀이치료는 10회기에서부터 몇 년을 지속하기도 한다. 실제 놀이치료 연구를 살펴보면 아동중심 놀이치료의 평균 회기는 22회로 나타났다(Bratton, Ray, Rhine, & Jones, 2005). 심지어 경미한 문제들의 경우, 아동이 전형적으로 치료자에게 익숙해지는 데에는 10회기 정도가 소요되며, 이후 문제를 다루고 자신의 감정과 걱정을 숙달하게 된다. 구체적인 발달적 위기가 있는 상황(형제자매의 탄생, 조부모의 죽음, 애완동물의 죽음 등)에서, 아동중심 놀이치료는 6회기 정도만으로도 성공적인 결과를 나타냈다. 반면, 유기, 학대, 심각한 애착 문제 같은 심각한 문제나 복잡한 외상을 가진 아동의 경우에 아동중심 놀이치료는 9개월에서 몇 년이 걸리기도 한다. 이러한 시간 구조는 대략적인 지침일 뿐, 아동이나 가족의 필요에 따라 치료 기간의 길이에는 상당한 변화가 있을 수 있다. 부모-자녀 놀이치료의 실행에 대한 구체적인 정보는 부모-자녀 놀이치료 방법에 대한 구체화된 자료에 포함되어 있다(VanFleet, 2005, 2006b).

많은 사례에서 아동은 아동중심 놀이치료자가 상담을 종료해야 할 시기가 되었다는 것을 알려 준다. 아동은 치료 회기에서 자신이 얼마나 더 치료에 와야 하는지 묻기 시작할 수도 있고, 놀이실에 오는 것에 대해 열정이 감소하기도 한다. 물론, 종결에 대한 가장 명확한 신호는 아동이 일관되게 개선된 행동을 보인다거나 정서적인 안정감을 보인다는 등의 중요한 행동 변화를 아동의 부모나 학교 구성원들이 보고하는 것이다. 때때로 치료적 목적이 달성되었는지를 알기 위해 부모와 교사가 치료의 시작과 종료 즈음에 행동 체크리스트를 작성하기도 한다. 종결이 불가피하다고 판단되면 놀이치료자는 아동에게 종료 계획을 알리는데, 고지를 할 때에는 두 번 이상의 회기가 남아 있어야 한다. 사전 통고는 아동이 치료적 회기를 끝마치고 치료자와의 관계를 마무리하게 한다. 아동은 때때로 중요한 사건을 겪으면 얼마간의 상담을 원할 수 있으며, 성인이 그러한 요구를 존중하는 것이 중요하다는 것을 치료자는 부모나 다른 양육자에게 조언하는 것 역시 현명하다.

이와 관련된 사례는 다음과 같다. 2년 전 부모-자녀 놀이치료에 참여했던 부모가 놀이치료자에게 외상적 사건을 겪은 아들이 놀이 회기를 다시 시작할 수 있는지 물어 왔다. 그 어머니는 매일 인사하던 이웃집 노인이 언제인가부터 더 이상 문을 두드려도 대꾸하지 않았다고 하면서 일주일 전에 겪은 일을 이야기하기 시작했다. 걱정이 되었던 부모는 그 집에 들어가려고 시도했지만 유일하게 열려 있던 단 하나의 창문이 성인이 들어가기 힘든 위치에 있었다. 아들은 자신이 창문으로 들어갈 수 있다고 제안했고, 부모는 여러 생각이 들었지만 그렇게 하도록 허락했다. 노인의 집에 들어갔을 때, 그 소년은 거실에서 그 노인이 죽어 있는 것을 발견했다. 아동은 바로 부모가 들어올 수 있도록 현관문을 열어 주었고, 부모는 경찰을 불렀다. 어린 소년은 옆집 노인의 시체를 발견한 후에 괜찮은 듯 보였으나 곧 그 사건에 대해서 악몽을 꾸기 시작하였고, 부모에게 다시 부모-자녀 놀이치료를 시작할 수 있는지 물었다. 어머니에게 연락이 왔을 때 치료자는 부모가 독립적으로 놀이 회기를 시작하는 것과 몇 회기 정도의 부모-자녀 놀이치료 단기 재교육을 받은 후 시작하는 것 중 어떤 것이 편한지를 물었다. 부모는 스스로 진행하기로 결정하였고, 2주 후에 치료자에게 알려 주기로 했다. 2주 후, 그 어머니는 아동이 이제 악몽을 꾸지 않는다고 하였으며, 약 10회기 정도의 부모-자녀 놀이 회기만으로 아동의 고통스러운 사건을 충분히 처리할 수 있다는 부모-자녀 놀이치료자의 의견에 동의한다고 하였다.

아동에게 아동중심 놀이치료 설명하기

부모가 자녀와 함께 아동중심 놀이치료를 시작할 때 공통적으로 제기하는 질문은 "아이에게 어떻게 말해야 하나요?" 이다. 치료에 의뢰된 많은 아동이 반복적으로 처벌받고, 나쁘다는 평판을 지니며, 또래들에게 외면당하고 부정적인 자존감에 머물러 있다. 부모들은 종종 아이들에게 너희가 형편없이 굴고, 이를 바로잡을 필요가 있기 때문에 치료자에게 데려간다고 말하고 싶은 유혹을 느낀다. 즉, 치료는 그 자체가 처벌인 것이다. 놀이치료자들은 물론 그들의 관계를 반대의 방법으로 시작하기를 원한다. 그러므로 부모나 보호자가 아동에게 전달할 수 있는 최선의 메시지는 치료자가 아이들을 좋아하고 그들의 감정을 존중하는 사람이라는 점이다. 치료자가 부모-자녀 놀이치료를 추천할 것이 확실하다면, 주어진 상황에 대해서 "우리는 놀이실이 있는 특별한 곳에 가게 될 거야. 그곳은 가족이 함께 놀이하기 위한 곳이고 서로 더 잘 지낼 수 있는 방법을 배우는 곳이야."와 같이 제시하도록 부모에게 요청할 수 있다. 이렇게 제안하는 것은 아동에게 자신이 문제의 원인이라는 생각을 없애도록 할 수 있고, 다가올 경험을 정상적으로 여기게 할 수 있다.

"이곳에서는 거의 모든 것을 행하거나 말할 수 있어."라고 특별한 놀이실을 소개받으면, 아동은 자신이 들은 말에 당황할 수 있다. 그러한 진술은 처벌적인 세계의 가혹한 현실과는 확연하게 반대되는 것이기 때문이다. 치료의 아주 처음부터 놀이치료자들은 아동중심 놀이치료에서 아동이 무엇을 해야 하고 말해야 하는지를 아는 것이 매우 중요하다는 것을 아동이 알기 원한다. 그것을 알아야 아동은 자신의 문제를 수용하고 이해해 주는 환경에서 안전하게 스스로의 감정을 탐색할 수 있으며 해결할 수 있다.

아동중심 놀이치료의 네 가지 기술

아동중심 놀이치료 접근의 놀이치료자들은 구조화, 공감적 경청, 아동중심적 가상놀이, 제한 설정의 네 가지 기술을 사용한다. 두 번째와 세 번째 기술은 치료자가 아동에게 그들의 감정, 행동, 욕구를 이해하고 수용한다는 것을 보여 준다. 또한 첫 번째와 네 번째 기술은 분위기를 조성하고, 안전감을 보장하며, 행동 문제 혹은 갈등을 피하거나 없앤다. 놀이회기 중 언제라도, 치료자들은 네 가지 기술 중 한 가지를 사용한다. 기술은 적절하게 적용될 때 아동-치료자 관계와 아동중심 놀이치료 과정에 중요한 안전감과 수용감을 주는 분위기를 제공한다. 각 기술은 그것의 활용 근거와 치료자가 사용하는 구체적인 방법, 그리고 사례를 제시하며 자세히 기술하였다. 독자가 보다 쉽게 이해하고 기술을 사용할 수 있도록 부가적인 정보와 제안 역시 포함하였다.

구조화

구조화 기술은 놀이 회기의 분위기와 틀을 명확히 세운다. 구조화는 아동에게 아동중심 놀이 회기가 다른 놀이 시간과 다르고, 그들의 삶에서의 다른 상호작용과도 다르다는 것을 알도록 도우며, 치료 작업에 필요한 개방적이고 수용적인 분위기를 만든다. 또한 아동은 특별한 놀이 회기 동안 자신에게 많은 선택권이 있다는 것을 깨닫는데, 물론 최종적인 책임은 치료자에게 있지만 그것으로 인해 안전과 안전감이 보장된다. 바람직한 분위기는 아동이 놀이를 통해서 자기 자신의 모습을 그대로 드러내고 자신의 생각과 감정을 탐색하는 데 자유로움을 느낄 수 있는 특별한 장소와 시간으로 초대한다.

핵심적으로, 구조화 기술은 놀이 회기를 시작하고 마무리한다. 치료자는 놀이실에 들어갈 때나 놀이 시간이 끝나갈 즈음에만 말을 한다. 이 진술은 매 시간 같은 방식으로 이루어져, 아동이 기대하는 바를 쉽게 알 수 있게 한다. 사실, 치료자들은 공통적으로 이때의 진술을 외우고 있으며, 예측 가능한 방식으로 매번 사용한다.

놀이실 입장

이상적인 것은 치료자가 놀이실 밖에서 놀이실 입장에 대한 진술을 하는 것이다. 하지만 아동이 놀이실에 먼저 들어간다면 치료자가 말하는 것을 들을 가능성이 높지 않다. 따라서 치료자가 놀이실 문고리에 손을 올린 채 아동과 밖에 서서 즐거운 목소리로 "마이크, 여기는 특별한 놀이실이야(지금은 특별한 놀이 시간이야). 너는 여기서 네가 원하는 거의 대부분을 할 수 있어. 네가 하면 안 되는 것이 있다면 내가 알려 줄게."라고 말해야 한다. 그런 다음, 치료자는 문을 열고 회기를 시작한다.

치료자는 아동에게 시작부터 치료실 규칙 목록을 제시하지 않는다. 이것은 바람직하지 않은 부정적인 분위기를 만들고, 아동의 참여를 독려하기보다 줄이는 경향이 있다. 즉, 처음부터 규칙에 대해서 말하는 것은 "나는 너를 믿지 않아. 규칙이 무엇인지 너에게 알려 줄게. 나는 이곳을 감독하는 일을 염려하고 있어."와 같은 비의도적인 메시지를 전달할 수 있다. 이것은 치료적 메시지가 아닐 뿐더러 아동중심 놀이치료의 수용적 분위기를 만들지도 못한다. 실용적인 관점에서 아동은 놀이 회기 중에 제한을 거의 어기지 않으므로, 그러한 조심스러운 규칙을 부과하는 것은 불필요하다. 경계를 시험하는 아동이라 하더라도 제한 설정 기술만으로 충분히 그러한 상황을 다룰 수 있다.

아동은 종종 놀이 회기를 빨리 시작하고 싶어서 가끔씩 방에 들어갈 때 치료자의 말을 듣지 않고 "알고 있어요. 알고 있어요!"라고 말하곤 한다. 이때 치료자는 아동이 진술에 대해 알고 있다고 생각하면, 명랑하게 자신과 함께 말해 보거나 자기 대신에 말해 보라고 할 수 있다. 몇 회기가 지나면 치료자는 방에 들어갈 때 "마이크, 우리는 지금 특별한 놀이실로 들어갈 거야."와 같이 진술을 줄일 수 있다. 그러나 놀이 회기의 시작에 강조하는 것은 중요한데, 그렇게 함으로써 아동의 삶의 다른 시간들과 놀이치료 시간이 다르다는 것을 확실하게 할 수 있기 때문이다.

화장실 사용

치료자는 각 놀이 회기의 시작 전에 아동에게 화장실을 다녀오라고 제안하는 것이 좋다. 이렇게 하면 상담이 방해받는 것을 피할 수 있다. 아동은 30분 정도의 놀이 회기에서 화장실에 한 번 다녀오는 것이 허락되지만 가령 놀이실에 물이 더 필요해 가져온다든지 대기실에 있는 가족을 보러 간다든지 하는 등의 다른 목적으로는 허락되지 않는다. 아동이 화장실을 가겠다고 상담을 잠시 멈출 것을 요청하면, 치료자는 "네가 원하면 화장실을 갈 수 있어. 하지만 놀이 시간에 딱 한 번 화장실을 다녀올 수 있어."와 같이 말할 수 있다. 그리고 아동이 돌아오면 "이제 특별한 놀이실로 다시 돌아왔구나."와 같이 말하면서 놀이 회기를 재개한다.

아동이 두 번째로 화장실에 가겠다고 하면, 치료자는 "오늘은 벌써 한 번 다녀왔지? 지금 화장실을 간다면 오늘 놀이는 여기서 끝나게 될 거야."라고 말한다. 이때 목소리의 톤은 확고하고, 차분하며, 명랑해야 한다. 목적은 아동에게 경계를 확실히 하기 위함이다. 아동이 그래도 놀이실을 떠나기로 결정했다면 치료자는 놀이실 문을 닫고, 놀이 회기를 마치는 규칙을 시행해야 한다.

물론, 정상참작을 해야 하는 상황이 있다면(예를 들어, 아동이 요로 문제를 갖고 있는 경우) 치료자는 보다 융통성을 가질 수 있다. 즉, 판단이 필요한 경우로서 만약 명확한 신체적 필요가 있다면, 치료자가 이것에 대해서 다소 다른 경계를 세울 수 있다. 한편, 아동이 놀이실을 떠날 목적으로 화장실에 가겠다고 한다면 치료자는 확고하게 '화장실 한 번 규칙'을 세울 필요가 있다. 놀이 회기는 치료적 작업을 효과적으로 달성하기 위해 놀이실 안에서 이루어져야 한다. 다행히 이러한 상황은 매우 드물게 일어나며, 대부분의 아동은 놀이 회기를 즐기고 놀이실을 거의 떠나고자 하지 않는다.

놀이실 떠나기

성인과 마찬가지로 아동 또한 때로는 자신이 하고 있는 일을 마치려 할 때, 놀이 회기에서 빠져나오는 준비를 하는 데 시간이 필요하다. 이러한 욕구를 수용하기 위해서 치료자는 아동에게 회기를 끝내기 전 두 번 알려 준다. 전형적으로는 치료 시간이 끝나기 5분 전과 1분 전에 알려 준다.

놀이 시간이 끝나기 5분 전에 치료자는 아동에게 "마이크, 오늘은 놀이 시간이 5분 남았네."라고 말하고, 놀이 시간 종료 1분 전에는 "마이크, 놀이 시간이 1분 남았다."라고 말하며, 회기가 끝나갈 때는 유쾌하고 확고하게 "마이크, 놀이 시간이 다 되었어. 이제 우리가 놀이실을 나가야 해."라고 말한다.

초기 놀이 회기에서 치료자가 이렇게 시간에 대한 경고를 했을 때 놀이실을 나가는 것에 대해서 의문을 품거나 저항하는 일은 꽤 흔하다. "왜요?" "그냥 있을래요." 또는 "나 이거 끝내야 한단 말이에요." 등이 아동이 종료에 대한 불쾌감을 표현하는 방식이다. 그러한 경우에 치료자는 아동의 감정을 반영한다. 예를 들어, "여기서 놀이하는 게 재밌었고, 그래서 끝내기 정말 싫구나."라고 말할 수 있다. 치료자가 각각 5분 전과 1분 전에 시간을 알려 줄 때의 아동의 저항을 다루기 위해서는 아동의 감정을 단순히 반영하는 것으로 충분하다. 시간을 반복해서 알려 줄 필요는 없다. 그러나 놀이 회기의 끝에 아동이 저항한다면 치료자는 감정을 반영해 주되 놀이실을 떠나는 것에 대해서는 확고히 한다. 즉, 명랑하지만 확고하게 "네가 가는 것이 정말 싫고, 여기서 더 있고 싶을 수 있지. 그러나 우리는 지금 나가야만 해." 하고 말하는 것이다. 여기서 치료자의 태도는 수용적 태도에서 확고하게 변화한다.

회기가 끝날 즈음, 치료자는 또한 일어섬으로써 놀이실을 나가야 한다는 신호를 준다. 문으로 걸어가 아동이 따라오기를 기대하는 것은 효과적이지 않다. 잠깐 서서 아동이 따를 수 있도록 잠깐의 시간을 주고, 그런 다음 아동에게 걸어가 "네가 더 있고 싶어 하는 것을 알고 있지만 지금은 가야 할 시간이야. 가자."라고 확고하게 말한다. 만약 아동이 이때도 놀이실에서 나가기를 거부한다면, 치료자는 아동의 팔이나 어깨를 부드럽게 잡아 놀이실 밖으로 나오도록 한다(치료자는 아동중심 놀이치료를 시작하기 전에 이러한 종류의 모든 가능한 접촉에 대해 부모와 상의해야 한다. 또한 치료자는 상담 윤리와 아동심리치료에 있어서 적절한 접촉 방법에 대한 훈련을 받아야 한다. 좀 더 자세한 내용을 보길 원하면 제11장을 참고하길 바란다.). 놀이실 밖으로 나오게 되었을 때, 치료자는 아동에게 "재미있게 놀고 있을 때 그곳을 떠나긴 힘들지. 하지만 우리는 다음 시간에 또 만날 거야."라고 다른 회기가 더 있음을 확실히 알려 준다.

회기의 종결은 협상 가능한 것이 아니다. 치료자들은 어떤 처벌적인 말이나 목소리의 변화 없이 확고하고, 일관적이어야 한다. 이렇게 하는 의도는 친절하지만 확고한 방식으로 권위를 재설정하는 것이다. 이것은 놀이 회기를 담아두게(contain) 하고, 행동의 전이를 돕고, 아동에게 예측 가능성과 안전감을 준다. 많은 아동은 놀이 종결을 알릴 때 놀이실을 떠난다. 저항은 전형적으로 상담 초기에 많이 나타나지만 대개는 아동이 상담 과정에 대해서 이해하기 전이나 더 순조롭게 적응하기 전 한두 번 정도에 그친다. 치료자는 부모에게 상담 회기가 일찍 끝나거나 아이가 화를 낼 수도 있다는 것에 대해서 준비시키고, 일어날 수 있는 문제들을 다루는 협력적 방법에 대해서 안내해야 한다.

놀이실 정리

아동중심 놀이치료에서 아동은 장난감을 치우지 않게 되어 있다. 아동이 가고 난 후 치료자가 장난감을 원래 있던 곳에 다시 가져다 놓게 된다. 그렇게 하는 데는 몇 가지 임상적이고 실제적인 이유가 있다. 첫 번째, 아동이 장난감을 정리하지 않아도 된다는 것을 알 때, 아동에게 놀이실의 특별한 성격을 강화할 수 있다. 방에 장난감을 어질러 둔 채로 떠날 수 있게 성인이 허락하는 때는 거의 없기 때문이다.

두 번째, 아동은 나중에 자신이 놀이실을 치워야 한다는 것을 알면 자신이 원하는 방식대로 놀이를 하지 않을 수 있다. 예를 들어, 완벽주의거나 강박적인 성격의 아동이라면 가끔씩 보다 유연해지기 위해 지저분해져야 할 수 있다. 심각한 외상을 가지고 있는 아동은 종종 놀이 회기 동안에 장난감을 뒤죽박죽 섞는데, 아마도 그들의 화, 분노, 혼란스러움을 반영하는 것일 수 있다. 이러한 상황에서 만약 치료자가 그들의 감정보다 치료실 정리를 강조한다면 아동은 중요한 놀이를 삼가게 될 것이다. 뿐만 아니라 놀이실의 마지막 모습은 그 회기 동안의 치료적 작업을 나타낸다. 놀이를 통해서 아동 스스로를 표현하게 요청하고, 그런 다음 그것을 정리하게 하는 것은 그들이 표현하고 작업한 것들을 되돌리라고 요청하는 것과 마찬가지다. 이것은 아동이 작업한 것들을 무효화하는 것이나 마찬가지다. 같은 맥락에서, 장난감 정리는 치료자가 이끄는 행동이며, 더 이상 아동중심 놀이치료의 아동 주도적 성격을 나타내지 못 한다. 이것은 '아동이 놀이를 이끈다.'는 비지시적 놀이치료의 가장 기본적인 내용을 침해한다. 장난감을 치우는 것은 아동의 표현에 대한 수용을 보여 주지 않는다. 그러므로 아동의 치료 작업을 방해하지 않기 위해서 결국 아동이 놀이실을 나간 다음에 치료자가 놀이실을 치우는 것이 강력히 추천된다.

세 번째, 아동중심 놀이치료자는 전형적으로 놀이실을 각 시간마다 같게 정리한다. 치료자가 생각하는 위치에 아동이 장난감을 정리할 것이라고 기대할 수 없으므로, 아동에게 장난감 정리를 부탁하는 것은 정리 과정을 복잡하게 만든다. 아동에게 각 장난감의 위치를 말하는 것은 가치 있는 치료 시간을 빼앗는 것이다. 아동, 심지어 그들의 부모가 장난감을 정리한다 해도 치료자는 어쨌든 치료실을 재정비해야 한다.

네 번째, 이러한 형태의 상담에서 정리 규칙을 실행하기란 매우 어렵다. 만약 아동이 거절한다면 어쩌겠는가. 치료자는 이 점에서 영향력이 없고, 힘겨루기는 단지 치료자의 권위와 그들이 지금껏 성취해 온 것들만 약화시킬 수 있다. 놀이실에서 나가도록 하는 것이 보다 쉽고, 이것은 치료 과정의 통합된 부분이다.

만약 놀이 회기 마지막 몇 분 동안에 아동이 장난감 정리를 결정했다면, 치료자는 "네가 장난감 몇 개를 치우기로 결정했구나."와 같이 반영할 수 있다. 치료자는 상담 시간 중 아동 스스로의 시간에 행해진 아동의 선택을 수용하되, 그 행동을 칭찬하거나 강화하지는 않는다. 다음번에 아동은 놀이실을 치우지 않은 상태로 떠나는 것을 선택할지도 모르며, 치료자는 그것 역시 받아들여야 한다.

부모는 종종 아동이 스스로 치우는 과업을 잊어버리거나 회피하려는 것을 걱정하며 상담실을 찾아온다. 그러면 치료자는 그 부모와 그것이 실제적인 기대인지, 다루어야 할 긴박한 문제인지, 더 심각한 어려움이 제기될 때까지 기다릴 수 있는 것인지 결정해야 한다. 어떻게 결정하든 이 문제는 놀이 회기로부터 분리하여 다룰 필요가 있다. 치료자는 부모와 상담할 수 있는데, 예를 들어 가정에서 이 문제를 극복하기 위해 단순한 행동 계획을 정립하게 하는 것이다. 몇몇 부모는 치료자가 엄격한 훈계를 통해서 문제를 바로잡아 주기 원한다 할지라도, 치료자는 아동을 위해서 '훈육자'가 되는 것을 피해야 한다. 이러한 훈육적 역할은 아동중심 놀이치료에서 치료자의 진정한 역할과는 대립되기 때문이다.

그 외 구조화 고려사항

구조화에 관한 그 외 몇 가지 다른 고려사항도 생각해 볼 만하다. 놀이실에서 물이나 모래를 사용하는 것은 치료적으로 유용하지만 부가적인 제한을 최소한으로 줄일 수 있는 한도 내에서 회기에 통합해야 한다. 예를 들어, 치료자는 놀이실에 있는 통에 담긴 물의 양을 제한할 수 있다. 이 물의 양은 바닥에 부어도 치료자가 인내할 수 있는 만큼이어야 한다. 만약 바닥에 물을 뿌리는 것이 여의치 않은 환경이라면, 치료자는 물놀이를 할 수 있는 장소로서 특정 개수통이나 물통을 지정할 수 있다. 유사하게, 모래상자를 사용한다면 상자에 모래를 쉽게 담을 수 있는 곳에서만 활동해야 한다. 상자가 너무 꽉 차면 아동이 모래를 흘릴 수도 있기 때문에 모래를 사용할 때 이와 같은 제한을 일반적으로 설정해야 한다.

때때로 아동은 놀이 회기 중에 자신의 주머니에 장난감을 넣기도 한다. 이때 치료자는 아동이 장난감을 집으로 가져가려 한다고 여겨서는 안 된다. 실제로 그렇게 될 수 있다 할지라도 말이다. 대신, 치료자는 그 순간의 아동의 행동을 "네가 주머니에 차를 넣는구나."라고 반영한다. 아동이 집에 가져가려 한다면 치료자는 "네가 그 차를 진짜로 좋아해서 집에 가져가려고 하는구나. 하지만 장난감은 마지막에는 여기에 있어야 해. 그런데 지금은 네 주머니에 있구나."와 같이 반영할 수 있다. 회기의 마지막에 치료자는 장난감이 치료실에 있어야 한다는 제한에 특히 초점을 둔다. 위반은 아동과 치료자가 놀이실을 떠난 후에 치료자의 사무실이나 대기실에서 가장 잘 다루어진다. 치료자는 때때로 아동이 장난감으로부터 분리되는 것을 장난스럽게 돕는데, 빈주머니 게임이나 다음번 놀이실 사용을 위해서 장난감이 잘 있는지 확인하게 하는 게임 등이 그것이다. 또는 아동에게 작은 건강 과자를 주거나 부모와 치료자가 이야기하는 동안 대기실 놀이 영역에서 놀이를 하게 하는 등 놀이실에서 밖으로 나오는 전이 과정(transition routine) 역시 아동에게 놀이실에서 가져온 장난감이나 '전이 대상(transition object)'을 기꺼이 포기하게 하는 데 도움을 준다. 마지막으로, 아동이 장난감을 쉽사리 포기하지 않으면 치료자는 장난감을 돌려줄 수 있도록 부모의 도움을 얻을 수 있다. 만약 이러한 도움이 필요하다면, 치료자는 다시 한 번 아동에게 "그것이 네게 정말 중요한 것을 알지만 다음번에 네가 사용하기 위해서 그 장난감은 여기 있어야 한단다."라고 말하여 확실히 한다.

더 폭넓은 구조화 고려사항은 장난감 청결에 관한 것이다. 예를 들어, 장난감 그릇과 같이 자주 사용하는 장난감은 다른 아동에게 박테리아나 바이러스 등을 옮길 수 있어, 비누와 물로 정기적으로 씻어 줘야 한다. 만약 치료자가 아동에게 놀이실에서 젖병에 담긴 물을 직접 마시도록 허락한다면(때때로 이것은 임상적으로도 매우 유용하다), 각 아동이 사용할 수 있도록 별개의 젖꼭지를 준비해야 하고 각 회기가 끝난 다음에 비눗물로 병을 깨끗이 씻어야 한다. 청결에 대한 주의를 주는 것은 중요하지만 그것이 강박적일 필요는 없다. 학교나 보육시설 같은 아동에게 공유된 공통의 영역을 생각해 본다면 청결의 적정한 수준이나 놀이실을 청소해야 하는 빈도 등을 결정할 수 있을 것이다. 즉, 상식을 따르는 것이 좋다.

공감적 경청

공감적 경청 기술은 아동중심 놀이치료 동안에 치료자가 아동을 이해하고 수용한다는 점을 아동과 의사소통하는 기본적인 수단이다. 공감적 경청은 치료자의 아동에 대한 끊임없는 관심을 보여 주고, 치료자가 아동의 감정과 욕구를 듣고 있으며, 그것이 허용된다는 것을 아동에게 알려 준다. 공감적 경청은 치료자가 자신의 생각과 감정을 유보하고, 세상을 아동의 관점에서 볼 수 있게 해 준다. 공감적 경청은 아동이 치료자에게 요청함으로써 이루어지는 것이 아니라 아동이 혼자 놀이할 때마다 치료자가 사용해야 하는 것이다. 때때로 구조화보다 아동이 전체 회기를 혼자 놀게 하기로 결정한다면, 공감적 경청은 놀이 회기에 사용할 수 있는 유일한 기술일 수 있다.

이 기술은 '공감적 경청' '적극적 듣기' 또는 '듣기 기술' 등으로 다양하게 불린다. 이 책에서 선호하는 용어는 공감적 경청인데, 왜냐하면 이 기술은 치료자가 아동을 더 잘 공감하고 조율하도록 고안되었기 때문이다. 한 사람이 진실하게, 또 가능한 한 완전하게 다른 사람의 입장에서 보는 진정한 공감은 태도와 기술을 모두 포함한다. 아동이 보는 대로 세상을 보고자 하는 진심에서 우러나오는 태도가 중요하다. 치료자는 아동이 필요한 것에 대해서 가정하지 말고, 대신 수용적인 태도를 취해야 한다. 공감적 경청에는 인간애(humanity)가 필요하다. 얼마나 많은 경험이 있든, 아동에 대해서 얼마나 알든, 진정으로 아동을 돕고자 한다면 그들이 말하는 것(아동의 말, 행동, 놀이)을 주의 깊게 들어야 한다. 경험 많고 유능한 아동중심 놀이치료자들은 아동이 원하는 것을 자신이 정확하게 안다고 생각하는 바로 그때 아동이 다른 모습을 보인다고 한다. 진정으로 이해하고자 하는 의도는 어떤 치료자에게나 가장 중요한 도구다. 이것은 아동과 작업을 하는 치료자들에게는 특히나 더 그렇다.

놀이 회기에서 공감적 경청 기술을 사용할 때 치료자는 자신의 생각이나 감정은 놓아둔 채 아동의 언어적 · 비언어적 행동에 세심한 관심을 보여야 한다. 치료자는 아동의 말, 억양, 몸짓 언어, 움직임 등 아동이 경험하고 있는 것을 보여 주는 모든 단서에 주의를 기울여야 한다. 그런 다음 간단하게 치료자 자신의 말로 아동이 참여하고 있는 주요한 활동과 표현하고 있는 감정에 대해서 크게 표현한다. 예를 들어, 한 아동이 컵에 물을 붓고 있다면 "네가 컵에 물을 붓고 있구나." 아동이 물을 부으면서 웃는다면 "네가 물을 붓는 걸 정말 재미있게 하고 있구나." 아동이 매우 조심스럽게 물을 부으면서 인상을 찌푸리고 있다면 "네가 물 붓는 것에 매우 집중하고 있구나. 네가 물을 그 안에 붓기 위해서 말이야. 쏟을까 봐 염려되기도 하고." 하고 말한다. 중요한 것은 아동의 얼굴을 보고 거기에 나타난 감정을 반영하는 것이다. 아동이 미소를 지으며 펀칭백을 친다면, 치료자는 "그렇게 하면서 기분이 좋구나. 너는 그걸 치는 걸 좋아하나 보다. 탕! 탁!"이라고 말할 수 있다. 아동이 화난 얼굴로 "이러면 어쩔 건데! 이 더러운 인간아! 이번이 나와 얽히는 마지막이 될 거야!"라고 말한다면, 치료자는 "너는 정말 그 남자에게 화가 났구나. 넌 그 사람과 결판을 내고 있어. 너는 누가 대장인지 말해 주려고! 너는 정말 그 남자보다 힘이 세. 탕! 탁!" 하고 말해 줄 수 있다.

아동이 인형, 손 인형 또는 모형 인형을 가지고 놀이하며 해당 역할의 인물을 통해서 감정을 표현할 때, 치료자는 그 인물의 감정을 통해 반응할 수 있다. 예를 들면, 아동이 코끼리 가족 인형을 가지고 노는데 엄마 코끼리가 아기 코끼리에게 화가 나 소리를 지른다면 치료자는 "엄마 코끼리가 진짜 화가 났고, 아기 코끼리에게도 화가 났구나."라고 말할 수

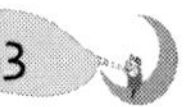

있다. 아동이 장난감 버스가 전복될 것처럼 통제할 수 없이 그것으로 거칠게 놀이를 하고, 그 후 속으로 도움을 구하면서 울고 소리친다면 치료자는 이 전개에 대해 활기찬 태도로 "어이쿠, 버스가 통제 불가능하게 되어 버렸네. 누구도 멈출 수가 없어. 이리저리 왔다 갔다 하는구나. 어, 충돌하고 말았네. 지금은 안에 타고 있던 아이들이 도움을 구하는구나. 아이들이 정말 겁먹었어!"라고 말할 수 있다.

이 기법의 기술이나 방법은 스포츠 실황 중계 해설을 하는 스포츠 캐스터들이 야구 경기를 묘사하는 것과 유사점을 가진다. 치료자는 놀이 행위에 대해서 간단히 묘사한다. 이것은 종종 '따라가기(tracking)'라고 불린다. 치료자는 또한 아동이나 인물의 감정이 드러날 때 그러한 감정을 크게 진술한다.

치료자의 따라가기나 감정 반영이 질문이 아닌 진술처럼 이루어져야 함에 주의해야 한다. 질문은 산만하게 만드는 경향이 있으며, 놀이의 흐름을 방해할 수 있기 때문이다. 게다가 치료자는 아동의 감정을 '추측'해서는 안 되며, 대신 감정을 전달하는 모든 언어적 · 비언어적 신호를 조심스럽게 살펴야 한다. 그 목적은 아동의 세계를 이해하고 아동을 있는 그대로 수용하는 것이지만 치료자 자신이 올바르게 이해하거나 항상 정확하게 이해하는 것을 기대해서는 안 된다. 인간의 의사소통은 내적인 과정이다. 흥미롭게도 치료자의 공감적 경청 반응이 부정확할 때 아동은 전형적으로 자신의 행동을 수정한다. 이 과정은 치료자의 이해를 깊게 만든다.

예를 들면, 5세 여아인 베단은 화장실의 위치에 주의를 기울이면서 인형 집의 가구를 배치했다. 아동은 화장실 꼭대기에 어린 여자 아이 인형을 배치하고는 성인 여성 인형을 들고 목소리를 내면서 여자 아이 인형을 혼냈다. 치료자는 인형이 나타내는 바를 알고서는 "이 여성이 여자 아이에게 화가 났구나." 하고 단순하게 본 것을 반영했다. 베단은 찡그리면서 치료자를 보고 "그건 그냥 여자가 아니라, 엄마예요."라고 말했다. 치료자는 재빨리 "엄마가 그 여자 아이에게 화가 났구나." 하고 반영을 바꾸었다. 만족한 채로 베단은 놀이를 계속했다. 이 경우 치료자는 가능한 한 정확히 반영했지만 베단은 그 반영을 정확하다고 여기지 않았다. 아동은 치료자의 말을 바꿔 주었으며, 따라서 의사소통과 아동이 하는 놀이가 정확해졌다.

놀이 회기 동안 공감적 경청 기술을 가장 효과적으로 사용하게 하기 위해 중요한 요소는 그 밖에도 많다. 이것을 다음 절에서 다룬다.

피해야 할 것

치료자가 공감적 경청 기법을 사용할 때 피해야 할 공통된 행동이나 진술에는 여러 가지가 있다. 사실상 지시적이거나 판단적인 행동 혹은 말을 피해야 하는데, 그것은 비지시적인 놀이치료 원리와 맞지 않을 수 있기 때문이다. 첫 번째, 치료자는 공감적 경청을 하는 동안 질문하는 것을 완전히 피해야 한다. 언어학자들은 전형적으로 질문을 지시적인 것이라고 여기는데, 질문에는 다른 사람이 대답을 할 것이라는 기대가 담겨 있기 때문이다. 또한, 질문은 아동의 놀이의 흐름을 쉽게 방해할 수 있다. 아동중심 놀이치료에서 치료자는 아동에게 놀이나 감정에 대해 어떠한 질문도 하지 않는다. 공감, 조율, 인내가 공감적 경청을 위해 필요하며, 치료자는 대개 질문 없이도 이 정보를 알아낼 수 있다.

아동중심 놀이치료에서는 또한 충고, 힌트, 제안 또는 참견하는 진술을 피한다. 이것은 아동에게 성인이 제안하는 것이 무엇이든 그것에 순응하도록 만드는 경향이 있고, 그러므로 사실상 지시적이다. 가령, "난 네가 할 수 있다고 확신해." 처럼 참견하는 단순한 진술이라 할지라도 그것이 그 순간에 아동이 요구하는 것이나 필요한 것을 무효화할 수 있으며, 아동이 이끄는 대로 치료자가 따라가 주는 데 실패하게 할 수 있다. 이러한 도움을 주는 의사소통은 일상생활 상황에서는 유용하나 그것이 본래적으로 지시적인 형태를 띠므로 치료와 같은 다른 형태에서는, 특히 아동중심 놀이치료에서는 효용이 없다.

이와 관련해서 치료자는 아동이 요청하지 않는 한, 아동에게 도움을 제공하지 않는다. 아동이 놀이 회기 중에 무언가를 어려워할 때, 치료자는 공감적 경청을 하면서 "네가 그 두 조각을 맞추려 하고 있구나……. 그것들이 네가 원하는 대로 되지 않을 때는 좌절되지……. 해결하기 위해서 다른 방법을 시도하는구나……. 난 그걸 해결한 네가 정말 자랑스럽다!"와 같이 말할 수 있다. 이러한 접근은 아동에게 놀이 회기 중에 일어날 수 있는 새로운 과제, 모호한 상황, 도전과 싸울 수 있는 힘을 부여한다. 아동이 자신의 문제를 해결하는 데 있어서 자유로워질 때, 그것은 성숙 과정의 일부가 되며, 아동의 능력과 자신감을 배가시킨다. 치료자는 아동이 도움을 청할 때 도와주면 된다. 즉, 아동이 이끄는 대로만 따르는 것이다. 때때로 아동은 무언가를 어떻게 하는지 몰라서 도움을 청한다. 가끔은 그 외의 새로운 것으로 옮겨 가길 원하기 때문에 질문을 하기도 한다. 때로는 양육 받고 싶고 돌봄 받고 싶은 마음에 질문을 하기도 하고, 또는 퇴행적 주제를 표현하고 싶어서 도움을 요청하기도 한다. 중요한 것은 아동의 안내를 따르는 것이다. 아동이 요청한다면 도와주는 역할을 채택하는데, 아동이 자신과 분투하기로 결정했을 때는 실제적인 도움을 피하면서 공감적 경청을 제공해야 한다.

2세 된 동생이 있는 9세 여아 캐리가 이 사례에 해당한다. 한 아동중심 놀이치료 회기에서 캐리의 신발 끈이 풀리자 아동은 의자에 앉아서 다리를 들며 "내 신발 끈 매 줘!" 하고 치료자에게 명령했다. 치료자는 "내가 너를 위해서 신발 끈을 매 줬으면 하는구나."라고 반응했다. 그런 다음 아동이 요청한 대로 해 주었다. 이러한 일이 대기실이나 다른 환경에서 일어난다면 "넌 신발 끈 묶는 법을 당연히 알고 있을 걸? 나한테 보여 주지 않겠니?" 하고 반응할 수 있다. 그러나 이곳은 아동중심 놀이치료 상황이므로, 치료자는 아동의 안내에 따라 적절하게 반응해야 한다. 이 아동의 삶에서 보다 넓은 배경을 살핀다면, 아마도 어린 남동생이 받고 있는 관심처럼 자신도 아주 어린 아이 취급을 받고 싶어 하게 되었을 것이다. 치료자에게 신발 끈을 묶어 달라고 한 것은 형제간 경쟁에 대한 아동의 '상담적 작업'을 반영한다.

마지막으로, 치료자는 아동의 놀이에 대한 칭찬이나 비판 등의 판단을 삼가야 한다. 평가적인 말은 놀이의 양상을 바꾸기 쉽다. 긍정적인 강화는 양육에 있어서 유용한 도구가 되고, 아동 및 성인 치료의 다른 형태이기도 하지만 판단은 그것을 듣는 사람의 행동을 바꾸는 힘이 있으므로 아동중심 놀이치료의 원리와 목적을 위반하게 된다.

놀이실에서의 위치

치료자는 비언어적인 방법으로 아동에게 수용과 '동등함'을 전달할 필요가 있으며, 동시에 공감적 경청을 통해서 자신이 수용적임을 보여 줘야 한다. 이는 치료자가 자신을 아동보다 힘 있는 위치에 놓는 것이 아니다. 관계에서 진심 어린 수용과 판단하지 않는 모습을 보여 주기 위해서 치료자는 아동의 세계로 들어가야 하고, 이는 아동과 눈높이를 맞추는 입장을 취하는 것을 의미한다. 아동보다 물리적으로 높은 위치에 있는 것은 성인과 아동 관계의 권력이 다르다는 것을 의미하며, 이것은 아동을 위축되게 만들 수 있다. 심지어 지배하는 것 같다는 미묘한 메시지라도 아동중심 놀이치료 동안에는 없애거나 적어도 최소화해야 한다. 이렇게 하기 위해서 치료자는 아동중심 놀이치료 동안에 앉거나 무릎을 꿇는다. 낮은 의자에 앉거나 아동용 의자에 앉는 것 역시 적절하다. 아동의 눈높이에 맞춘 치료자는 접근할 수 있는 가능성이 더 높으며, 아동이 치료자를 놀이에 참여시키고자 할 것임에 틀림없다. 반면, 치료자는 바닥에서 아동에게 놀이하고 움직일 수 있는 충분한 공간을 주고, 아동이 필요로 할 때 마음껏 다닐 수 있도록 길을 터 준다. 즉, 치료자가 신체적으로 아동에게 충분히 가까워서 아동이 치료자에게 원하는 것을 보여 주고, 바라는 대로 가상놀이에 참여하도록 초대할 수 있게 해야 한다. 신체적인 위치는 치료자의 숙련된 언어적 반응이 그러하듯이 아동의 욕구를 똑같이 조율할 수 있는 것이어야 한다. 치료자는 회기에서 아동과 마주보는 자세를 유지하면서 필요한 만큼 움직인다.

아동의 질문 다루기

아동은 종종 놀이 회기 중에 질문을 한다. 공통적인 질문은 장난감에 대한 것과 회기 중 시간이 얼마나 남아 있는지, 그리고 규칙에 관한 것이다. 비지시적인 놀이치료자는 처음에 각 질문을 공감적으로 경청하고, 그 의도에 반응한다. 예를 들면, 아동은 장난감을 보고 "이것이 무엇이지?" 하고 물을 수 있고, 치료자는 "그것이 무엇인지 알고 싶구나."라고 반응한다. 아동이 "이건 진짜 물이에요?"라고 물으면 치료자는 "여기서 진짜 물을 보게 돼서 놀랐구나."라고 반응한다. 때로 질문에 대한 공감적 반응은 아동을 만족시키고, 아동이 놀이를 계속하게 한다. 다른 때에는 아동이 "네, 이것은 뭐에요?"와 같이 언어적 · 비언어적으로 질문을 계속한다. 치료자는 다시 “네가 정말로 알고 싶구나. 특별한 놀이실에서 너는 네가 원하는 무엇이든 될 수 있단다.” 하고 공감적으로 경청한다. 이런 반응에 아동이 만족하지 못한다면 아동은 대답을 원하는 것이 분명하다. 이 시점에서 치료자는 “어떤 사람들은 그것이 작은 책상이라고 생각해. 그러나 여기 특별한 놀이실에서는 네가 원하는 어떤 것으로든 사용할 수 있지.” 하고 단순하게 대답해 주고, 아동의 안내를 존중하고 따르며, 아동에게 결정을 내리도록 한다.

놀이 회기에서 시간이 얼마나 남았는지 묻는 질문에 대해서도 같은 접근을 사용한다. “시간이 얼마나 남았어요?” 하고 아동이 물을 때, 치료자는 “시간이 얼마나 더 남았는지 알기를 원하는구나.”라고 대답한다. 아동이 “근데 시간이 얼마나 남았는데요?” 하고 다시 물으면 “네가 시간이 충분히 있는지 확인하고 싶구나. 5분이 남았을 때 네게 알려 줄게.”라고 대답한다. 아동이 “지금은 얼마나 남았어요?” 하고 계속해서 물으면 명확하게 시간을 물은 것이기 때문에 “오늘은 15분 남았어. 얼마나 더 남았는지 정확히 아는 것이 너에게는 중요하구나.”와 같이 짧게 답한다.

장난감 명명하기

아동이 장난감의 이름을 칭하지 않은 상태에서 치료자가 장난감의 이름을 부르지 말지에 대해서는 논란이 있다. 치료자가 놀이실에 있는 물건의 어떠한 이름도 칭하기를 피한다면 반영은 번잡하고 꽤 부자연스러운 일이 된다. 즉, “네가 그걸 가지고 놀고 있구나. 지금은 다른 것을 가지고 놀이하는구나. 그걸 다른 것에 끼우고 있구나…….”와 같이 말하게 될 것이다. 그러므로 그 대신 상식적인 접근을 적용한다. 명확하게 정의된 장난감이나 항목에 대해서는 치료자가 “네가 줄을 가지고 매듭을 만들려고 하고 있구나." "네가 컵에 물을 붓고 있구나."처럼 이름을 부르는 것이 합리적이다. 놀이 회기의 자유로움과 수용적 분위기 덕분에 대부분의 아동은 자신의 생각과 다를 때 "아니요, 물이 아니에요. 커피예요."와 같이 치료자의 말을 기꺼이 고쳐 줄 수 있다. 그러면 치료자는 "아! 그건 커피구나." 하고 공감적으로 고쳐서 대답한다. 즉, 더 모호하고 많은 다른 방식으로 사용될 수 있는 항목에 대해서 치료자는 그것을 칭할 때 더욱 주의를 기울여야 한다. 예를 들어, 아동이 이상한 모양의 괴물 손 인형을 집어 들면, 치료자는 "네가 그걸 가지고 놀이를 하려는구나."라고 말하며 그 인형이 괴물인지 가장 친한 친구인지 아동의 인식이 명확해질 때까지 언급하는 것을 미룬다. 성별이 불분명한 장난감에 성별을 부과할 때도 마찬가지다. 아동이 성별이나 역할을 언급하기 전까지는 "네가 진짜로 그 사람을 치고 있구나."와 같이 중립적인 반영을 한다. 그러나 이 문제는 치료자가 과도하게 우려할 문제가 아니다. 아동과 치료자의 관계가 깊어지면 대개 아동은 치료자가 올바르게 이해하지 못했을 때 고치도록 말해 주는 것에 대해서 더 편안해한다.

공감적 경청 진술 빈도

치료자가 얼마나 많이 아동의 감정과 놀이행동에 대해서 소리 내어 언급해야 할까? 치료자가 아동의 매 순간의 행동을 따라가고 반영한다면 그것은 오히려 부자연스럽고 아동을 산만하게 만들 수 있다. 하지만 치료자가 드물게 아동의 행동을 공감적으로 경청한다면 아동은 자신의 특정 행동이나 감정에 대한 의도적인 부재를 눈치챌 것이고, 치료자의 언급을 이해와 수용의 의사소통이라기보다는 강화제로서 받아들일 것이다. 즉, 치료자가 산발적이고 선택적으로 말한다면 아동은 그 언급이 승인이라고 여길 수 있고, 특정 행동을 더 나타낼 수 있으나 그것은 아동 스스로의 필요가 아니라 치료자의 승인을 얻기 위해서 나타내는 행동이라는 것이다. 이러한 상황은 아동중심 놀이치료의 목표와 방법에 맞지 않다. 한 연구에서 VanFleet (1990)은 아동중심 놀이치료에서 더 적게 반응하는 치료자가 긍정적이거나 중립적인 행동 및 감정에 대해서는 공감적 경청을 더 많이 하는 경향이 있고, 공격적인 놀이나 화난 감정과 같은 부정적 놀이나 감정에 대해서는 조용히 반응하는 경향이 있다는 것을 밝혔다.

올바른 균형을 유지하기 위해서 치료자는 놀이나 감정의 중요한 변화를 반영할 때 기계적 반복이 아니라 중계방송을 하는 듯이 동시적으로 반영해야 한다. 아동의 반응은 좋은 안내가 된다. 아동이 치료자의 공감적 반응을 배경 효과처럼 여기며 놀이를 계속한다면 아마도 그 빈도는 적당한 것이다. 초보 놀이치료자가 제기하는 빈도에 대한 질문은 경험 많은 아동중심 놀이치료 임상가가 전문적 수퍼비전을 통해서 해결해 줄 수 있다.

경험 많은 놀이치료자는 아동의 반응으로부터 보고 배워 반응의 타이밍과 빈도가 중요하다는 것을 깨닫기 시작한다. 예를 들어, 7세 남아인 토비는 인형 집을 가지고 놀면서 최근에 자신의 가족이 그랬던 것처럼 여러 가족 구성원이 이사를 준비하는 장면을 보여 주었다. 치료자는 "엄마는 엄마 짐을 옮기는구나……. 남자 아이도 자기 짐을 옮기네……." 하고 공감적으로 경청했다. 토비가 아버지 인형을 가지고 놀았을 때 치료자가 잠시 주저하자 토비는 놀이를 멈추고는 치료자를 보면서 "그런데 아빠가 하는 것은 말 안 했어요."라고 말하였고, 치료자는 서둘러 "지금 아빠는 아빠의 짐을 옮기네." 하고 반영했다.

공감적 경청에 대한 아동의 반응 다루기

대부분의 아동은 놀이 회기에서처럼 성인이 자신에게 공감적으로 경청해 준 경험을 거의 가지고 있지 않다. 아동은 알아차리기도 하고, 심지어는 다르게 말하는 방식에 저항하기도 한다. 치료자는 아동이 "나를 그만 따라하세요." "왜 그렇게 말하는 거예요?" 또는 "조용히 해 주세요." 라고 말하는 것에 대처할 준비를 해야 한다. 심지어 매우 경험이 많은 아동중심 치료자조차 종종 그러한 반응에 맞닥뜨린다.

첫 번째 고려사항은 치료자의 공감적 반응이 자연스럽게 들리느냐는 것이다. 예를 들면, "네 말은 행복한 것처럼 들리는데." "네가 화가 난 것처럼 들리는데." 등과 같이 치료자가 각 언급을 같은 방식으로 끝맺고 있는지, 치료자가 단조롭고 부적절한 억양으로 말하고 있지는 않은지, 치료자가 "네 말을 내가 듣기로는……"과 같이 가르치려는 말을 사용하고 있지는 않은지 등의 여부다. 치료자는 문제를 고치기 위해 공감적 반응을 다양화하는 것에 초점을 두고, 반영되는 감정과 일관되는 흥미로운 어조를 사용할 필요가 있다. 치료자가 수퍼비전의 일부로서 자신의 놀이 회기를 비디오 관찰한다면 이 기술을 더 자연스럽게 들리도록 개발할 수 있을 것이다.

아동이 치료자의 반영에 대해서 언급할 때, 첫 번째 단계는 "내가 우습게 말하는 것 같이 보였구나." 하고 더 깊은 공감을 통해서 수용을 보여 주는 것이다. 이로써 아동이 더 이상 반응하지 않고 놀이가 재개될 수 있다. 때로는 "왜 그렇게 말하는 거예요." 하며 아동이 계속 반응할지도 모른다. 이때 두 번째 수준에서 치료자는 "네게 정말 이상하게 들리는가 보구나. 음, 그게 놀이실에서 내가 주의를 기울이는 방법이야." 하고 간단하고 상냥하게 설명한다. 대다수의 아동은 이러한 설명이면 충분하다.

하지만 여전히 반응을 지속하는 아동도 있다. 아동중심 놀이치료에서는 아동의 안내를 따라야 하기 때문에 치료자는 반영하고 순응한다. "너는 내가 멈추었으면 하는구나. 좋아." 하고 말한 후 치료자는 조용히, 더 깊은 따라가기 진술을 피하면서 놀이에 나타나는 감정에 대해서만 반영할 수 있다. 전형적으로 치료자는 다음 회기에 이것을 상기시켜 주고, 아동이 다시 적응할 시간이 필요하다고 하지 않는 한 다음 회기에는 공감적 경청을 정상적으로 사용하는 것으로 돌아갈 수 있다.

일치성

대부분의 경우 치료자는 아동의 감정과 관점에 대해 진심으로 걱정하는데, 그것은 큰 의식적인 사건 없이도 치료자의 비언어적인 의사소통에서 드러난다. 공감적 경청은 복잡한 기술이어서 자연스러운 반응으로 개발될 때까지는 시간이 걸린다. 치료자는 표현된 놀이와 감정에 대해 간단한 진술을 하는 것은 물론, 말하는 것과 일치하는 억양 및 몸짓을 사용해야만 한다. 말, 억양, 몸짓은 일제히 같은 것을 표현해야 한다. 이를 확실히 하는 가장 좋은 방법은 진심으로 아동의 눈을 통해 세상을 보려는 태도를 취하는 것이다. 태도는 중요한데, 왜냐하면 내면은 외면과 짝을 이룰 것이기 때문이다. 이중성이나 꾸밀 수 있는 여지는 없다.

덧붙이자면, 치료자가 놀이 회기 동안 자신의 감정에 대해서 의식하는 것이 중요하다. 치료자는 불편감을 느낄 때 두 가지 기본적인 행동을 취한다. 더 이상 비지시적 치료와는 양립할 수 없는 반응을 지속하거나 그러한 반응을 이끌어 내는 행동에 제한을 설정하는 것이다. 아동중심 놀이치료자는 놀이에 대한 자신의 감정이나 반응을 거의 언어화하지 않는데, 왜냐하면 성인과 아동 사이에는 권력 차이가 존재해서 아동이 성인의 감정에 반응해야 할 것 같은 느낌을 가지게 할 가능성이 있기 때문이다. 그러면 아동중심적 상호작용이라기보다 성인중심적 상호작용이 된다. 대신 치료자는 자신의 반응이나 감정을 조절함으로써 일치성이나 투명성을 얻기 위해 분투해야 한다. 그들은 쓴웃음을 지으며 참거나 감정이 없는 척하지 않고, 놀이 회기의 초점이 아동에게 주어질 수 있도록 하기 위해 자신의 반응과 감정을 직접적으로 다뤄야 한다.

멜라니의 사례를 보면, 그녀는 초보 놀이치료자였다. 아동이 펀칭백을 치거나 '나쁜 놈'들을 죽이는 공격적인 놀이를 할 때마다 그녀는 꽤 긴장했다. 지도감독자의 도움으로 그녀는 잠재해 있는 자신의 두려움을 처리할 수 있었다. 그 두려움은 그녀가 아동의 문제를 해결하기보다 오히려 행동문제를 강화하지 않을까 하는 것이었다. 그녀는 결국 자신의 생각을 재구조화했고, 아동의 놀이를 고통과 치료적 작업에 대한 표현으로 보기 시작했다. 그렇게 구조화하면서 그녀는 공격적인 놀이에 좀 더 편안해졌다. 또한 그녀는 수용될 수 있는 공격적 놀이와 위해를 야기할 수 있는 공격적 놀이 사이의 경계에 대해 지도감독자와 함께 탐색했다. 이것은 그녀가 필요할 때 더 확고하게 제한을 설정할 수 있게 했고, 놀이실에서의 안전감을 부가하는 데 도움이 되었으며, 그녀가 공격적 놀이를 편안하게 느끼게 해 주었다. 그녀는 자신의 반응과 수용적이어야 한다는 자신의 욕구가 일치하지 않는다는 것을 알았고, 일치성을 획득하기 위해 필요한 단계를 밟았다.

공감적 경청 반응의 강도와 깊이

치료자는 아동이 표현하는 감정의 가장 깊은 수준까지 공감적으로 경청할 필요가 있다. 한 아동이 증오나 혐오와 같이 강한 감정을 표현할 때, 치료자가 "네가 화가 났구나."와 같이 반응하는 것은 불충분하다. "네가 진짜 화가 몹시 났구나!" "이건 정말 너를 미치게 만드는구나."와 같이 말과 억양이 함께 어울려 핵심적인 감정을 잘 잡아낼 필요가 있다. 아동중심 놀이치료자는 언제나 표현된 감정의 핵심을 찾아야 하고, 심지어 아동이 그것을 표현하는 말을 하지 않더라도 그래야 한다. 치료자는 아동의 감정에 맞는 반응을 하면서 공감적 경청의 일치성을 더하고, 자신이 진정으로 아동이 표현한 바를 이해하고 수용한다는 점을 전달해야 한다.

예를 들어, 마시는 부모님이 교통사고를 당했을 때 4세였다. 아동중심 놀이치료에서 아동은 거의 말을 하지 않으면서 자동차 사고를 재연했고, 매우 긴박하게 장난감 구급차에 희생자들을 태워서 병원으로 서둘러 이송했다. 이 장면을 통해서 치료자는 "아주 안 좋게도 다친 사람들이 있구나. 구급 대원들은 다친 사람들을 가능하면 빨리 병원으로 보내려 하고 있네. 정말, 정말, 빠르게. 그들은 상처 입은 사람들을 걱정하고 있어. 그들이 필요한 도움을 주기를 원하는구나." 하고 무엇이 일어나고 있는지 반영하는 한편으로 마시의 놀이 표현에 잠재한 감정 또한 반영했다.

치료자는 역시 아동의 놀이 의도를 공감적으로 경청한다. 아동이 그것을 직접적으로 말하지 않을 수도 있으므로 치료자는 놀이에 함축된 의도를 반영해야 한다. 예를 들어, 9세인 벤은 집과 학교에서 반항적이어서 의뢰되었다. 벤은 자주 놀이 회기에서 제한을 시험하였으며, 종종 짓궂은 표정을 짓곤 했다. 한 회기에서 그 아동은 다섯 개의 제한을 어겼으며, 매번 반응을 살피기 위해 치료자를 보았다. 치료자는 적절하게 제한을 설정하고 "네가 이곳의 규칙이 무엇인지 알아보려고 하는구나. 네가 규칙을 어길 때 내가 어떻게 반응하는지 궁금하구나." 하고 반응했다. 이 반응은 벤이 말하고자 하는 것을 행동과 표정으로 표현하는 듯 보인다는 점을 반영했다.

또한 요약해서 반영할 수도 있다. 아동이 반복적으로 놀이하거나 놀이가 명확한 패턴 혹은 순서를 반영하고 있다면 치료자는 이 단계에서 "너는 빨간 블록을 모두 꺼내는구나." 또는 "네가 여기에는 남자 아이 손 인형을 놓고, 저기에는 여자 아이 손 인형을 두었네." "네가 멀리 있는 기둥에 고리를 끼울 수 있는지 알아보고 싶구나."와 같이 반응할 수 있다. 치료자는 아동의 순서가 거의 완료될 때까지 기다리린 후 이러한 형태의 요약하는 반영을 하는 것이 최선이다.

아동중심 가상놀이

아동중심 가상놀이 기술은 놀이 회기 동안 아동이 치료자에게 가상적인 장면이나 역할을 요청하는 시간에 쓰이도록 만들어졌다. 이것은 치료자가 아동의 세계에 들어가는 다른 방식을 제안하며, 치료자는 이것을 통해 아동의 관점, 감정 그리고 경험에 대해서 더 많은 걸 알 수 있다. 아동이 치료자에게 가상놀이 역할을 맡을 것을 요청하면 치료자는 그렇게 하되, 가능한 한 완전하게 아동의 안내를 따른다. 치료자는 아동이 바라는 역할을 수행하기 위해서 아동의 언어적 · 비언어적 지시를 활용한다. 여러 방법 중에서 아동의 안내를 따르는 효과적인 가상놀이는 공감적 조율의 형태를 띤다. 이 과정은 아동에게 이해와 수용감을 전달하는 다른 통로를 제공한다.

아동중심 가상놀이에서 치료자는 아동에게 할당받고 지시받은 다양한 역할을 수용하고 연기한다. 치료자는 아동이 초대할 때까지 놀이를 시작하지 않는다. 핵심적으로, 아동은 가상놀이 장면의 연출자이며 그 장면의 배우다. 이때 치료자는 아동의 지시를 받는 배우고, 아동이 결정하는 대로 그 부분을 연기한다. 치료자는 여러 가지 표정과 목소리, 행동, 때로는 그 부분에 해당하는 소품, 손 인형, 의상을 사용하지만 언제나 아동의 지시에 따라 역할을 연기할 수 있다. 몇몇 아동은 자신이 원하는 것에 대해서 매우 구체적이며, 치료자가 정확히 어떻게 움직이고 말해야 하는지도 설명한다. 한편, 치료자에게 거의 지시하지 않으며 그가 자신이 원하는 것을 추정하도록 내버려 두는 아동도 있다.

치료자가 아동중심 가상놀이 기법을 사용할 때는 더 이상 공감적 경청 기법을 사용할 필요가 없지만 공감적으로 경청할 수 있다면 그렇게 한다. 하지만 어느 때라도 공감적 경청을 하느라 역할 수행에 방해를 받아서는 안 된다. 만약 의심의 여지가 있다면, 치료자는 아동이 바라는 한 가상적 역할을 지속한다. 가상놀이에 능숙한 치료자는 공감적 경청을 하는 것처럼 공감과 수용을 전달하는데, 이때 역할을 정확하게 연기하고 아동의 감정에 맞추면서 공감적 경청을 해 낸다. 그리고 아동이 혼자놀이로 돌아오면 치료자 역시 확고하게 공감적 경청 기법으로 돌아온다.

아동이 바라는 역할 하기

역할놀이를 할 때 치료자는 아동이 자신에게 원하는 것에 대한 어떠한 신호나 단서도 놓치지 않고 주의 깊게 관찰한다. 아동은 자기가 원하는 바가 아니라면 치료자의 연기를 몇 번이라도 수정할 것이다. 역할놀이에는 종종 걸걸한 목소리로 말하기, 소리 지르기, 숨기, 놀라기, 방을 이리저리 뛰어다니기 등의 활기와 표현성이 필요하다. 또한 아동은 우스꽝스럽게 보일 수 있는 복장을 치료자에게 입힐 수도 있다. 치료자는 이러한 역할을 가능한 한 현실적이고 즐겁게 잘해야 하지만, 한편 아동을 기쁘게 하려는 의도로 무엇이든 하는 것은 안 된다. 언제나 목적은 아동의 안내를 따르는 것이다.

예를 들어, 7세인 토미는 장난감 돈을 들고 치료자에게 건네면서 "선생님이 은행원을 하세요. 나는 강도를 할게요!"라고 말했다. 치료자는 역할을 맡긴 것에 대해 공감적 경청을 하면서 돈을 자신 앞에 놓아두고 은행원인 척했다. 토미는 장난감 무기를 집어 들더니 복면을 쓰고 치료자에게 접근하면서 "가진 돈 모두 내 놔! 장난이 아니야. 그리고 경찰은 부를 생각도 하지 마!"라고 요구했다. 치료자는 '헉!' 하고는 손을 올리고 떨리는 목소리로 "알겠어요, 강도 양반. 여기 가진 돈 전부에요. 제발 쏘지만 마세요."라고 말했다. 치료자는 토미의 비언어적 모습과 놀이의 의도를 파악한 후 잠시 돌아서서 경찰에 전화하는 척을 했다. 그는 속삭이면서 "경찰이죠? 여기 강도가 들었어요!"라고 말했다. 토미는 씩 웃더니 고함을 치면서 "내가 경찰에 신고하지 말랬지? 여기 앉아서 잘 들어. 그러지 않으면 널 쏠 수도 있어!"라고 말했다. 치료자는 겁먹은 채 "네 알겠어요, 강도 아저씨. 정말 심각한 상황이네요. 당신이 말하는 대로 따르겠어요."라고 말했다. 치료자가 소심하게 의자에 앉자 토미는 그녀에게 속삭이면서 "경찰에게 다시 전화하세요."라고 지시를 했다. 치료자가 그렇게 하자 토미는 다시 고함을 쳤고, 그들의 놀이는 계속되었다. 토미의 의도는 통제할 수 있는 사람이 되는 것이었다. 치료자는 이것을 정확하게 읽었고, 이러한 전개를 따르는 방식으로 자신의 역할을 수행했다. 아동의 의사소통에 대한 치료자의 민감성은 언어적·비언어적으로 아동이 원하는 그대로 역할을 수행할 수 있도록 이끌었다.

아동이 가상놀이에 대해서 지시를 거의 하지 않을 때는 아동이 좀 더 역할에 대해서 명확히 해 줄 때까지 중립적으로 태도 놀이에 들어가 역할을 연기한다. 예를 들면, 아동이 요리를 하는 척하며 "내가 엄마고, 선생님은 어린 여자 아이에요."라고 말한 상황에서 치료자는 가상놀이에 대한 정보가 많지 않다. 이 경우, 치료자는 여자 아이 목소리를 내면서, "그런데 엄마, 우리한테 어떤 요리 해 줄 건데요? 나 배고파요." 하고 말할 수 있다. 대개는 아동이 놀이를 어떻게 이끌어 가고 싶은지 나타내는 더 많은 단서가 있는데, 예를 들면 음식을 주면서 "아이스크림을 먹기 전에 야채를 다 먹어. 야채 전부 다!" 하고 말하는 식이다. 이러한 비언어적인 의사소통을 통해 아동은 어린 여자 아이 역할 안에서 치료자가 따라왔으면 하는 더 많은 정보를 제시할 것이다. 그러면 치료자는 "웩! 나는 아이스크림이 먹고 싶은데. 내가 야채 다 먹어야 해요? 토할 것 같은데." 와 같이 반응할 수 있다. 이윽고 다시 나타나는 아동의 반응은 역할을 어떻게 발전시켜 나갈지 도움을 준다.

질문하기

아동중심 가상놀이 동안 치료자가 질문을 하는 것이 놀이 속 인물에 부합한다면 그는 그 인물의 입장으로 질문할 수 있다. 그러나 질문은 역할의 일부여야 하고 결코 더 많은 정보를 얻기 위해 하는 것이어서는 안 된다. 예를 들어, 12세인 자미에는 치료자 에드에게 선생님이 되라고 한 후 자신은 지리 수업의 학생이 되겠다고 했다. 선생님은 주도(州都)에 관한 지식을 시험했다. 에드는 자미에 앞에 서서 가장 전문적인 목소리로 "그래, 좋아. 자미에양, 뉴욕 주의 수도를 말해 보겠니? …… 그래, 좋아. 그럼 콜로라도 주는?" 하고 물었다. 이 경우 선생님으로서 치료자의 질문은 역할에 충실한 것이므로 적절하다.

치료자가 역할 속에서 질문을 하는 것은 문제가 되지 않지만 역할에 대해서 질문하는 것은 피하는 것이 가장 좋은데, 질문은 주도하는 효과를 나타내기 때문이다(질문은 정답에 대한 기대를 만든다.). 아동은 때로는 놀이를 완전히 멈추고 그 질문에 답할 수 있다. 더 주요하게도, 치료자의 질문은 종종 아동의 상상의 흐름을 방해하는데, 왜냐하면 아동은 하나의 정신적 과정(언어적 · 인지적 과정)을 멈춰야 하기 때문이다. 아동은 종종 세세한 부분까지 놀이를 계획하지 않으며, 언어적으로도 그렇다. 놀이는 단순하게 한 순간에서 다음 순간으로 전개된다. 이 즉시성이 놀이의 핵심이다. 따라서 치료자가 자세한 부분이나 설명을 제공하는 것은 아동을 산만하게 한다. 더욱이 놀이의 맥락은 대개는 치료자가 맡았으면 하는 역할에 대해서 충분한 단서를 제공한다. 그러므로 역할을 맡고 반응을 살펴보는 것이 아동을 덜 방해하는 것이다. 즉, 가상놀이의 은유 안에 머물러 있으면서 놀이를 이끄는 것을 위태롭게 하는 불필요한 설명을 요청하지 않아야 한다.

거의 일어나진 않지만 아동이 치료자에게 어떠한 정보나 단서도 없이 역할을 맡길 요청할 수도 있다. 가령, 아동이 치료자에게 "내가 소노보노 왕이 될 테니까요, 당신은 가바다바 여왕이 되세요." 하는 식이다. 이것은 아동이 만들어 낸 인물일 수도 있고, 치료자가 친숙하지 않은 이야기나 만화에서 가져온 것일 수도 있다. 치료자가 의도된 역할에 대해서 전혀 감을 잡을 수 없을 때 "가바다바 여왕은 어떻게 행동해?"와 같이 속삭이면서 물어볼 수 있다. 하지만 그러한 질문은 최소한에 그쳐야 한다. 그에 대한 충분한 정보는 놀이를 시작하면 얻을 수 있을 것이다.

제한 설정

제한 설정 기술은 놀이 회기 중 아동과 치료자 모두를 안전하게 하기 위해 사용한다. 그것은 필요한 경우 치료자의 권위를 세울 수 있으며, 안전감을 제공하고, 값비싼 장난감과 비품을 보호하고, 아동이 자신의 행동에 보다 책임감을 지니도록 만든다. 제한 설정을 통해서 아동은 치료자가 이미 경고하고 결과에 대해 고지한 제한을 자신이 어길 경우 어떠한 일이 벌어져도 스스로에게 책임이 있음을 배울 수 있다. 이 기술은 놀이 회기에 필요한 경계를 제공한다.

제한의 수는 최소한으로 설정한다. 이것은 상대적으로 감정을 자유롭게 표현할 수 있도록 개방된 분위기에서 유지하며, 그 결과 회기의 치료적 가치는 최대화된다. 제한을 최소화하는 것은 또한 아동이 순응할 수 있는 기회를 증가시킨다. 제한 설정이 필요할 때, 그것은 다른 기술보다 우위에 있다. 치료자는 아동이 놀이 회기 중 탐색할 수 있도록 여지를 주며 허락하지만 최종 책임은 치료자에게 있다. 치료자는 필요할 때 침착하지만 확고한 방식으로 권위를 행사한다.

놀이 회기의 치료적 성격으로 인해 아동중심 놀이치료에서의 제한은 일상생활에서의 제한과는 다르다. 감정, 인식, 경험의 개방된 표현이 아동중심 놀이치료 과정에서 중요하다. 본래 일상생활은 치료의 축소판에서 나타나는 것과는 달리 많은 부가적인 안전 문제가 있다. 아동은 가령 학교나 지역사회 같은 다른 환경에서 가족 및 친구들과 상호작용하는 적절한 방법을 배워야 한다. 즉, 일상생활에는 더 많은 규칙이 필요하다. 어린 나이부터 아동은 다른 환경에서의 다른 규칙을 구별하는 데 매우 능하다. 치료자는 놀이 회기들로부터 '스필오버 효과(하나의 현상이나 혜택이 다른 곳에까지 영향을 미치는 효과)'가 있지 않을까, 즉 아동중심 놀이치료 후에 아동이 집에서 더 큰 자유를 누리려고 하지 않을까 염려할 수도 있다. 하지만 실제적으로 그런 경우는 매우 드물다. 아동은 자신의 욕구, 충동, 우려, 고통을 특별한 공간에서 표현할 기회가 있으며, 그것을 이해하고 수용할 때 다른 환경에서 제한을 넘을 가능성이 더 줄어든다. 게다가 아동이 통제 문제 때문에 의뢰되었다면, 아동은 부적절하게 다른 사람을 통제하려고 할 것이다. 이때 문제를 발생시키는 방법으로 부모, 친구, 애완동물을 통제하려고 하는 대신에 역효과가 적은 무언가, 즉 놀이를 어떻게 통제할 수 있는지 놀이 회기를 통해서 배울 수 있다. 드문 경우이긴 하지만 아동의 집에서의 행동이 아동중심 놀이치료 회기를 시작하고 난 뒤 나빠졌다면 치료자는 부모와 함께 가능한 이유를 찾아내서 악화된 행동을 억누르고 없애 줄 대처행동을 결정하도록 도울 수 있다.

제한은 아동중심 놀이치료 동안에 안전하지 않거나 파괴적인, 곧 다가올 행동에 대해서 설정한다. 치료자는 실제로도 안전하지 않은 행동에 제한을 설정한다. 제한은 놀이의 내용이나 아동의 가상 시나리오 또는 아동이 하는 말에 대해 설정하는 것이 아니다. 이러한 모든 것은 아동의 치료적 작업을 나타낸다. 그들의 놀이 선택과 주제는 그들이 치료자와 의사소통을 하는 방식이므로 치료적 과정의 일부로 허락해야 한다. 실제로 파괴를 부를 수 있는 행동이나 잠재적으로 안전하지 않은 행동만을 금지한다.

물리적인 시설에 따라 놀이 회기 중에 설정할 수 있는 제한은 다양하지만, 종종 다음의 것들을 포함한다.

- 창문, 거울, 카메라를 향해서 어떤 것도 던져서는 안 된다.
- 크레파스나 마커를 벽, 가구, 칠판/흑판에 사용해서는 안 된다.
- 날카로운 물건이나 밑창이 딱딱한 구두로 펀칭백을 쿡 찌르거나 던지거나 차서는 안 된다.
- 아동은 한 번 화장실에 가는 것을 제외하고는 놀이실을 나갈 수 없다.
- 값비싼 장난감을 파손하거나 장난감을 대량으로 망가뜨려서는 안

된다.

- 아동이나 치료자에게 해를 입힐 수 있는 것은 어떤 것도 일어나서는 안 된다.
- 딱딱한 장난감을 치료자에게 던져서는 안 된다.
- 모래는 모래상자나 모래용기에 담겨 있어야 한다.
- 아동은 신발을 제외하고는 옷을 계속 입고 있어야 한다.
- 장난감이 구체적으로 입에 넣을 수 있도록 만들어진 것이 아니라면(예를 들어, 개인적인 젖꼭지처럼)는 아동은 입에 장난감을 넣을 수 없다.

치료자는 때로 아동중심 놀이치료 과정에서의 한 부분인 개인적 제한을 스스로 가지기도 한다. 예를 들어, 치료자가 눈을 가리는 것을 불편하게 느낀다면 그것에 대해서 제한 설정을 할 수 있다. 혹은 아동이 치료자에게 부적절하거나 불편한 방식으로 행동하기를 요청한다면 치료자는 따를 수 없다고 간단하게 말할 수 있다. 9세 여아인 조는 성학대를 당한 발달력이 있었다. 아동은 놀이 회기에서 자신의 학대 문제의 일부를 다루었으며, 외상 주제를 반영하기 시작했다. 한 회기에서 아동은 바닥에 누워 치료자에게 머리 위로 자신의 손을 묶어 달라고 청했다. 하지만 치료자는 이 놀이가 아동에게 외상 장면을 이끌어 낼 상당한 가능성이 있으며, 조에게 다른 역효과를 낼 것임을 알아차렸다. 어쨌든 치료자가 강제적으로 아동을 제압할 수는 없기 때문에, 그는 "내가 너의 손을 꼼짝 못하게 잡았으면 하는구나. 그런데 나는 사람들을 힘으로 잡아 두진 않는단다. 대신 너는 다른 어떤 다른 방식으로든 놀이할 수 있어."라고 말했다. 그 말을 듣고 나서 조금 실망한 후에, 조는 손 인형을 자신의 손 위에 느슨하게 놓은 채 놀이를 계속해 나갔다.

구조화 기술에 대해 다룬 앞부분에서 논의한 것처럼, 치료자는 아동이 실제로 어길 것 같을 때 또는 아동이 규칙을 어기는 행동을 곧 할 것처럼 임박했을 때에만 제한에 대해서 말한다. 제한이 필요하다고 판단하여 일단 말한 이후에는 그것을 확고하고 일관적으로 실행해야 한다. 아동은 그로부터 치료자가 말한 것이 진심이라는 것을 재빨리 배우며, 제한을 시험하는 아동의 행동은 대개 한두 회기 안에 해결된다.

결과

놀이치료 회기 동안 아동이 제한을 어기려고 할 때에 적용되는 결과는 모두 같다(예를 들어, 어떤 제한 행동이든 그 행동에 대해 아동은 세 번을 넘겨 어길 수 없다). 즉, 아동은 놀이실을 나가야 하고 놀이 회기를 끝내야 한다. 아동이 다른 환경에서 얼마나 많은 불일치를 경험했든지 이것은 아동에게 중요한 결과이고 필요할 때 치료자의 권위를 명확하게 보여 준다. 일관적으로 시행되는 의미 있는 결과는 많은 아동이 원하는 안전과 안전하다는 느낌을 그들이 확립하도록 해 주는데, 심지어 아동이 그 결과를 좋아하지 않아도 그렇다. 실제로 그 결과까지 제한을 어기는 아동은 거의 드물지만 간혹 있기도 하다. 아동이 돌아와서 다시 제한을 어기려고 하는 것은 예외적으로 드문 일이다. 물론 심각한 행동문제를 가진 아동의 경우에는 역시 그렇게 하기도 한다. 제한 설정 과정과 확고하고 예측 가능한 결과는 아동이 자신의 행동에 대해서 책임감을 발달시키고, 더 큰 자기규제 능력을 가질 수 있도록 도우면서 아동의 행동을 누그러뜨릴 수 있게 한다. 놀이실이 아동과 치료자 모두에게 안전하지 않은 공간이 된다면 그것은 더 이상 치료적이지 않다. 제한과 결과에 대한 시행은 아동중심 놀이치료 회기에서 과정에 중요한 신체적 · 정서적 안전을 유지하는 데 중요하다.

제한 설정 과정

아동중심 놀이치료에서는 제한을 말하고, 주의를 주고, 결과를 실행하는 세 단계 순서를 사용한다. 이것은 치료자가 끼어들기 전에 아동 스스로 교정할 수 있는 기회를 제공한다. 이 세 단계는 아동이 각각 바로 앞 단계의 한계를 어길 경우 실행된다. 세 단계의 윤곽은 다음과 같다.

1. 제한 말하기(1단계). 아동이 규칙을 위반하거나 명백하게 놀이실 제한 중 하나를 어기려고 할 때, 치료자는 간단하고 명확하며 구체적인 방식으로 제한을 말한다. 목소리의 어조는 상냥하지만 확고하고 설득력이 있어야 한다. 치료자는 주의를 유도하기 위해서 아동의 이름을 부르고, 시간이 있다면 금지된 행동을 하고자 하는 욕구를 반영한다. 그런 다음 제한을 말하고, 아동이 놀이를 다시 시작할 수 있도록 재구조화한다. 예를 들어, 치료자가 "애니, 네가 다트 총으로 나를 쏘고 싶구나. 네가 할 수 없는 것이 있다면 내가 말해 줄 것이라고 했지? 네가 이곳에서 하지 말아야 할 것 중 하나가 총이 장전되어 있을 때 나에게 다트 총을 쏘는 거란다. 그렇지만 다른 것에는 쏴 볼 수 있어." 필요하다면 치료자는 손을 들어 멈추라는 자세를 취해 신호를 보낼 수 있는데, 특히나 날아오는 물체로부터 자신을 보호해야 할 경우 그렇다. 한계를 말하고 방향을 수정해 주는 진술을 하고 나서 치료자는 아동이 하고 있는 것에 따라 공감적 경청이나 가상놀이로 돌아간다.

2. 주의 주기(2단계). 치료자가 회기에서 이전에 제한했던 행동을 아동이 또 하려고 한다면(예를 들어, 같은 회기 중에 행동이 두 번째로 일어난다면) 치료자는 아동에게 주의를 준다. 이것을 하기 위해서 치료자는 제한을 다시 말한 다음, 아동에게 제한을 다시 어기면 어떠한 일이 일어나는지에 대해 알린다. 이는 아동이 결과의 위험을 무릅쓸 것인지 아닌지 결정하도록 한다. 주의를 주고 나서 치료자는 다시 한 번 구조화를 한 후 아동이 놀이로 방향을 돌릴 수 있도록 한다. 예를 들면, "애니, 내가 총이 장전되어 있을 때에는 나를 향해 총을 겨누거나 쏠 수 없다고 했다고 했지. 만약 네가 다시 나를 겨누거나 쏜다면 우리는 오늘 놀이 시간을 끝내야만 해. 하지만 그 외에 다른 것들은 해 볼 수 있단다." 하고 말할 수 있다.
3. 결과 실행하기(3단계). 아동이 한 회기에서 같은 제한을 세 번째로 어긴다면, 치료자는 결과를 실행해야만 한다. 이를 위해서 치료자는 한계를 다시 말해 주고, 주의를 준 대로 결과를 이행한다. 유쾌하지만 확고한 목소리로 말하며, 필요하다면 아동을 방에서 나오도록 하고, 구조화 기술에서 아동이 놀이실을 떠날 때 기술했던 것과 같은 절차를 따른다. 이 절차는 아동이 자신의 선택과 행동에 책임을 지고, 또한 그것과 관련된 결과를 책임지는 데도 도움이 될 것이다. 이 세 번째 제한 설정 단계에서 치료자는 "애니, 나에게 다트 총을 다시 겨눈다면 오늘 우리는 놀이실을 나가야 한다는 것을 기억해 봐. 네가 나를 다시 쐈기 때문에 우리는 지금 나가야 해. 지금 당장." 하고 말한다. 이 시점에서 협상은 없다.

후속되는 각각의 놀이 회기에서도 치료자는 그 특정한 제한을 한 번 어겼을 때 1단계를 시작한다. 아동이 최근 놀이 회기에서 한계를 어겼다면 치료자는 주의를 주고, 필요하다면 실행으로 바로 넘어간다. 이러한 방식으로 제한을 다룰 때, 치료자는 이해할 수 있는 아동의 나이와 수준을 고려한다. 예를 들어, 3세인 아동이 예전에 언급한 제한을 잊었을 가능성이 있다면 치료자는 그 아동에게 1단계부터 다시 시작하기로 결정할 수 있다.

제한이 어겨진 후에 재설정

치료자는 제한을 말하고 주의를 줄 때 아동의 관심을 놀이로 다시 돌리기 위해 "그렇지만 다른 놀이는 거의 대부분 할 수 있어."와 같은 진술로 끝낸다. 때로는 아동에게 제한된 행동을 하는 것 대신 할 수 있는 것을 정확하게 말해 주고 싶은 유혹을 느낄 수도 있다. 가령, "나한테 다트총을 쏠 순 없지만 대신 저기 있는 벽에 쏠 수는 있어."와 같이 말하는 것이다. 그러나 이렇게 구체적인 유형으로 다시 방향을 돌리는 질문은 피해야만 한다. Axline(1969, p. 73)은 다섯 번째 원칙으로 "치료자는 아동에게 문제를 해결해야 할 기회가 있을 때 아동 스스로 그것을 해결할 수 있는 능력을 깊이 존중해야 한다. 선택에 대한 책임과 변화를 시작하는 것은 아동의 몫이다."라고 밝히고 있다. 치료자가 제한을 설정한다는 것은 무언가를 하고 싶은 아동의 욕구를 좌절시키는 것이다. 그것은 핵심적으로 아동에게 '문제'가 된다. 치료적인 문제는 어떻게 하면 장난감을 적절히 잘 가지고 놀 수 있을까가 아니다. 중요한 것은 규칙을 위반했을 때 아동에게 느끼는 감정을 어떻게 잘 다룰 수 있는지다. 치료자가 아동에게 대신 무엇인가 해야 한다고 말한다면 문제를 해결하는 사람은 치료자고, 그는 아동에게 충고를 하는 것이다. 가령 "대부분의 다른 놀이를 할 수 있다."라고 더 일반적인 재설정 진술을 하는 것이 바람직하며, 그럴 경우 문제해결은 아동의 손에 달려 있게 된다. 치료자가 애니에게 총을 쏠 수 있는 곳을 말한다면, 치료자는 문제를 해결하는(애니의 경우에, 공격적 충동을 안전하게 해소하는 방법을 찾는 것) 책임의 상당 부분을 없애 버리는 꼴이 된다.

아동중심 놀이치료에서 자기조절

아동중심 놀이치료의 세 단계 제한 설정은 정서적·행동적으로 아동이 자기규제 기술을 발달시키도록 하는 데 가치가 있다. 아동이 허용되지 않은 방식으로 놀이를 할 때 치료자는 아동을 멈춘다. 매우 자주 제한된 행동은 위험하거나 파괴적일 수 있는 공격적 행동이다. 아동이 가지고 있는 충동의 표현 방식을 치료자가 저지하는 것이다. 아동은 그 충동을 다루거나 표현하는 대안적인 방법을 찾아내야 한다. 즉, 아동은 놀이실에서 놀이하는 것을 즐기기 때문에, 규칙을 계속 어긴다면 놀이실에서 떠나야 하므로 자신의 충동, 바람, 정서, 행동을 다루는 대안적인 방법을 찾기 위해 동기화되어야 한다는 것이다. 이것은 바로 앞서 언급한 일반적인 재설정 진술의 중요성과도 관련된다. 구체적이지 않은 재설정 진술은 아동에게 변화에 대한 책임을 부여하고, 결국 자신의 감정과 충동을 다루는 좀 더 효과적이고 수용적인 수단을 배우게 한다.

의도가 아닌 행동에 대한 제한 설정

때때로 성인은 아동의 부적절한 행동에 대해서 아동이 실제로 의도하지 않았다거나 일이 그렇게 되도록 할 의도가 없었다는 이유로 용서한다. 그러면 아동은 재빨리 문제의 결과를 피하기 위한 이유로 이것을 사용할 수 있다는 것을 배워서 "너를 때릴 의도는 없었어. 장난감이 그냥 멀리 넘어가 버린 거야."와 같이 말한다. 따라서 치료자는 아동이 자신의 선택과 행동에 책임질 수 있도록 돕기 위해 아동의 원래 의도보다는 잠재적으로 좋지 않은 행동에 대해 경계를 세워야 한다. 아동이 제한 설정 과정에서 행동을 수정할 기회가 두 번 있기 때문에 치료자는 다칠 위험이나 파손의 결과를 가져올 수 있는 어떠한 행동에 대해서도 명확하고 일관되게 제한을 설정해야 한다. 아동이 치료자를 칠 의도가 없더라도, 딱딱한 수지로 만든 공룡으로 치료자의 얼굴을 치는 것은 치료자를 다치게 할 수 있다. 다음의 예는 대근육 조절을 잘 발달시키지 못한 어린 아동이라도 안전을 위해 그들 자신의 행동을 통제함으로써 조절하게 할 수 있음을 보여 준다.

제이는 세 살인 현재 다니고 있는 어린이집에서, 그리고 집에서 행동 조절에 문제가 있어 의뢰되었다. 그의 삶에는 효과적인 제한이 부재했다. 제이는 대근육 조절을 어렵게 만드는 발달 문제 또한 가지고 있었다. 놀이 회기 동안 제이는 놀이실 곳곳에 나무 블록을 던지기 시작했다. 얼마 지나지 않아 치료자는 아동으로부터 약 2m 정도 떨어진 곳에서 블록에 맞았다. 제이는 그냥 마구잡이로 던졌을 뿐, 일부러 치료자를 맞추려 한 것은 아니었다. 하지만 치료자는 제이의 행동이 자신을 다치게 할 수 있다는 것을 깨닫고 "제이, 네가 블록 던지기를 즐겁게 하는 걸 알아. 그런데 그 블록을 내가 있는 쪽으로는 던지지 않았으면 해. 하지만 그 외의 것에 대해서는 그냥 할 수 있단다." 하고 말하며 제한을 설정했다. 제이는 방 곳곳에서 블록 던지기를 계속했다. 다시 치료자 쪽으로 몇 개의 블록이 더 날아왔을 때, 치료자는 제한 설정의 다음 단계로 넘어가서 "제이, 내가 있는 쪽으로 블록을 던질 수 없다고 했던 것 기억하지? 다시 한 번 그렇게 한다면 우리는 이 특별한 놀이실에서 나가야만 해. 그래도 그 외의 것은 무엇이든 하고 놀 수 있어." 하고 말했고, 제이는 그 순간 멈추고는 "선생님, 일부러 그런 것 아니라고요!"라고 대답했다. 치료자는 "일부러 그런 게 아니란 것을 내가 알아주길 바라는구나. 그런데 여기의 규칙은 여전히 그래. 하지만 그 외에는 다른 어떤 방법으로든 네가 원하는 대로 놀 수 있단다." 하고 대답했다. 제이는 블록 대신 손 인형을 던지기로 결심했고, 제한 설정 과정을 더 진행할 필요는 없었다.

이 경우에, 제이는 블록이 어디로 향하게 할 것인지를 조절하는 협응을 하지 못했다. 그의 행동이 잠재적으로 위험하다면 치료자는 바로 제한을 주어야 한다. 제이가 일부러 치료자를 맞추려고 하는 것이 아니라도 모든 이가 안전하게 머물 수 있도록 아동은 자신의 행동을 조절하는 법을 배울 필요가 있다. 따라서 아동은 놀이 시간의 종료라는 위험을 감수하기보다는 놀이 내용을 변화시키는 결정을 할 수 있었다.

여러 제한

일반적인 것은 아니지만 때때로 아동은 놀이 회기의 몇 가지 다른 제한을 어기려고 한다. 심각한 외상과 애착 문제가 있는 8세 여아인 로시는 첫 번째 놀이 회기에서 네 가지 제한을 어겼다. 우선, 아동은 플라스틱 마술 봉으로 펀칭백을 찢으려고 했고, 치료자에게 장난감을 던졌으며, 손에 모래를 한 움큼 쥐고는 놀이실에 뿌렸고, 올라가면 무너질 수 있는 선반에 기어오르려고 했다. 드물지만 한계를 시험하는 이러한 경우에, 치료자는 첫 번째로 각각에 대해 새로운 한계를 설정하기 시작한다. 치료자는 1단계에서 네 개의 각기 다른 한계를 설정했다. 예를 들어, 로시가 치료자에게 모래를 두 번째로 던지면 치료자는 규칙 위반을 이유로 주의 단계(2단계)로 넘어갈 수 있다. 흥미롭게도, 아동이 비록 처음에는 한계를 시험했을지언정, 놀이 회기가 끝날 시점에는 한계를 넘어서려는 행동을 단 하나도 하지 않았다. 아동이 이러한 행동 패턴을 보이는 경우에 치료자는 네 번째 한계를 설정하고 나서 "네가 여기의 규칙이 어떤지, 내가 어떻게 반응하는지 알고 싶었구나." 하고 의도에 대한 반영을 할 수 있다. 로시는 치료자가 이런 방식으로 자신의 감정을 반영했을 때 실제로 웃었다.

명확한 제한

제한을 설정할 때 치료자는 아동이 제한을 충분히 이해했는지 아닌지 임상적인 판단을 사용해야만 한다. 제한 설정에 대한 언어는 아동에게 발달적으로 적합해야 한다. 즉, 제한이 행동과 관련해서 구체적일수록 아동은 이해하기 쉽다. 아동이 의사놀이를 하면서 의사가 되어 장난감 바늘로 치료자를 공격하려 할 때 "나를 찌르면 안 돼."라는 진술이 "나를 아프게 하면 안 돼."라는 말보다 나은 방식으로 제한하는 것이다. 또한 "선생님의 개인적인 부분을 건드리면 안 된다."라는 말보다 특정 버튼을 가리키면서 "이 버튼 아래로는 건드리면 안 돼."라고 말하는 것이 명확하다. 치료자가 처음으로 제한 설정 기술을 사용할 때는 다음 문장의 빈칸에 구체적인 행동을 채워 넣어야 한다. "______[아동의 이름], 네가 이곳에서 할 수 없는 것 중 하나는 ______[구체적인 행동]이란다. 그렇지만 그 외의 행동은 대부분 여기에서 할 수 있어."

당신은 정말로 비지시적인가

초보 아동중심 놀이치료자들은 많은 질문을 제기한다. 상황에 대해서 조금이라도 의심이 있다면 Axline의 여덟 가지 원리(제3장 참고)를 생각해 보고 그것이 제안하는 것을 파악해야 한다. 그래도 의심이 없어지지 않는다면 경험 많은 아동중심 놀이치료 지도감독자와의 상담이 문제를 해결해 줄 것이다.

아동중심 놀이치료를 시행할 때 치료자들의 태도, 인지, 행동은 일관되어야 할 필요가 있기 때문에, 그들은 자신의 동기와 다른 인지에 대해서 모니터해 볼 필요가 있다. 다음의 항목은 치료자의 동기가 아동중심 놀이치료에 필요한 비지시적 입장에서 빗나가 있는지 아닌지를 고려해 볼 수 있게 한다.

- 아동의 놀이에 대해서 조금 더 많은 정보를 알아내려 한다.
- 아동이 어떻게 반응하는지 보기 위해 무언가를 바꾸어 본다.
- 아동에게 무언가를 가르치기 위해 특정 순간을 활용한다.
- 아동이 겪는 어려움을 조금이라도 덜어 주기 위해서 돕는다.
- 아동이 하고 있는 것을 치료자가 얼마나 좋아하는지 알게 한다.
- 아동이 더 독립적으로 무언가 하도록 격려한다.
- 아동이 두려워하거나 슬퍼할 때 안심시킨다.
- 아동이 좀 더 빨리 진전되도록 돕는다.
- 아동이 화를 내거나 분노할 때 아동을 진정시킨다.
- 아동에게 그가 하고 있는 것 대신에 할 것에 대해서 말한다.
- 아동을 성공하게 할 수 있는 힌트를 준다.

모든 항목에 "그렇다."라고 답했다면 아동이 놀이를 주도한다기보다는 치료자가 놀이를 주도하고 있는 것이다. 따라서 아동의 사고, 감정, 동기, 그리고 주제에 다시 초점을 두도록 해야 한다. 그것이 어렵다면 수퍼비전이 추천된다. 목록에 있는 항목 중 몇 개는 보다 지시적인 놀이치료 접근에서 사용할 수도 있지만 아동중심 놀이치료의 근본적인 원리에서는 어긋나는 것이다. 치료자는 아동과 함께하는 상담이든지 그렇지 않든지 간에 그 시간 동안 일어나는 내적 과정에 대해 스스로 알고 있는 것이 좋다.

Child-Centered Play Therapy

놀이 주제의 재인지와 해석

놀이 회기가 마무리되고 아동이 놀이실을 떠나면 치료자는 상담 회기 동안 아동이 한 놀이의 의미를 숙고한다. 이를 위해 치료자는 표현된 놀이 주제들을 생각해 본다. '놀이 주제'란 아동에게 의미를 가지고 나타난 아동놀이의 패턴이나 사례를 말한다. 놀이 주제는 본래 임상적이거나 발달적일 수도 있으며, 둘 다일 수도 있다. 치료자는 아동의 놀이 주제를 해석할 때 그 중요성을 과소평가하거나 의미를 과도하게 해석하지 않도록 주의해야 한다. 아동의 놀이가 지니는 의미나 관련성은 오랫동안 미스터리로 남아 있었으며, 때때로 그것은 심리학적 중요성이 없는 그냥 놀이였다. 아동중심 놀이치료에서 치료자가 공감, 조율, 수용 기술을 능숙하게 적용하는 한, 그가 주어진 어떤 순간의 놀이가 지니는 깊은 의미를 알아채지 못한다 해도 그것은 그리 중요하지 않다. 치료자가 놀이에서 특정한 부분의 의미까지 이해하지 못하더라도 아동중심 놀이치료가 제공하는 안전과 수용은 아동이 자신의 근심과 딜레마를 작업할 수 있게 도움을 준다. 그럼에도 놀이 주제를 이해하려는 노력은 소중한 일이며, 그것은 아동의 감정을 좀 더 조율할 수 있게 하고, 후속 회기에서 공감 능력을 향상시키고, 치료자가 부모와 양육자에게 놀이 회기에 대한 일반적인 정보를 제공하도록 돕는다. 그리고 놀이 주제는 눈에 띄지 않던 아동의 걱정을 치료자에게 알려 준다.

놀이 주제의 재인지

놀이 주제를 인식하는 방법에는 몇 가지가 있다. 놀이에서 이어지는 신호를 통해 치료자는 그것이 아동에게 특정한 의미가 있다는 것을 알려 준다.

- **반복**: 아동이 같은 장난감을 선택하거나 같은 활동을 여러 번 한다면, 그러한 선택은 의미 있을 가능성이 있다.
- **다른 장난감으로 하는 비슷한 활동**: 예를 들어, 아동이 귀신을 잡기 위해 여러 장난감을 가지고 덫을 만드는 것과 같이 다른 장난감으로 같거나 비슷한 활동을 한다면, 이러한 놀이는 놀이 주제를 나타낼 가능성이 있다.
- **강도와 초점**: 때때로 아동은 매우 강렬하게 놀이한다. 그것은 표정에서, 목소리의 어조에서, 몸의 움직임에서 볼 수 있다. 또한 아동은 오로지 놀이의 일부 측면에 더 초점을 맞춘다. 그 놀이는 시끄러울 수도 있고 조용할 수도 있지만 중요한 특징은 아동이 자신이 하고 있는 일에 매우 집중하고 있다는 점이다. 아동이 가장 관심을 갖고

놀이하는 것이 그 아동에게 가장 의미 있는 것이다.

- **몇 회기에 걸쳐서 일어나는 순서가 있는 놀이:** 아동의 놀이 선택이나 일련의 놀이가 몇 회기에 걸쳐 유사할 때, 아마도 그것이 놀이 주제일 수 있다. 놀이는 매번 매우 같을 수도 있고, 주제에 따라 다를 수도 있다.
- **갑작스러운 변화:** 때때로 아동은 자신의 놀이 순서를 갑자기 바꾸거나 눈에 띌 만큼 그리고 빨리 무언가 다른 것으로 초점을 바꾼다. 이와 같은 놀이 회기 중의 갑작스러운 변화는 언제나 일어날 수 있고, 때로는 종료 5분 전이나 1분 전에 나타나기도 한다.
- **이전 회기를 이어서 하는 놀이:** 때때로 아동은 자신의 놀이에 이전 회기를 언급하는데, 마치 자신이 실타래를 골라 풀듯이 그 놀이를 계속한다. 심지어 놀이실을 이전 회기의 종료 시점과 같게 만들어 마치 중단된 적이 없었다는 듯이 놀이를 계속하기도 한다.
- **정서적 톤:** 때때로 놀이 회기의 정서적 톤(전체적인 감각이나 감정)이 놀이가 아동에게 의미 있음을 나타내기도 한다.

놀이 주제 이해에서 고려할 점

아동 발달에 대해서 견고한 지식을 가지고, 각 발달 단계에서 '정상적'이라고 간주되는 아동 놀이의 특징을 아는 것은 아동중심 놀이치료에서 놀이 주제를 이해하고 알아내는 데 매우 중요하다. 치료자는 놀이에 관한 관점을 얻고, 전형적인 놀이 활동, 장난감, 놀이 주제를 따라가기 위해서 아동의 놀이가 지니는 다양한 범위에 친숙해져야 한다.

아동중심 놀이치료에서 아동 놀이의 많은 부분이 발달적인 과업과 주제를 반영한다. 즉, 모든 주제가 정신건강이나 임상적 문제와 연관되지는 않는다. 예를 들어, 5세 아동이 두 개의 용기에 물을 이리저리 붓는 것은 강박증이라기보다는 발달적 숙달행동에 대한 반영이다. 치료자는 언제나 아동의 놀이 주제를 고려하고 놀이의 의미를 생각하면서 아동의 신체적 · 사회적 · 정서적 · 인지적 · 도덕적 발달을 고려해야 한다. 그러므로 Piaget와 Erikson, Kohlberg의 아동 발달에 대한 업적을 잘 알아 두는 것이 필수적이다.

아동치료자는 아동의 놀이 패턴에서 의미를 찾아야 하지만 놀이의 한 가지 발현에서만 확고하게 결론을 이끌어 내는 것은 피해야 한다. 아동중심 놀이치료자는 자신이 알지 못하는 것을 수용하고, 인내를 받아들일 수 있어야 한다. 치료자는 아동의 놀이 과정에 초점을 둠으로써 해석에 대한 열정을 누그러뜨려야 한다. 몇 회기에 걸쳐 빈번히 나타나는 놀이 패턴과 그 의미는 결과적으로 점차 정확해진다. 가끔씩 치료자는 놀이의 특정 부분이 아동에게 어떤 의미인지 정말 모를 때가 있는데, 그럼에도 아동의 문제는 해결된다.

치료자는 아동중심 놀이치료에서 아동의 놀이 주제를 정확히 이해하기 위해 놀이에 대한 대안적인 설명을 살펴보고, 잠정적 가설을 입증하는 패턴이 나타날 때까지 결론을 유보한다. 이로써 아동중심 놀이치료 초보자에게 놀이치료 수퍼비전은 놀이 주제를 알고 해석하는 능력을 계발하는 데 큰 도움을 준다.

아동중심 놀이치료에서 주제 단계

L. F. Guerney(2001)는 아동중심 놀이치료에서 상대적으로 예측 가능

한 몇 개의 단계를 알아냈다. 이 단계들은 치료자들도 잘 알고 있을 만큼 매우 자주 인용되는 것이다. 모든 아동이 이 단계들을 거치는 것은 아니고, 이 단계들이 언제나 여기에 제시된 순서대로 나타나는 것도 아니지만 그럼에도 그것은 꽤 일반적이라고 할 수 있다. 한 단계에 머무는 시간은 아동마다 상당히 다르다. 따라서 이 단계들이 아동중심 놀이치료 회기 동안 나타나는 아동 놀이의 두드러진 성격을 나타내긴 하지만 특정한 회기에서 아동이 놀이하거나 표현하는 모든 것에 대해 배타적인 기술을 의도하는 것도 아니라는 것을 기억해야 한다. 네 가지 단계는 Nordling과 Guerney(1999), Guerney(2001) 등의 중요한 논문들에서 언급한 대로 '준비' '공격적' '퇴행적' 그리고 '숙달' 단계로 나뉘며, 그것은 다음과 같이 요약할 수 있다.

준비 단계

준비 단계는 아동중심 놀이치료의 처음부터 시작된다. 놀이치료 상담의 초기 동안에 아동은 놀이실, 놀이실이 주는 자유, 그리고 치료자의 말과 행동에 적응해 나간다. 여기서는 아동이 특정한 활동에 집중하지 않고 놀이실을 탐색하는 것이 일반적이지만 몇몇 아동은 한 가지 장난감을 고르거나 한 가지 영역을 정해서 그곳에 머물 수도 있고, 탐색을 약간 불편해 하기도 한다. 어떤 아동에게는 새로운 환경에 적응하는 과정으로 제한 설정이 있을 수 있고, 어떤 아동은 최선의 행동만을 보이기도 한다. 준비 단계는 역시 친밀감 형성 과정(치료자와 치료 과정에 있어서 최초 신뢰의 발달)을 포함한다.

공격적 단계

아동이 아동중심 놀이치료 회기를 좀 더 신뢰하고 편안히 여기게 되면서, 아동은 대개 이완되고, 행동의 변화 또한 일어난다. Nordling과 Guerney(1999)는 내면화 혹은 외현화 문제를 가진 아동의 공격적 행동이 이 시기에 발달되거나 가장 정점에 이를 수 있다고 하였다. 위축된 아동의 공격적 행동은 상대적으로 조용할 수 있지만 그들에게는 분명히 변화를 보여 주는 것이다. 예를 들어, 6세인 그라디는 상당히 완벽주의적 성향이 있었으며, 성인을 기쁘게 하려고 노력했다. 이 시기에 그는 우연히 펀칭백을 발로 찼는데, 그것이 작은 의자에 올라가게 되었다. 그는 씩 웃으며 자신의 근육을 자랑하면서 "난 힘세고 사나운 사람이야!" 하고 외쳤다. 외현적 문제행동을 가진 아동은 더 확실하게 공격적 놀이, 힘이 넘치는 놀이, 경쟁적 놀이, 싸움 놀이 등에 참여한다. 심각한 외상과 애착 문제를 가진 아동은 종종 매우 강렬한 공격적 놀이나 분노를 표현하는 놀이를 한다. 그러한 아동이 놀이실의 제한을 위반하지 않는 한, 치료자는 공격적 놀이를 수용하고 놀이 이면의 감정, 가령 화, 분노, 두려움, 좌절, 힘이나 통제에 대한 욕구 등을 수용해 주어야 한다. 이것은 치료적 과정의 일부다. 감정의 가장 깊은 수준에서 일어나는 치료자의 공감적 수용은 결국 아동을 자신의 방법으로, 자신에게 맞는 때에 다음 단계로 나아가도록 돕는다.

퇴행적 단계

공격적 놀이는 결국 줄어들기 시작하는데, 때때로 좀 더 퇴행적 형태의 놀이로 대체된다. 이 단계에서 아동은 아기인 척하는데, 때로는 아기 젖병을 빨거나 치료자에게 부모 역할을 하게 하기도 한다. 애착과 양육에 관한 놀이 주제는 일반적이고, 아동 스스로가 자신을 돌보고 양육하는 역할을 하거나 치료자에게 돌봄을 요청하거나, 또는 둘 다이기도 하다. 강한 애착을 원하는 아동은 때때로 발달의 단계를 재연하기도 하는데, 예를 들어 손과 무릎으로 기어 다니고, '구구-가가' 등의 옹알이를 하는 것 등이다. 초기 단계에서 잠정적으로 이러한 행동을 하고 나서는 결국 자신의 생활연령에 맞는 전형적인 놀이를 한다. 이러한 안전과 애착 놀이 다음으로 두려움과 위험에 대한 놀이 주제가 따라온다. 여기서는 나쁜 사람들이 위협하지만 아동과 치료자가 결국 그들을 극복한다.

숙달 단계

퇴행적 놀이가 잦아들면서 그것은 다양한 유형의 숙달을 반영하는 주제, 즉 문제해결 기술의 향상, 증가된 수행 능력, 두려움, 불안, 외상에 대한 숙달 등으로 바뀌게 된다. 놀이는 군대나 영웅의 승리 등을 주제로 하고, 이 단계에서의 아동은 덜 공격적이고, 덜 두려워하고, 덜 불안해며 덜 퇴행적이다. 아동은 그림을 그리든 훌라후프를 돌리든, 작은 도시를 건설하든 전형적으로 자신의 능력과 성취에 대해서 자부심을 보인다. 게임에서 치료자를 이기기 위해 자신만의 규칙을 만들었던 아동의 경우에는 이 단계가 되면 인습적인 규칙을 받아들여 놀이한다. 일상생활에서의 문제행동 역시 이 단계에서 상당히 개선된다.

일반적으로 치료자는 아동이 이 단계를 거칠 때 그들의 경로를 생각하면서 그들이 얼마나 나아지고 있는지 가늠할 수 있다. 그러나 이것은 정확한 지표가 아니고 하나의 안내로 여기는 것이 좋다. 즉, 일상생활에서의 아동의 행동, 현재 문제에 대한 아동의 해결 등과 같은 다른 정보 역시 고려해야만 한다.

해석의 단계

놀이 주제와 패턴은 다른 방식으로 해석할 수 있다. 그러므로 아동의 놀이를 해석하기 위해 다른 단계를 고려하는 것이 유용하다. O'Conner (2000)는 해석의 다섯 가지 단계를 발견했고, 이어지는 토론 또한 대략적으로 그의 연구에 기초하고 있다. 아동중심 놀이치료에서는 해석의 여섯 가지 단계를 사용하는 것이 유용한데, 다른 인식이나 내적인 실제를 아는 것이 불확실하기 때문에 연속적인 단계는 치료자의 심사숙고와 투입이 좀 더 필요하다. 여기서 몇 가지 단계는 아동중심 놀이치료에서 아동에게 직접적으로 사용되고, 일부는 치료자의 회기 후 이해를 위해서 사용된다. 다음은 이 여섯 가지를 간략하게 기술한 것이다.

- 내용: 이는 아동의 드러나는 행동이나 활동을 말한다. 이것을 기술하는 것에는 치료자의 해석이 거의 필요하지 않다.
- 감정: 이는 아동의 정서적 표현을 나타낸다. 이것을 기술하는 데 치료자의 해석은 적게 들어가며, 이것은 비언어적인 단서, 표정, 목소리 어조 등을 살펴봄으로써 알 수 있다. 모든 인간이 대부분의 기본적인 감정을 유사하게 표현하기 때문에(Ekman, 2007; McConnell, 2006) 치료자는 아동이 놀이를 통해 표현하는 주요한 감정을 읽어 나감으로써 상당히 확신할 수 있다. 문화적으로나 가족마다 다른 미묘한 감정 혹은 그 정도를 정확히 이해하는 데는 더 큰 불확실성이 존재

한다.

- **의도:** 이는 아동이 연속적 놀이를 하는 목적을 말한다. 놀이의 패턴을 관찰하고, 아동이 말하지 않은 목표, 계획, 의도를 분별하기 위해서는 치료자의 해석이 더욱 많이 필요하다. 의도는 대개 한 가지 놀이 행동만으로는 정확히 파악할 수 없다.
- **심리적 의미:** 이는 심리학적 이론의 관점에서 놀이의 보다 심층적인 동기를 이해하고, 그것을 설명하는 것을 나타낸다. 이 단계에서 해석은 아동이 왜 특정한 방식(예를 들어, 심리적 힘의 작용 혹은 놀이가 가지고 있는 정신내적인 의미)으로 놀이를 하는지 설명하는 것을 목표로 한다. 치료자는, 예를 들어 '베티가 불안하기 때문에 인형 가구들을 다시 배치하고 있다.' 처럼 내적인 상태나 과정 때문에 놀이가 일어나고 있다고 생각한다.
- **이전 회기 놀이와의 관계:** 이는 한 회기에서 놀이가 이전 회기들의 놀이와 연관되어 있는 방식을 말한다. 회기에서 회기로 이어지는 패턴은 치료자에게 아동의 놀이에 대한 의미와 중요성에 대한 단서를 제공한다. 때때로 회기 간의 유사성이 꽤 분명한 경우도 있지만 어떤 때는 은유 속에 상당히 깊게 뿌리 내리고 있어 치료자의 해석이 확실하지 않은 경우도 있다. 회기마다 놀이 활동 그 자체는 다르더라도 회기에서 회기로의 놀이는, 가령 힘과 통제(다음의 일반적인 놀이 주제 참고) 등과 같은 주제를 나타낼 수 있다.
- **일상생활이나 사건과 놀이의 관계:** 이것은 아동의 놀이가 상담 회기 밖의 실제적인 사건이나 상황을 반영하는 방식을 말한다. 아동이 실제로 교통사고를 경험한 다음에 가상적인 교통사고 경험 장면을 꾸미는 것처럼 아동의 놀이와 실제 삶의 상황은 분명할 수 있다. 그러나 때로는 이 관계가 덜 분명할 수도 있는데, 그것은 치료자의 상당한

> 해석이 필요한 은유 속에 숨겨져 있을 수도 있고, 더 나은 노력이 필요할 수도 있다.

아동중심 놀이치료 회기가 진행되는 동안 치료자는 첫 번째 수준의 해석, 즉 내용, 감정, 의도 세 가지만을 사용한다. 만약 아동중심 놀이치료 환경에서 치료자가 해석의 나머지 세 가지 수준 중 어느 것이라도 언급하게 되면, 아동의 가상놀이를 방해할 수 있고, 아마도 놀이 전체를 멈추게 할 수도 있다. 첫 번째 세 가지 수준의 해석은 안전감, 수용감, 비지시성의 분위기를 증진시키는 데 반해, 나머지 세 가지 수준의 해석은 그러한 분위기와는 반대되고, 치료자 자신의 생각, 판단, 지시를 내놓게 만들 수 있다.

해석은 다른 형태의 놀이치료에서는 달리 사용되기도 하지만, 아동중심 놀이치료에서 치료자는 놀이 회기가 끝난 후 심사숙고를 하기 위해, 그리고 아동의 욕구와 걱정에 대한 이해를 증진시키기 위해 자신의 생각을 유보한다. 아동중심 놀이치료자는 놀이 과정이 아동의 특별한 방식대로 가더라도, 문제해결을 위한 아동의 능력을 신뢰하기 때문에 마지막 세 가지 해석에 의한 인지적 통찰이 아동의 문제를 극복하는 데 필수적이라고 믿지 않는다. 아동중심 놀이치료자는 실제로 회기 동안에 마지막 세 가지 수준의 해석은 지워 버리려고 노력해야 아동의 표현에 온전하게 집중할 수 있다. 치료자들은 놀이 회기가 끝난 다음에 아동의 진전 사항을 되짚어 보며 이러한 더욱 깊은 해석을 사용할 수 있다. 이러한 유형의 해석은 무엇이 일어나고 있는지, 필요하다면 다른 치료 계획이 어떻게 도움을 줄 수 있을지를 치료자가 그들 자신의 이론적 구조 안에서 이해하도록 하는 데 도움을 준다.

맥락에 맞는 놀이 주제 이해

- **아동 개인**: 아동 개인의 영향으로는 아동의 기질, 성격, 민감성이 포함된다. 즉, 아동의 모든 측면에서의 발달, 재능, 건강, 과거와 현재의 경험, 희망과 꿈 등을 의미한다.
- **직계 가족**: 직계 가족의 영향은 혼인관계와 형제관계를 포함한다. 즉, 가족 애착의 건강성, 가족 일상, 가족의 상호작용, 부모의 고용, 가족 고유의 문화, 가족 발달 요소, 애완동물이나 다른 동물, 그리고 그 동물이 가족 안에 어떻게 통합되어 있는가 등이다.
- **확대 가족**: 확대 가족의 영향은 조부모, 고모(이모), 삼촌, 사촌, 그리고 다른 확대 가족의 구성원들, 또한 아동과 그들의 관계, 아동의 직계 가족과 그들의 관계를 포함한다. 확대 가족과의 경험은 아동에게 긍정적인 방식 또는 부정적인 방식으로 영향을 주며, 이들이 나누는 경험은 매우 중요하다. 확대 가족 구성원들은 아동에게 지지를 제공할 수도 있으나 한편으로는 압력을 행사하기도 한다. 그 영향이 어떻든 간에, 그것은 매우 심각하게 여겨져야만 한다.
- **지역사회**: 이 단계에서 지역사회의 영향은 이웃 환경, 친구, 이웃, 또래 관계, 학교, 종교 단체 모두를 포함한다. 이 단계에서는 공식적·비공식적인 활동이 모두 중요하고, 이는 야구나 축구 같은 스포츠 단체도 포함하며, 스카우트 프로그램, 청소년 집단, 커뮤니티 센터, 친구와 하는 농구, 음악이나 무용 수업 등을 포함한다.
- **보다 넓은 사회정치적 요소**: 이 영향은 가령 가난이나 부유함, 전쟁, 재난, 범죄율, 실업, 위기 아동을 위한 프로그램, 가족 지지 정책 등을 포함하는 요소다.

치료자가 아동 놀이가 지니는 의미에 대해 해석할 때, 이처럼 견고하게 고정되어 있는 맥락들에서 아동의 삶의 환경을 고려하는 것은 유용하다. 평가 과정에서 상당한 양의 정보를 얻을 수 있으며, 그것은 또한 아동이 아동중심 놀이치료를 받고 있는 동안 정기적으로 부모와 이야기를 나눔으로써 얻을 수도 있다.

다음은 몇 가지 상황과 맥락에 연관된 요소들 또는 치료자가 아동의 놀이 주제에 대해서 고려할 수 있는 문제를 제시한 것이다. 여기서 제시한 모든 것을 항상 적용할 수 있는 것은 아니지만, 이것은 치료자들에게 아동 놀이가 지니는 의미를 결정하게 할 때에 부가적인 도구로서 작용한다. 따라서 아동의 생활 환경에 대한 지식과 생활 사건이 결부되어, 치료자가 상담 가설을 세우고 아동 놀이에 대한 대안적인 설명을 전개하기 위해 이러한 문제들을 재검토할 수 있다.

발달 맥락

아동중심 놀이치료자는 놀이 주제가 현재의 발달 과정을 반영하는지 결정하기 위해 발달의 모든 측면을 고려해야 한다. 그러므로 발달 이론과 진행 과정에 대한 견고한 지식은 필수다. 이 연령대의 아동에게 기본적인 발달 과업은 무엇인가? 이것의 일부가 놀이에 반영되는가?

문제 해결

치료자는 또한 놀이실 안에서의 문제와 아동이 그 문제를 극복할 수 있는 방법에 대해 생각한다. 문제는 종종 실제적인 것들이다. 아동이 놀이실 안에서 문제를 만들거나 문제에 직면했을 때(예를 들어, 장난감이 작동하지 않는다든지, 원하는 것을 찾기 어렵다든지 하는), 그들은 문제해결을 위한 방법을 찾는가? 놀이에서 아동이 직면한 딜레마나 외상에 특정한 유형의 해결 방법이 있는가?

숙달

앞서 제시했듯이, 숙달은 발달과 문제해결 과정, 심리적 문제의 해결, 그리고 그러한 것들이 함께 나타나는 것과 연관될 수 있다. 외상적 작업을 할 때, 아동은 종종 위험이나 희생과 관련된 놀이 주제에 반복적으로 초점을 두고, 구조 시나리오를 만들어 내거나 자신이 생각하기에 힘 있는 사람을 만들어 내어서 적이나 두려운 감정을 극복한다. 반복적 놀이는 또한 아동이 기술을 발달시키는 것에 초점을 두는 것처럼 보이게 하는데(예를 들어, 목표물을 치는 것이나 용기에 물을 담는 것), 이것은 아동이 눈과 손의 협응 등에서 발달적 숙달을 하고 있는 것일 수도 있다. 또는 아동이 놀이에서의 어려움이나 사회적 · 정서적 문제에서의 어려움에 대해 놀이 속에서 해결책을 찾으며, 만약 그것이 온전히 놀이라는 은유 안에서 이루어졌다면 어떤가? 이건은 두려움이나 다른 정서적 · 사회적 걱정에 대한 숙달을 나타내는 것일 수 있다. 예를 들어, 아동이 무섭고 위험한 용에 대한 놀이를 하면서 용의 힘(마법, 죽음, 심지어 더 강력한 용)으로부터 달아날 수 있는 방법을 찾는데, 이 과정은 두려움에 대한 숙달을 나타낼 수 있다. 비슷하게, 아동이 손 인형을 두려워해 몇 회기 동안 치료자에게 그것을 치워 달라고 부탁을 했고, 결국 그 감정을 극복한 후 손 인형을 가지고 놀았을 때, 그것은 아동이 손 인형을 통제함으로써 그것에 대한 두려움을 극복했음을 의미하는 것이다.

가족 맥락

때때로 아동의 놀이는 가족 생활 · 역할 · 감정 · 경험에 대한 인식을 반영한다. 가족 안에서 사건이나 역동은 어떻게 진행되고 있는가? 그 놀이는 연관되어 있고, 적어도 일반적인 방식인가? 예를 들어, 한 아동이 트럭을 가지고 놀다가 그 트럭이 고장 나 산산조각이 났을 때, 그것은 통제할 수 없게 된 아동의 감정을 반영하는가? 아니면 갈등적이고 통제 불능인 가족 관계를 반영하는가? 만약 아동이 아기 인형을 가지고 많이 놀이한다면, 그것은 가족에 새로운 아기가 생긴 것을 의미하는가? 그 아동이 더 어린 동생과 형제간 경쟁을 경험하고 있는 것은 아닌가?

역사적 맥락

'역사적 맥락'은 아동의 생육사를 말하는 것일 수도 있고 이전 회기들에서의 놀이 경험을 말하는 것일 수도 있다. 어떻게 아동의 놀이가 최근의, 또는 더 먼 과거와 관련되어 있는 주제나 동기를 반영할 수 있는가? 예를 들어, 항상 아동은 자신을 통제하는 인물 혹은 대장이 되어 역할놀이를 하거나 통제가 불가능할 만큼 힘이 센 나쁜 사람이 되어 놀이할 수 있다. 아니면 과거의 학대받은 경험에서 자신이 받은 부당하게 괴롭힘을 당했던 느낌을 나타낼 수도 있다.

문화적 맥락

아동의 놀이는 보편적이다. 그것은 전 세계적으로 모든 나라와 환경에서 일어난다. 아동의 놀이 속에는 그들의 문화적 맥락이 담겨 있으며, 가족 문화와 거시 문화를 포함하고 있다. 그들의 놀이는 종종 문화적 신념, 실제, 상징, 의식을 반영한다. 아동의 놀이가 문화적 상징을 반영하는가? 아니면 문화적으로 관련 있는 신념, 실제, 그리고 경험을 반영하는가? 예를 들어, 놀이가 인종적 정체성이나 인종 차별을 반영하는가? 혹은 축제나 명절 결혼식이나 장례식 같은 관혼상제와 관련된 문화적 의식을 모방하는가? 부모가 아동중심 놀이치료의 중요한 파트너인 이유 중 하나는 그들이 중요한 문화적 · 종교적 · 다른 맥락에 대한 정보를 제공할 수도 있기 때문이다.

정서적 톤

앞서 기술한 대로, '정서적 톤'은 아동이 놀이를 이끄는 일반적인 정서 지각을 말한다. 아동 놀이의 전체적인 정서적 톤은 무엇인가? 아동이 무엇을 경험하고 있는 것처럼 보이는가? 치료자는 놀이를 어떻게 느끼는가? 치료자의 반응이 일상에서 아동에 대해 느끼는 것을 드러내고 있지는 않은가? 역할놀이에서 아동의 역할이 일상에서의 역할과 반대인가?

공격적 놀이의 이면에는 무엇이 있나?

공격적 놀이가 공격성을 반영할 수도 있으나, 반드시 분노나 폭력을 반영하지는 않는다. 따라서 공격적 놀이와 실제 공격적 · 파괴적 행동을 구분하는 것이 중요하다. 이것의 배후 동기와 역동은 꽤나 다르다. 공격적 놀이가 실제로 의미하는 바는 무엇이며, 그것은 아동에게 어떤 역할을 하는가? 예를 들어, 그것은 아동이 좀 더 통제감을 느끼고, 강력하다는 느낌을 갖도록 만드는가? 또한 공격적 놀이는 아동이 자신을 희생자처럼 덜 느끼게 하고, 더 승리자처럼 느끼게 하는가? 그것은 장애물에 대한 인내를 반영하는가? 아동이 자기 효능감을 발달시키도록 돕는가? 성인은 때때로 아동의 놀이가 그들에게 어떤 의미인지 탐색하지도 않고 보이는 그대로 해석함으로써 놀이의 표면적 모습에 너무 강력하게 반응한다. 공격적 놀이 같은 행동이나 분노 같은 혼란스러운 감정은 특히나 그렇다. 대부분 분노나 공격성의 이면에는 더 근본적인 감정이 있는데, 그것을 중심으로 이해해야 한다(아동의 공격적 놀이에 대해서는 Guerney, 2001; Jones, 2002; Mechling, 2008 참고).

좋은 점과 나쁜 점

대부분의 개인적 성격 특성은 그것이 나타나는 정도에 따라서, 그것이 기능적인지 역기능적인지에 따라서 좋은 면과 나쁜 면을 가지고 있다. 놀이가 상당히 강박적인 양상을 띠는 아동은 역시 정돈되어 있을 수 있거나 계획적일 수 있다. 놀이를 빈번하게 바꾸는 아동은 즉흥적이거나 상상력이 풍부할 수 있으며, 다른 사람이 자신의 놀이를 어떻게 생각할지에 대해 과도하게 걱정하는 아동은 또한 예민하고 배려하는 성격일 수 있다. 치료자는 이처럼 많은 성격 특성의 이중적 본성을 고려해야 한다. 문제 속에 숨어 있는 힘은 아동의 반응과 행동을 더 건강하고 균형 있는 방향으로 이끄는 데 도움을 준다. 예를 들어, 모든 것이 정확하게 되어야 하는 것에 과도하게 걱정을 하는 불안한 아동은 결국 놀이 회기 동안에 실수를 저지르거나 어질러진 것을 참을 수 있는 지점에서 조금 풀어질 수 있다. 그러나 아동은 잘하고 싶은 욕구를 가지고 있을 가능성이 있다. 그러므로 놀이 회기는 아동이 실수에 대한 불안을 없애도록 하기 위해 실수를 저지르는 연습을 하게 함으로써 비판단적인 분위기를 제공할 수 있다.

아동의 놀이에서 목록의 맥락이나 맥락과 관련된 문제들을 철저하게 고려해야 하는 것은 아니지만, 치료자가 각 회기의 놀이 주제와 잠재적 의미에 대해 생각할 때 그것은 치료자에게 다소의 안내를 제공한다.

일반적인 놀이 주제

아동중심 놀이치료에서 아동의 놀이는 그들 삶의 다양한 맥락에 뿌리내려 있으며, 해석을 하자면 수천 가지의 해석이 가능할 것이다. 몇몇 일반적인 놀이 주제로는 다음과 같은 것이 있다.

- 힘과 통제
- 공격성
- 기쁨, 슬픔, 분노, 두려움 등의 감정
- 선과 악의 대결
- 승리와 패배
- 발달과업의 숙달
- 두려움이나 불안에 대한 숙달
- 외상의 재현과 숙달
- 정체성
- 경계
- 슬픔과 상실
- 양육
- 퇴행
- 애착

- 대개 안전/구조/보호와 함께 나타나는 위험/위협
- 회복탄력성
- 영속성
- 문제해결
- 문화적 상징, 관습, 의식
- 욕구와 바람

놀이 주제의 해석에 대한 제안

아동중심 놀이치료에서 놀이 주제에 대한 치료자의 해석은 치료자가 선호하는 이론적 지향에 따라 반드시 영향을 받는다. 깊은 수준의 해석은 아동과 공유할 수 없기 때문에, 치료자가 다른 동료와 몇몇 놀이 주제를 다르게 본다 한들 문제될 건 없다. 심리역동적인 지향을 가지는 치료자들과 행동주의적 지향을 가진 치료자들은 아동의 놀이를 매우 다르게 생각할 수 있다. 그러나 아동중심 놀이치료 기저의 인본주의적 원칙과 아동의 참조 틀에 기반을 두기 위해서는 가장 중요한 해석이 아동 스스로의 것임을 기억해야 한다. 놀이는 아동에게 특정 시간과 특정 장소를 나타내는 무언가일 뿐이지만, 중요한 점은 아동을 '분석'하는 것보다 그들의 관점을 정확히 이해해야 한다는 것이다.

치료자는 단순하게 그 놀이가 아동에게 어떤 의미인지 이해할 수 없을 수도 있고 그가 의식할 수 있는 어떠한 맥락으로도 그 놀이를 해석할 수 없을 수도 있다. 그것이 문제는 아니다. 다시 한 번 말하자면, 중요한 점은 아동이 놀이실에서 보이는 표현과 감정에 맞추는 것이며, 치료자가 언제나 이해할 수는 없다는 겸손을 수용하는 것이다. 안전하고 수용적인

환경이 만들어졌을 때 아동이 놀이를 하고 건강하게 성장한다는 기본적인 가정은 아동중심 놀이치료자에게 놀이치료 과정을 신뢰할 수 있게 만들 수 있다!

마지막으로, 처음 아동중심 놀이치료를 배우는 치료자는 경험 있는 비지시적 놀이치료 지도감독자로부터 놀이치료를 받는 것이 필수적이다. 그것은 다양한 환경에서 기술을 발달시키는 데도 도움이 되지만 맥락적 구조 안에서 놀이 주제를 이해하면서 아동에게 초점을 맞추는 능력을 계발하게 할 수도 있다.

놀이 주제와 상담 진전에 대한 서류화

모든 아동 치료자들처럼 놀이치료자들도 자신의 상담 회기에 대해서 경과를 보고하는 양식으로 기록한다. 때때로 아동중심 놀이치료자는 치료자가 아동이 주도하는 놀이로 돌아갈 때 어떻게 기록해야 하는지 궁금해한다.

제7장에서도 자세히 다루겠지만 치료자들은 현재의 문제에 부모의 설명, 평가 과정에서 얻은 정보를 결부시켜, 그것에 기반을 두고 치료 계획을 세운다. 구체적인 치료 목표는 행동적 언어(예를 들면, 양적으로 측정 가능한 용어)로 세울 수 있다. 아동중심 놀이치료의 일반적인 목표는 가령 형제간 다툼의 빈도나 수의 감소, 깨물고 때리는 행동의 소멸 등과 같은 현재 문제의 감소 혹은 제거에 있다. 종종 아동중심 놀이치료자들은 문제해결 기술의 개발이나 증진, 두려움이나 상황에 대한 숙달의 성취를 목표로 두기도 한다. 이것은 일반적으로 아동중심 놀이치료 과정에서 일어나며, 전체적인 기능 향상을 이끈다. 부모의 스트레스 감소와 같은 다

른 목표 역시 포함될 수 있다. 이러한 목표는 진전이 일어났는지 아닌지 가늠할 때 주요한 지표가 된다.

전문가는 아동중심 놀이치료에서의 훈련이나 경험 없이 아동의 놀이 회기 행동이 치료자의 목록화된 치료 계획과 어떻게 연관되는지 명확하게 알 수 없다. 그러므로 치료자들이 회기 중에 있었던 것들과 목표 사이의 관계를 그리는 데 도움이 되도록 기록하는 일은 중요하고, 그렇게 함으로써 아동이 진전을 보이는지 아닌지가 더 명확해진다.

첫 번째 부분에는 놀이 회기에서 아동이 보인 실제적인 행동을 간단하게 기술한다. 이것은 자세한 내용이 필요하지 않다. 예를 들어, 기록은 다음과 같을 수 있다.

> 아만다는 처음에는 장난감을 쳐다보거나 많이 만져 보며 빠르게 돌아다녔다. 5분 후에 아동은 인형 집 옆에 앉아서 10분 정도 가구들을 다시 정리하였다. 그리고 손 인형을 가지고 놀면서 헛간을 서성거리는 고양이와 새끼고양이게 집중했다. 마지막 5분 동안에는 화이트보드에 집과 정원을 그렸고, 대문 앞에서 웃고 있는 엄마, 딸, 아기를 그렸다.

두 번째 부분에서는 치료자의 잠정적 해석이나 가능한 놀이 주제에 대해서 논의한다. 치료자는 이 장에서 제시하는 개념을 적용하면서 아동에 대한 맥락적 지식을 고려하여 아동의 놀이에 맞는다고 생각하는 놀이 주제를 기록한다. 예를 들어, 치료자는 다음과 같이 쓸 수 있다.

> 아만다는 처음 놀이실을 탐색했고, 그런 다음 몇 가지의 가족 관련 주제로 놀이했다. 아동은 다양한 가족 구성원이 서로 어떻게 관련되어 있는지에 관심을 가지고 있는 듯 보였다. 아만다는 동시에 행복한

가족에 초점을 두었다.

세 번째 부분에서는 치료자의 관찰과 해석을 아동을 위해 세운 목표와 결부시킨다. 이것은 치료자가 관계에 대해서 확신하지 않는 한 잠정적으로 행해져야 한다. 게다가 관계가 명확하지 않은 회기도 몇 개 있을 수 있으며, 여기서 치료자는 관계성에 대해 기록하기 전에 이후의 회기들로부터 많은 정보를 얻을 때까지 기다릴 수 있다.

> 아만다는 어떻게 서로 행복한 방식으로 관계 맺을 수 있는지 탐색하며 가족 관계에 대한 작업을 하는 것 같다. 이것은 아만다의 생물학적 가족의 경험과는 극명하게 대조되지만, 친밀한 가족 결속을 만들고 싶은 내담 아동의 열망과 관계에 대한 관심을 나타내는 것 같다. 내담 아동은 불화가 덜하고 더 건강한 애착을 얻을 수 있는 문제에 대해서 작업한다(예를 들어, 목표 3 아동의 양부모와의 갈등과 논쟁 줄이기). 아동의 양어머니는 아만다가 잠잘 시간에 자신에게 책을 읽어 달라고 요청한다고 보고했다. 이것은 목표 3에 대한 진전을 나타낸다.

이것은 아동의 진전에 대한 서류를 읽을 수도 있는 누군가를 교육하는데 도움을 주는 한 가지 방법이다. 몇몇 기관은 회기를 기록하는 다른 방법을 가지고 있을지도 모르나 기본적인 생각은 여전히 적용 가능하다. 경계해야 할 것은 정보에 대해 도를 넘어 확대해석하는 것이다. 많은 경우에 가정에서의 행동에 대한 부모의 보고를 포함하는 것은 유용하다. 다시 한 번 강조하자면 치료 회기를 기록한 경험이 많지 않은 치료자들은 여러 법적·윤리적 문제에 연관될 수 있으므로 수퍼비전은 중요하다.

제3부

부모 참여

아동중심 놀이치료에서 부모와 교사 참여시키기

자녀와 정서적 · 행동적 문제로 어려움을 겪는 부모는 종종 아동심리치료자들이 아동의 행동을 어떻게든 변화시킬 수 있는 정답을 말해 주거나 무언가를 해 주기 바라고, 또 그러리라고 믿는다. 아동중심 놀이치료자는 종종 부모에게 다른 누구도 아동을 포함한 그들 자신의 문제로부터 그들에게 벗어나라고 말할 수는 없다는 점을 설명해야만 한다. 종종 부모와의 초기 면접 동안에 부모와 해야 할 일 중의 하나는 부모의 기대에 부합하는 부분이 거의 없다 하더라도 그들에게 아동 발달에 대해서, 그리고 치료적 과정으로 개입하는 아동놀이에 대해 설명하는 일이다. 치료자가 부모와 나눌 수 있는 생각으로는 다음과 같은 것이 있다.

아동기 동안 아동이 배우는 것의 대부분은 놀이를 통해서 일어난다. 놀이는 아동이 선호하는 표현 방법이다. 놀이는 또한 아동이 언어적 표현 방법을 배우기 전 단계에서 의식적 · 무의식적인 내용을 은유적으로 표현하기 위한 수단이기도 하다. 그러므로 놀이는 아동중심 놀이치료에서 아동의 무의식적인 세계를 탐색하는 수단이다.

아동은 어른의 축소판이 아니다. 아동은 아주 적은 인생 경험을 가지고 있으며, 자신, 자신이 살아가는 세상, 그리고 넓은 세상에서 잘 적응하기 위한 최선의 방법 등 앞으로 배워야 할 수많은 과제를 앞두고 있는 어린 사람들이다. 아동이 배워야 할 것이 엄청나다 할지라도, 아동은 복잡한 세상에서 건강한 방식으로 기능할 줄 알아야 한다는 사실을 숙달할 수 있을 만큼 내재된 재능과 지능이 대단하다. 모든 발달단계에 대한 현실감을 가진 아동중심 놀이치료자들은 스스로 숙달하는 아동의 능력에 감사하고, 이해 · 수용하면서 안전한 환경에서 아동이 스스로의 문제를 해결한다는 사실을 알게 된다. 이 환경은 잘 훈련된 아동중심 놀이치료자와 아동중심 놀이실이 전제되어야 한다.

아동중심 놀이치료를 부모에게 소개하기:
공감의 중요성

부모가 아동에 대해 상담받고자 할 때, 그들은 많은 의문과 방어, 불충분하다는 느낌으로 완전히 무장한 채 찾아온다. 대부분 좋은 양육기술에 대해서 배워 본 적이 없다 할지라도, 부모는 자녀가 세상에 어떻게 보여지는가에 따라 부모로서의 자신들의 수행이 평가받는다는 점을 알고 있다. 따라서 아동 심리치료자는 부모와 상호작용할 때 비판단적인 입장을 취해야 한다. 아동이 태어났을 때 부모는 아동을 어떻게 키워야 한다거나 어떻게 하면 좋은 부모가 되는지에 관한 매뉴얼을 받지 못했다. 대부분의 성인은 양육과 같이 자신의 삶에서 맞닥뜨릴 수 있는 복잡한 과제들보다 차나 기기와 같은 것에 대해서 수많은 정보를 가지고 있다. 대다수의 부모는 좋은 부모가 되길 원하지만 그들은 단지 방법을 알지 못하는 것일 수 있다.

마음에 이것을 새기고, 아동중심 놀이치료자는 부모와 그들의 자녀의 도와달라는 요구에 참여한다. 부모는 자녀의 적이나 치료자의 적이 아니다. 사실, 부모는 치료 팀의 가장 소중한 구성원이다. 그들은 자녀나 가족에 대해서 가장 훌륭한 통찰을 제공할 수 있기 때문이다. 부모는 자신의 자녀를 관찰하고, 알아 가고, 사랑하며 하루 24시간, 일주일의 7일을 살고 있다. 보통, 부모는 자녀에 대해서 치료 과정에 도움을 주는 상당한 지식을 가지고 있다. 치료자들은 치료 과정에서의 부모의 노력, 계속된 관찰, 참여를 가치 있게 생각한다는 점을 부모에게 알릴 필요가 있다. 이러한 협력적 접근은 치료를 성공으로 이끌 가능성이 높다.

치료자가 아동과의 아동중심 놀이치료를 추천하거나 시작하기 전에 부모만을 만나는 접수 면접이 중요한 정보를 제공할 수 있다. 이 회기 동안 가장 중요한 것은 치료자가 부모의 우려를 공감적으로 들어주는 것이다. 부모의 감정과 걱정에 대해서 공감적으로 경청해 주고 진심으로 수용하는 것은 부모가 치료자를 믿기 시작할 수 있게 분위기를 조성한다. 부모들은 치료자가 자신의 걱정을 들어주었다고 느끼고, 자신의 감정이 이해받았다고 느낀 다음에야 자신의 자녀를 치료자에게 맡길 수 있을 것이다. 더욱이, 부모의 걱정을 완전하게 잘 들어준 치료자는 부모에게 아동중심 놀이치료 접근의 의미 있는 근거를 더 나은 위치에서 제공할 수 있게 된다. 예를 들어, 반항적인 아동의 부모들에게 자녀를 훈육하는 것이 아무 효과도 없는 것에 대한 좌절을 터뜨릴 기회를 준다고 해 보자. 이 정보는 치료자에게 문을 열어 준다. 즉, 부모는 지금껏 말했고, 또 들어 왔으므로 이제는 치료자가 말해야만 하는 것을 들을 준비가 된 것이다. 이 시점에서 치료자는 아동이 문제행동을 보이는 이유가 내적인 미해결 감정을 어떻게 다른 방식으로 표현해야 할지 모르기 때문이라고 설명할 수 있다. 치료자는 다음과 같이 말하기를 지속할 수 있다.

> "놀이는 아동의 기초적인 표현 방식입니다. 아동은 놀이치료 속에서 밖으로 표출하지 않았던 미해결 감정을 분출할 적절한 방법을 찾습니다. 또한, 놀이치료 과정의 일부로서 아동은 자신이 자신의 행동에 대해서 책임이 있다는 것을 배웁니다. 이것은 아동에게 내적인 통제를 가능하게 하고, 자신의 선택이 결과를 가져온다는 것을 인식하게 합니다. 즉, 그들의 행동이 적절한 제한 내에 있다면 결과는 긍정적이라는 것입니다. 행동이 제한을 넘어설 때 결과는 부정적이 됩니다."

꽤 자주 부모들은 자녀의 자존감에 대해서 걱정한다. 자녀의 자존감은 교사가 처벌적으로 반응했는지, 또래들이 거부했는지 여부와 관련 있을 수 있다. 또, 치료자는 부모의 말을 공감적으로 잘 경청한 후에 아동중심 놀이치료의 원리에 대해서 말할 기회를 얻는다. 이 설명에는 놀이치료가 아동에게 아동 스스로와 아동 자신의 감정, 행동에 대해 어떻게 숙달하도록 하는지, 이 숙달이 어떻게 자기존중감을 향상시키는지에 대한 설명을 포함하고 있다. 치료자는 아동의 삶에 있어서 부정적 사건이 어떻게 아동의 자존감에 상처를 입히는지 설명할 수 있다. 그리고 성인에게 야단을 맞거나 학교에서 어려움이 있거나, 또래들로부터 놀림을 당했을 때 그러한 모든 상처가 중요한 자존감에 손상을 준다. 아동이 자신이 한 행동의 결과를 스스로 통제할 수 있다는 것을 놀이치료를 통해서 배울 때, 그들은 긍정적인 결과를 가져오는 더 나은 선택을 하게 되고, 궁극적으로 향상된 자기가치를 발달시킬 수 있다.

이러한 예들이 보여 주듯이, 잘 경청하는 놀이치료자는 아동중심 놀이치료의 권장사항이나 다른 개입을 부모의 걱정과 연결시킨다. 치료자가 부모에게 아동의 문제와 아동중심 놀이치료 과정 사이의 관계를 이해하도록 도울 때, 부모는 놀이치료 접근이 어떻게 정확히 아동을 돕기 위해 필요한 것이 되는지를 평가할 수 있게 된다.

치료 목표 세우기

치료 목표를 세우기 전에 치료자들은 문제를 나타내는 아동과 그 부모, 그리고 가정에서 가족 놀이 관찰에 참여할 형제자매를 초대하는 것이 중요하다는 것을 알게 될 것이다. 전체 가족은 놀이실에서 놀이를 하고, 치료자는 15~20분 동안 이를 관찰한다. 이 과정은 치료자에게 아동의 목표 행동과 가족의 문제가 어떠한 관련이 있는지에 대한 감을 얻게 하는 데 도움이 된다. 가족 체계 맥락 안에서 아동을 이해하는 것은 어떠한 아동 개입에 있어서도 중요하다.

가족의 놀이를 관찰하는 동안 치료자는 방의 구석이나 놀이실의 열린 문 밖의 바로 옆에, 또는 가능하다면 관찰실에 드러나지 않게 앉아 있는다. 치료자는 가족에게 치료자가 없는 것처럼 재미있게 놀이를 하라고 말한다. 치료자는 가족 구성원 간의 상호작용, 자녀를 통제하기 위해서 부모가 사용하는 방법, 문제행동이나 개입, 신경학적 또는 생물학적 문제(과다행동, 산만성, 언어문제, 어색한 걸음걸이, 틱, 청각 문제 등)에 주의를 기울인다. 치료자는 애착의 질이나 경계, 양육 방식, 가족 역할, 그리고 의사소통 과정에 대해서 자신이 아는 것에 관심을 둔다. 관찰의 말미에 치료자는 부모만을 만나서 놀이 시간이 집에서의 상호작용과 얼마나 같았는지 또는 달랐는지에 대해서 묻는다. 부모의 반응을 공감적으로 경청한 후에 놀이치료자는 자신이 관찰한 것을 부모에게 요약해 말해 준다. 또한 치료자는 언어나 신경학적 문제 같이 아동중심 놀이치료의 범위 밖에 있지만 상담 의뢰가 필요한 것이나 지속적으로 지켜봐야 할 것들에 대한 부모의 의견을 묻는다.

가족 놀이 관찰 회기는 놀이치료자에게 가치 있는 정보를 제공한다는 것을 넘어서, 아동과 부모에게 특별한 놀이실과 아동중심 놀이치료에서 사용하는 장난감을 소개하는 좋은 방법이다. 관찰이 끝난 후에 부모에게 놀이실이나 아동이 가지고 놀이할 장난감에 대해서 질문 혹은 우려를 가지고 있지는 않은지 묻는 것이 중요하다. 이것은 다트 총, 공격적 장난감, 부모가 아동에게 적절치 않다고 생각할 수 있는 다른 장난감 등에 대한 그들의 걱정을 다룰 수 있는 기회가 된다. 다시 한 번 말하자면, 놀이치료자는 부모의 걱정에 공감적으로 반응함으로써 그들의 감정에 민감할 필요가 있다. 부모의 말을 충분히 들은 후에는 다양한 장난감을 포함하는 근거에 대해서 설명하고, 부모의 요구에 따라서 다른 장난감을 포함하도록 결정할 수 있다. 예를 들어, 부모는 장난감들이 아동에게 너무 '아기 같다'고 느낄 수 있으며, 좋은 장난감들을 잘 구비한 치료자의 경우 부모가 자녀에게 도움이 될 수 있다고 생각하는 장난감 한두 개를 추가하는 것에 대해 고려할 수 있다. 그러나 대개는 이 경우에 부모의 근심을 들어주고, 이유를 설명하는 것만으로 충분하다. 단순히 부모가 특정 장난감에 대해서 걱정한다는 것만으로 그 장난감을 무조건 놀이실에서 배제하거나 포함할 필요는 없다. 부모와 충분히 그 문제에 대해서 상의한다면 부모는 이해를 하고, 장난감에 대한 최종적인 결정을 받아들이게 된다.

부모와 아동중심 놀이치료 과정을 시작하기 위한 만남을 가질 때, 치료자는 치료 목표를 발전시키기 위해서 부모를 포함해 유익한 팀 관계를 구축하는 것이 중요하다. 특히 부모에게 "아동 상담을 통한 부모님의 목적은 무엇인가요?" "상담에서 어떠한 유형의 변화를 기대하고 있나요?" "아이가 정서를 적절하게 표현하는 데 어려움이 있나요?" "자녀의 자존감에 대해서 걱정이 되나요?" "학교에서 발견된 문제는 무엇인가요?" "두 분 부모님께서 훈육하는 데 어떤 걱정스러운 점이 있나요?"와 같은 질문을 하는 것이 중요하다. 부모가 제공한 정보를 바탕으로 놀이치료자는 치료를 위한 구체적인 목표를 세우고, 부모와 그것을 나누어 협력적 관계를 유지한다.

부모의 저항 다루기

부모가 자신의 자녀를 치료 장면에 데려온다 할지라도 부모 스스로가 과정에 대해서 두려움을 느낄 수 있다. 몇몇 부모는 소아과 의사나 학교 관계자로부터 상담실을 찾아보라는 선의의 강요를 받았을 것이다. 이에 대해 불만을 갖는 부모는 놀이치료자가 아동의 애착을 쟁취하고, 부모를 아동의 삶에 있어서 이차적인 위치로 만드는 건 아닌지 걱정할지도 모른다. 한편, 자신의 상담이 부모로서의 불충분함을 드러낼지도 모른다는 점에서 걱정스러워하는 부모도 있다.

놀이치료자가 내재되어 있는 감정과 문제에 민감하게 반응하지 않는다면 부모는 의식적으로든 무의식적으로든 놀이치료를 게을리할 것이다. 부모 간 불화로 인해 치료가 필요하게 되었다는 6세 남아의 어머니 사례에서 이러한 게으름을 찾아볼 수 있다. 양쪽 부모가 아들을 치료에 데려왔음에도 아버지는 상담 과정에 대해 전혀 기대를 갖지 않은 듯했다. 치료에 대한 아버지의 불쾌감을 인지하고, 아들은 놀이치료에서 자신을 개방적으로 표현하는 것을 극도로 주저했다. 이에 놀이치료자가 아버지의 분명한 불쾌감을 공감적으로 받아들여 주었고, 아버지는 자신의 동생이 어릴 때 매우 문제아여서 치료에 부정적으로 반응했기 때문에 자신은 치료를 그다지 좋아하지 않는다고 인정했다. 그 동생은 성인이 되자 가족을 버렸다고 했다. 치료자가 아버지의 두려움을 수용하고 인정하자, 이 아버지는 아들의 치료 참여가 자신의 여동생과 관련된 경험과 같은 결과를 가져오는 것은 아님을 인식할 수 있었다. 궁극적으로 아버지는 놀이치료 과정에 참여할 수 있었으며, 아들을 향한 분노가 아들의 부정적 행동을 개선하지 못한다는 것을 인식하기 시작했다. 놀이치료자의 도움으로 아버지는 결국 아들에 대해서 보다 적절한 한계를 설정하는 법을 배울 수 있었고, 아버지의 분노는 감소하였으며, 아동의 행동은 개선되었다.

부모가 자녀의 언어적 상담 참여를 희망할 때는 극복해야 할 다른 장벽들이 있을지도 모른다. 부모의 걱정에 민감하고 공감적으로 경청하는 것은 이 딜레마를 극복하기 위한 열쇠가 된다. 치료자가 부모의 우려를 이해하면, 그는 치료 선택의 근거를 제공하는 데 우위를 점하게 되고, 부모는 치료자가 추천하는 것에 더 귀를 기울이게 된다. 예를 들어, 7세 남아인 랜디는 치료에 의뢰되었다. 그는 매우 높은 지능을 가진 아동으로, 자신처럼 똑똑한 두 부모에 의해 상담소에 왔다. 그러나 랜디는 사회적 · 정서적으로 매우 미숙했다. 그의 부모는 그에게 언어적 상담이 적격이라고 생각했고, 그의 지적 능력에 비하면 놀이치료가 '아기 짓'이라고 여겼다. 부모가 처음 아동중심 놀이치료를 해 보자는 놀이치료자의 추천을 따르기로 동의했을 때, 그들은 얼마 지나지 않아 치료에서의 랜디의 진전에 불만족스러워했다. 결국 부모의 고집에 치료자는 아동이 치료 목표에 도달하게 도울 수 있도록 치료의 일부로 좀 더 지시적인 치료법을 추천하는 데 동의했다.

언어적 상담 회기를 비롯하여 랜디가 친구들과 보다 적절하게 상호작용하도록 돕기 위한 역할놀이기법을 활용한 회기까지 짧은 두 회기를 끝냈을 때, 랜디가 특별한 놀이실에 들어가는 것을 제외하고는 어떠한 치료에도 관심이 없다는 것이 명백해졌다. 놀이실에서 아동은 전적으로 몰두해 참여했고, 또래로부터 거부당한 문제들을 해결했다. 아동은 자신을 '이상한 아이'라고 느끼는 감정, 그리고 독특한 힘을 가진 특별한 아이라는 환상을 다루는 많은 놀이를 했다. '말하는 방'이나 특별한 놀이실에 들어가는 것을 결정할 수 있는 선택권을 주면 부모 입장에서는 실망스럽게도 랜디는 언제나 후자를 선택했다. 놀이치료자에게 명백해졌던 것은 랜디의 부모가 있는 그대로의 아동을 별로 좋아하지 않는다는 것과 누군가 자신들이 원하는 모습으로 아동을 변화시켜 주었으면 한다는 점이었다. 부모와 이 문제(적절한 민감성)에 대해 논의할 때, 아버지는 자신이 어린 시절 학교에서 똑똑하지만 이상한 아이였기 때문에 자신의 아들이 하는 행동에 대해서 지켜봐 줄 수 없었음을 인정했다. 어머니 역시 아버지가 만들어 놓은 사회적 인맥을 제외하고는 실제적인 친구가 없음을 인정했으며, 자신의 아들이 아버지처럼 불행하게 자라길 원하지 않는다고 했다. 따라서 궁극적으로 아버지 자신의 치료를 통해서 도움을 얻을 수 있을 것이다. 이 과정을 시작하는 데 상당한 정도의 저항이 있을 것이지만 말이다. 랜디는 가족이 여름을 보내는 해안가 집을 떠나기 전까지 아동중심 놀이치료를 계속했으며, 부모는 랜디가 가을에 아동중심 놀이치료를 다시 시작하고, 사회적 기술 훈련을 위한 집단 상담을 등록하는 데 동의했다. 아동중심 놀이치료에서 랜디의 진전은 이 글을 쓰고 있는 지금까지는 천천히 진행되어 왔고, 그의 예후는 조심스럽다. 그러나 치료자는 내년 새 학기에 아동중심 놀이치료와 함께 사회성 집단을 재개하는 것이 부모를 치료 계획에 합류하도록 하는 데 도움을 주는 좋은 조합이 될 것이라고 생각한다.

치료에 대한 저항은 복잡한 문제다. 다른 곳에서 VanFleet(2006b, 2007)은 놀이치료에 있어서 부모의 저항의 이유에 대해서 자세히 탐색했고, 부모를 보다 온전하게 참여하도록 하기 위한 효과적인 접근을 제안했다. 일반적으로 아동중심 놀이치료자는 부모에게 아동의 치료를 위해 추천할 만한 사항들과 관련된 문제를 탐색하도록 도우면서, 그들이 과정 안에 머무르도록 하는 모든 노력을 다해야 한다. 부모의 걱정에 민감성을 나타내고, 공감적으로 경청하며, 그들과 함께 팀으로서 작업하는 것은 부모가 놀이치료의 타당성을 받아들이도록 하는 데 가장 좋은 기회가 된다. 때때로 치료자들은 부모에게 단지 과정에 대해 인내해 줄 것을 상기시킨다. 항상 그런 것은 아니지만 아동중심 놀이치료는 종종 아동에게 있어서 빠른 변화를 가져온다. 아동과 그 가족은 복합한 체계를 이룬다. 부모에게 아동의 문제가 하루아침에 나타난 것이 아니란 사실과, 따라서 문제를 빠르게 없애기 위해 변화의 과정을 서둘러서는 안 된다는 사실을 상기시키는 것이 도움이 된다. (우리는 다음 장에서 이것에 대해 다룰 텐데, 아동중심 놀이치료에 방해가 되지 않는다면 보다 지시적인 놀이나 가족 개입을 증가시켜 나가는 것도 때로는 가능하다. 그러나 이러한 과정이 치료적 과정을 빠르게 진행시키기 위한 생각으로 적용되어서는 안 된다.)

만약 부모가 빠른 치료를 원한다면, 그들은 좌절하고 아동중심 놀이치료를 너무 이르게 끝낼 것이며, 또 다른 어딘가에서 도움을 구할 것이다. 부모는 공감과 인내를 통해 과정에 참여함으로써 치료자를 돕지만 때때로 그들의 저항은 극복하기 어렵다. 이러한 경우에, 치료자가 할 수 있는 한 최선을 다해서 상황을 통해 배워 나가는 것이 중요하고, 그런 다음 아동중심 놀이치료에서 경험했던 성공들에 초점을 맞춰야 한다.

부모와의 정기적 만남

치료자가 아동과 작업하기로 결정할 때, 그들은 부모와의 작업을 준비할 필요가 있다. 이때, 가족체계 이론과 가족치료에 대해서 익숙한 것이 도움이 된다(Ginsberg, 1997; Minuchin, 1974; Sori, 2006). 훌륭한 아동중심 놀이치료자는 부모의 참여를 통해서 명성을 높일 수 있고, 반대로 앞서 기술한 것처럼 치료 과정에 비협조적이거나 부족한 부양육기술로 아동의 현재 문제에 일조하는 부모에 의해서 위태로워질 수 있다. 아동치료자들은 각 사례에 있어서 가능한 부모의 참여 정도를 결정해야 하는데, 인식해야 할 것은 부모가 언제나 어느 정도는 관여해야 한다는 점이다. 심지어 부모의 기여가 단순히 아동의 발전사항에 대해서 이야기하기 위해 접촉하는 것에 불과할 지라도 그러하다. 부모들은 치료자가 제시하는 것에 대해서 기대하지 못했을지라도 치료를 찾아왔기 때문에, 도움을 주거나 변화에 대한 동기가 있을 가능성이 높다.

제한 설정에 어려움을 보이는 부모들에게 있어, 치료 과정에의 개입은 중요함에 틀림이 없다. 가정환경에서 좋은 제한 설정을 하지 않는다면, 아동의 문제는 결코 해결될 수 없거나 아동이 내적인 통제를 배우기 전까지 상당한 과정의 치료가 필요할 수도 있다. 구조와 명확한 제한은 아동으로 하여금 자신을 표현할 수 있게 하고, 건강한 방법으로 자라고 발달하게 하는 안전감을 줄 수 있다. 가정에서 구조나 한계를 설정하는 데 심각한 문제를 가지고 있는 가족은 일주일에 두 회기 정도의 상담을 필요로 할 수 있다. 한 회기는 아동중심 놀이치료이고, 다른 회기는 가정에서의 제한 설정에 대해 부모를 교육하고 모니터링하기 위한 회기다. 부모가 제한 설정 기술을 획득하고 유지하면, 두 번째 주별 회기는 없어질 수 있다. 그러나 아동치료 시간의 10~15분은 부모의 지속적인 진전 과정에 대해 기록하는 데 쓰여야 한다.

때때로 부모는 자녀에게 제한을 설정하면 그들이 자신을 좋아하지 않을까 두려워하는데, 실은 그와 반대다. 아동은 자신의 부모에게 책임이 있다는 것을 알 때 좀 더 안전감을 느끼기 때문에, 제한이 명확할 때 잘 자랄 수 있다. 자녀가 구체적인 한계를 좋아하지 않을 수도 있지만 한계를 성정함으로써 안전감의 향상이라는 좀 더 일반적인 효과를 얻을 수 있다. 만약 부모가 자녀에게 "안 돼."라고 말하는 것을 주저한다면, 아동은 부모가 말하는 것을 믿기 어려워할 수 있는데, 심지어 "나는 너를 사랑해."라고 말하는 것 또한 그렇다. 종종 부모는 이러한 방식의 역동을 보지 못한다.

부모가 명확하고 일관적인 한계와 결과를 설정하는 것에 실패함으로써 아동 치료가 위태롭게 되었던 데인이라는 6세 남아의 사례가 있다. 아동의 어머니는 오랜 시간 밖에서 근무하는 소아과 의사였고, 아버지는 집에서 일했다. 아버지는 과보호적인 경향이 있는 불안하고 두려움 많은 사람으로 아들을 통제하기 위해 소리를 지르곤 했다. 아들 역시 높은 불안을 가지고 있었고, 반복적으로 어머니에게 자신이 사랑받지 못하고 있으며, 자살을 할 거라고 말했다. 어머니 역시 적절한 제한과 결과를 따르는 데 실패했는데, 왜냐하면 자신의 노력에 부합하도록 남편을 설득하지 못했기 때문이었다. 아버지에게 역시 이것은 큰 도전이었는데, 그는 병마와 싸우는 매우 힘든 어린 시절을 보낸 데다 부모님 또한 그에게 좋은 역할 모델이 되어 주지 못했기 때문이다. 치료자는 여러 회기를 통해서 부모와 제한 및 결과를 설정하는 근거에 대해 이야기 나누었고, 가정에서 이 기술을 발달시키고 적용할 수 있도록 도왔다. 데인은 심지어 아동중심 놀이치료 회기 동안에 자신이 치료에 있는 이유가 아버지 때문이라고 했다. 치료자는 아버지와 몇 회기의 개인 상담을 하였고, 그의 생육사에 대해서 더 잘 이해할 수 있게 되었으며, 그 자신의 경험과 아동에게 적절한 제한을 설정하는 것에서 느끼는 어려움을 연관 짓도록 도왔다. 치료자의 인내와 공감적 경청으로, 아버지는 결국 자신이 적절하게 제한 설정을 못 한 것이 아들의 진전을 약화시키고 있었음을 이해했다. 결국 아버지의 노력을 지속적으로 강화함으로써 치료자는 부모가 가정에서 더 나은 한계와 구조에 대한 계획을 만들어 낼 수 있게 도왔다. 이것은 아동중심 놀이치료에서 데인이 진전을 보이도록 도왔다. 관련된 문제가 많았기 때문에 아버지에게 1년간의 집중적인 개인상담이 요구됐지만 부모 모두 자신들의 계획을 실행하는 데 있어서 일관성을 얻을 수 있었다.

부모가 상대적으로 좋은 양육기술을 가지고 있는 상황에서 아동이 부모의 이혼, 가족 구성원의 죽음, 또래관계의 어려움, 학습 문제와 같은 문제들로 치료에 의뢰된다면 부모의 참여는 덜 집중적일 수 있다. 그러한 사례들에서 아동 상담 시간의 10분 정도는 아동놀이 주제에 대해 부모에게 알려 주는 데, 가정이나 학교에서의 행동 변화를 통해서 아동의 진전 상황을 모니터하는 데, 부모의 질문에 답하는 데, 가정에서 아동과 함께할 때 겪는 사소한 문제를 부모가 해결할 수 있도록 돕는 데 쓰여야 한다. 때때로 치료자는 부모가 잠들기 전에 수면 의식을 행하거나 집안일 혹은 아침에 해야 할 일을 하기 위한 행동수정 프로그램을 계획하거나, 아동이 숙제를 하는 데 도움이 되는 환경을 구성하게 하는 것 등과 같은, 가정에서의 다른 개입에 대해서도 부모를 도울 수 있다. 이렇게 정기적으로 부모와 만나는 것은 학교 면담이 아동의 학교에서의 행동 및 학습과 관련된 문제를 해결하는 데 필요하다는 것을 확실하게 만들어 준다.

장기적인 아동중심 놀이치료는 양육기술을 변화시킬 능력이 없는 매우 역기능적인 부모와 함께 살고 있는 아동이나 아동 보호시설 혹은 아동 양육 체계에 놓여 있는 아동을 도울 수 있다. 예를 들어, Louise Guerney는 극도로 자기애적이고 의존적인 한 어머니를 다루었다. 아버지는 덜 자기중심적이었지만 교육 수준이 낮고 부족해 보였다. 그들은 두 명의 아이가 있었고, 그중 아들은 극도로 과잉행동적이었다. 접수면접이 끝난 다음에, Guerney 박사는 부모가 그들 각자의 개별적인 높은 역기능 수준 때문에 부모-자녀 놀이치료의 대상으로는 부적합하다고 판단했다. 박사는 어머니와 개별적으로 상담을 하면서 과잉행동적인 아들 스티븐과 상담을 할 다른 대학원생을 찾아냈다(각 학생은 보통 한 아이와 1년씩을 상담한다). 스티븐은 몇 년 동안 매주 놀이치료 회기에 열정적으로 참여했다. 그는 열심히 놀이했고, 매 회기마다 에너지, 좌절, 화, 다른 감정을 터뜨리곤 했다. 가끔 불가피하게 스티븐이 상담을 못하면 아동의 학교 교장선생님은 Guerney 박사에게 전화를 걸어 스티븐이 놀이치료에 여전히 잘 참여하고 있는지 물었다. 답은 언제나 "그렇다."였다. Guerney 박사는 스티븐이 장기적인 사례가 될 것이라고 확신했고, 교장은 언제나 그녀의 대답을 듣고 안심했다. 매우 역기능적인 부모를 두었음에도 불구하고, 스티븐의 꾸준한 아동중심 놀이치료 참여는 그를 매주 학교에 붙어 있게 만드는 '접착제' 역할을 했다.

행동문제 다루기

아동중심 놀이치료자들이 부모와 하는 상담 작업의 상당수는 그들이 가정환경에서 좀 더 효과적인 양육기술을 사용하도록 돕는 것이다. 이것은 종종 '가르칠 수 있는 순간(teachable moments)'의 사용을 통해서 달성할 수 있다. 부모가 가정에서의 문제행동을 다루고자 조언을 구할 때, 치료자들은 구조화, 제한 설정, 공감적 경청과 같이 아동중심 놀이치료 회기에서 치료자가 사용하는 것과 유사한 기술의 사용법을 부모에게 가르칠 기회를 갖게 된다. 이 기술은 가르칠 수 있는 부분들로 나눠지며, 부모와 몇 회기의 상담에 걸쳐 다룰 수 있다. 『양육: 기술 훈련 매뉴얼(*Parenting: A Training Manual*)』(Guerney, 1995)은 이것을 할 수 있는 훌륭한 자료다. 치료자들은 또한 부모가 좋은 행동적 강화 프로그램의 이론과 실행을 이해하도록 도울 수 있다. 때때로 부모가 자신의 개인적인 치료나 부부/커플 상담을 받음으로써 치료에 이득을 줄 수 있다. 이러한 필요가 있을 때, 치료자들은 부모의 감정과 반응에 민감해야만 하고, 그 분야의 전문가인 다른 치료자에게 의뢰해야 한다.

부모들은 빈번하게 가정에서뿐만 아니라 공공장소에서도 자녀의 행동을 통제하는 것에 대한 걱정을 가지고 있다. 공공장소에서 자녀가 행동화하는 것만큼 부모를 당황케 하는 것은 없으며, 부모의 말을 들으려 하지 않는 자녀보다 좌절스러운 것은 없다. 부모가 자녀의 행동을 통제하는 것에 대한 의문을 제기할 때, 치료자는 아동중심 놀이치료에서 규칙을 말하는 세 가지 절차, 규칙을 말하기, 주의 주기, 결과를 실행하기의 절차를 통해서 제한이 어떻게 다루어져야 하는지 보여 줄 수 있다. 부모에게 자연적인 결과, 관련된 그리고 관련되지 않은 결과를 포함하여 부정적인 행동에 대한 적절한 결과가 어떻게 설정되는지 이해하도록 하는 것도 도움이 된다. 치료자는 부모가 이러한 개념들을 이해하도록 도울 수 있으며, 그들이 기술하는 문제들에 이러한 개념들을 어떻게 적용하는지에 대해서도 이해하도록 도울 수 있다.

'자연적 결과'는 부정적 행동에 대해 자연적으로 일어나는 결과다. 그러한 결과의 사례는 코를 파는 등의 행동을 했을 때 다른 친구들에게 놀림을 받는 것, 미끄러운 수영장에서 뛰다가 무릎이 까지는 것, 뜨거운 스토브를 만져서 손을 데는 것 등을 포함한다. 자연적 결과가 일어나면 부모는 개입할 필요가 없다. 자연적인 과정은 아동에게 자신의 부정적 행동이 부정적 결과를 야기했음을 인식할 필요가 있도록 하는 교정적 피드백을 제공한다. 물론, 부모는 항상 자연적인 결과가 일어나도록 허용할 수만은 없는데, 왜냐하면 몇몇 결과는 너무 심각할 수도 있기 때문이다. 가령 차도로 뛰어드는 것에 대한 자연적인 결과는 차에 치이는 것이기 때문에 부모들이 허용해서는 안 되는 것이다! 이러한 경우 자연적인 결과가 너무 위험하거나 충분하지 않을 때 부모들은 결과의 다른 유형에 개입해야만 한다.

부모가 부과할 수 있는 가장 유용한 결과는 '관련된 결과'라고 불린다. 관련된 결과들은 '죄에 맞는 벌'을 주는 것 혹은 잘못된 행동에 다소 관련된 결과를 부과하는 것이다. 예를 들어, 아동이 저녁 식사 시간에 의자에 앉아 있지 않을 때, 부모는 5분 동안 자녀를 식탁에서 떨어져 있게 할 수 있다. 이것은 자녀에게 식사 시간 동안 가족과 함께 있고 싶다면 의자에 앉아 있어야만 한다는 것을 알려 준다. 두 자녀가 하나의 장난감을 가지고 싸우고 있을 때, 부모는 그 장난감을 잠시 두 아이에게서 치워 놓음으로써 관련된 결과를 부과할 수 있다. 형제자매를 괴롭히기 위해서 텔레비전 앞을 걸어 다닌다거나 부모가 통화하는 사이에 부모의 관심을 끌기 위해서 형제자매와 싸운다든지 하는, 즉 관심을 끌기 위해서 문제행동을 한다면 타임아웃을 관련된 결과로 부과할 수 있다. 아동에게 그 결과들은 의미 있기 때문에 관련된 결과는 일반적으로 꽤 효과적이다.

'관련되지 않은 결과'는 부정적인 행동과는 직접적인 연관이 없다. 관련되지 않은 결과는 형제자매 간에 싸움이 있을 때 텔레비전을 보는 특권을 없앤다든지, 방을 치우지 않았을 때 컴퓨터를 못 하게 한다든지, 부모에게 말대꾸를 했을 때 친구들과 나가 놀지 못하게 하는 것 등이다. 자연적이고 관련된 결과들은 더 효과적이지만 부모가 관련된 논리적 결과를 생각해내지 못한다면 관련되지 않은 결과들도 효과적일 수 있다.

치료자는 또한 결과의 가혹함이나 심각성이 반드시 아동의 행동 변화를 의미하는 것은 아니라는 것과 심각한 방법이 오히려 부모가 기대했던 것과는 반대의 효과를 가질 수 있다는 것 또한 이해시켜야 한다. 결과가 지나치게 가혹할 때, 화가 난 태도로 전달될 때 아동은 자신이 벌을 받는 이유에 대해서는 잊어버리고 공정하지 않다는 이유로 부모에 대한 화나 분노에 초점을 둔다. '훈육'이라는 말은 라틴어의 '가르치다.'에서 온 말이지, '벌주다.'에서 온 말이 아니다. 아동은 결과가 의미 있을 때, 부정적인 행동과 특정한 면에서 관련이 있을 때, 그리고 한 번의 주의 후에 그것이 일관적으로 쓰일 때 가장 잘 배운다.

치료자들은 소리 지르거나 때리는 방법이 결코 좋지 않고, 효과적이지 않다는 것을 이해하도록 도울 수 있다. 일반적으로 이러한 부모의 반응은 부모가 주의를 줄 때까지 너무 오래 기다렸거나 적절한 결과를 시행하기까지 너무 오래 기다렸을 때 일어날 수 있다. 소리 지르기는 종종 아동에게는 보상으로 여겨진다. 자녀는 실제로 부모가 화내며 소리 지르는 것을 즐기는데, 왜냐하면 이것은 부모가 통제력을 잃었다는 것을 뜻하기 때문이다. 많은 아동이 이 지경까지 부모를 끌고 온 자신의 힘을 은밀하게 즐긴다.

부모에게 모든 행동이 결과를 가지지는 않는다는 점을 설명하는 것 또한 도움이 될 수 있으며, 좋은 양육은 아동이 자신의 행동에 대해서 긍정적이든 부정적이든 적절한 결과를 갖도록 확실히 해야 한다. 매우 빈번하게, 부모는 이것을 깨닫지 못한 채 부정적인 행동을 강화한다. 예를 들어, 부모가 부정적인 방법으로 부모의 관심을 끌려는 행동에 관심을 준다면 그것은 부정적 행동에 보상을 하는 셈이다. 만약 3세인 앤지가 엄마가 저녁 시간에 무릎에 앉혀 주는 것을 허락하지 않아서 떼를 쓰는 상황이라면, 엄마가 앤지를 안아서 달래는 행동이 떼쓰는 행동을 강화시키고 보상하는 것이 된다. 그 어머니의 행동은 어느 순간 멈춘다 할지라도, 다음번에 같은 상황에서 앤지가 자신의 고집대로 하고자 할 때 떼쓰는 행동을 더 크고, 더 심하게 만들 수 있는 것이다.

아동은 자신이 원하는 모든 것을 얻어 왔기 때문에 사회에서 즉각적인 만족을 기대하고 배울 수 있는데, 부모는 종종 적절한 행동에 대한 보상을 찾는 것을 어려워할 수 있다. 치료자들은 자녀에게 가장 좋은 보상은 적절한 행동에 대한 부모의 온전한 관심을 받는 것임을 부모가 알도록 도울 수 있다. 얼마 전 한 치료자는 한 어머니를 상담하였는데, 그녀는 자신의 6세 아들인 찰리를 깨워 침대에서 나오게 한 후 학교 갈 준비를 시키는 것에서 어려움을 느꼈다. 그 어머니는 보상 프로그램을 시도하기로 결정했고, 찰리에게 8시 20분까지 학교에 갈 준비를 마치면 버스 정류장에 가기 전까지 20분 동안 텔레비전을 보여 주겠다고 하였다. 첫 번째 주가 지나고, 찰리는 서로 동의한 시간에 일어나서 학교 갈 준비를 하며 20분 동안 텔레비전을 볼 수 있었다. 두 번째 주에 찰리는 텔레비전을 보는 것에 더 이상 흥미를 보이지 않았고, 어머니를 다시 힘들게 하기 시작했다. 어머니가 기술한 바에 의하면 찰리가 학교에 갈 준비를 하는 것에 저항하는 이유는 어머니에게 받는 관심을 좋아하기 때문이라는 것이 분명했다. 이것을 어머니에게 설명하자, 그녀는 소란스럽지 않게 등교 준비를 제시간에 마치면 아들과 20분 동안 게임을 하거나 다른 재미있는 활동을 하기로 결정했다. 찰리는 즉각적으로 강화 프로그램에 협조하기 시작했고, 어머니의 온전한 관심이 있는 20분의 놀이 시간을 얻었다. 첫 번째 주가 끝나갈 무렵에 찰리는 어머니에게 나가자고 요청했고, 길 옆에 앉아 버스를 기다렸다. 그날의 계획에 대해서 이야기하는 동안 찰리는 애벌레가 길을 건너는 모습을 보았다. 찰리와 어머니는 버스가 올 때까지 애벌레를 지켜봤다. 어머니에게 더욱더 놀라웠던 것은, 찰리가 어머니를 끌어당겨서 껴안아 주었고, 자신이 지금껏 경험했던 중 가장 좋은 아침이었다고 말했다는 것이다. 이 지루한 활동을 하는 동안 찰리에게 온전한 관심을 보인 어머니의 선물, 그리고 찰리의 긍정적 반응은 부모의 관심이 아동의 긍정적 행동에 대한 우월한 보상이 된다는 가치를 일깨워 주는 예라고 할 수 있다.

치료자는 또한 부모에게 아동이 바르게 행동한 것에 대한 보상으로 흔히 구입할 수 있는 품목을 제공하라고 제안할 수 있다. 아동이 부모와 장을 보러갈 때마다 작은 장난감을 사는 것에 익숙해지면, 부모는 자신이 가게에서 물건을 사는 동안 불평 없이 자신의 곁에 머무는 것과 같은 좋은 행동을 보였을 때 아동에게 작은 장난감을 주는 등의 보상을 할 수 있다. 만약 아동이 기대된 행동에 따르지 않는다면 부정적 행동에 대해 보상하지 않기 위해 장난감 주기를 보류하는 것 역시 똑같이 중요하다. 이러한 제안은 독자에게는 단순하게 느껴질 수 있지만 어떤 부모는 자신들이 잘못된 행동을 어떻게 부주의하게 강화하는지, 또 자신들의 행동이 어떻게 돌아오는지 이해하지 못한다. 치료자는 부모가 일상적 상황에서 이 방법을 효과적으로 사용하도록 학습시킴으로써 그들이 기대하는 바를 아동에게 가르칠 때 긍정적이고 부정적인 결과를 사용할 수 있도록 가르친다.

행동문제 예방하기

구조화는 치료자가 부모에게 가정에서 적용하도록 도울 수 있는 다른 유용한 기술이다. 예를 들어, 시간에 대해 주의를 주는 것은 아동으로부터 협조적인 행동을 얻어 내는 데 아주 효과적일 수 있다. 자신이 이메일을 쓰고 있을 때 누군가 방으로 들어와서 노트북의 전원을 끄고, 겉옷을 입혀서, 차로 끌고 간다면 얼마나 기분이 나쁠지 생각해 보라. 이러한 유형의 상호작용은 아동에게는 일상적으로 겪는 것일 수 있다. 따라서 아동에게 놀이 시간이 끝나고, 나갈 준비를 하고, 옷을 입고, 차로 가야 함을 5분 전에 알려 주는 것은 약간의 생각과 계획만 있으면 된다. 치료자들은 부모에게 자녀의 일과의 일부분으로 짧은 시간 공지를 사용하도록 한다. 예를 들면, 부모가 자녀를 친구 집에서 데려오려 할 때, 그 집에 먼저 도착해서 자녀에게 10~15분 정도 전부터 활동을 서서히 멈출 수 있게 한다면 좀 더 쉽게 활동의 전환을 할 수 있다. 그러나 이것이 효과적이기 위해서 부모는 자신들이 세워 놓은 시간 구조가 무엇이든지 간에 그 안에서 따라야 할 필요가 있다. 아동은 좋은 내적 시계를 가지고 있어서 자신들을 20분 정도 기다리는 성인이라면 그들이 주는 5분 전 주의는 무시해도 된다는 것을 배울 수 있다.

다른 구조화 방법은 할 일의 목록을 만들거나 자녀가 아침이나 저녁 일과에 해야 할 일들에 대한 그림 차트를 수행하는 것 또는 치과나 소아과에 가서 주사 맞는 일을 준비하는 것 등을 포함한다. 구조화는 아동에게 그들 자신 그대로의 모습보다 더 큰 것을 기대하는, 그리고 더 많은 것을 기대하는 세상에 대처하도록 만들어 주는 지지를 제공한다.

구조화 기술의 다른 예는 일상적으로 일어나는 문제에 대한 예방과 관련된다. 치료자는 부모와 함께 반복해서 일어나는 문제에 대해서 탐색할 수 있다. 과업은 문제를 완전히 피할 수 있도록 미리 계획을 하는 것이다. 예를 들어, 두 자녀가 학교가 끝난 뒤 집으로 와서 얼마 되지 않아 서로 옥신각신한다고 할 때, 그들이 서로 논쟁을 벌이기도 전에 부모가 그 순간을 중재해야 한다는 점이다. 이러한 경우, 구조화는 그들이 집으로 오자마자 간식을 준비하는 것, 자녀에게 협동적으로 재미있게 할 수 있는 일을 주는 것, 방으로 가서 서로 말하지 않고 옷을 갈아입으라고 하는 것, 그런 다음 둘이 앉아서 하루에 대해서 대화를 할 수 있게 하는 것 등을 포함한다. 중요한 것은, 어떻게 하면 선행 환경을 알아내고, 자주 발생하는 문제가 다시는 일어나지 않도록 상황을 구조화할 수 있는지 부모가 그 방법을 알아내도록 치료자가 돕는 것이다.

아동이 감정을 다루도록 돕기

공감적이거나 반영적인 경청은 가정환경에서 아주 유용할 수 있는 아동중심 놀이치료의 다른 기술이다. 감정은 종종 행동을 이끌고, 감정이 인정되지 않으면 사람들은 행동을 통해서 그것을 표현하는 경향이 있다. 이것은 단지 아동에게만 해당하는 것은 아니다. 자녀에게 더 나은 규칙과 결과를 설정하기 위하여 노력하는 데 남편이 도움을 주지 않아 곤란을 겪는 맞벌이 여성을 생각해 보라. 그녀가 남편에게 직접적으로 실망이나 좌절을 표현하지 못한다면, 너무 피곤하다는 이유로 남편의 세탁된 옷을 찾아오지 않거나 남편의 성적인 친밀감을 거부하는 것으로 행동화할 수 있다. 성인이 아동에 비해서 자신의 욕구와 감정을 표현할 능력이 더 있다 할지라도, 그들은 종종 자신의 욕구를 전달하는 의사소통 기술이 부족하거나 소심할 수 있다. 아동은 여전히 자신의 감정을 학습하는 과정에 있고, 자신에 대해서 충분하게 또는 적절하게 표현하는 데 어려움을 더 많이 겪을 가능성이 크다. 직접적 의사소통이 성인에게조차 어려운 일이라면 자신의 감정을 잘 이해하지 못하거나 누군가는 자신을 이해하고 있다고 생각하지 않는 아동에게 직접적 의사소통은 사실상 어렵다.

부모는 자녀가 자신의 감정에 대해서 배우도록 하기 위해 공감적 경청 기술을 가정에서 사용할 수 있다. 몇몇 부모는 감정 언어를 개발하고 이면의 감정을 알아내는 데 도움을 필요로 한다. 때때로 감정 단어 목록을 만드는 것은 부모를 감정 단어에 익숙해지게 한다. 치료자들은 부모가 자녀를 양육하는 데 있어서 문제들을 경청하고, 문제나 행동에 숨겨져 있는 자녀의 감정을 찾아내며, 자녀에게 반응하는 방법을 제시할 수 있다. 화가 난 아동은 대개 상처받고, 두려워하며, 좌절해 있으나 부모가 보는 것은 분노뿐이다. 따라서 더 깊은 감정을 찾아내고 반응하는 것이 양육에 있어서의 차이를 만든다. 예를 들어, 한 아버지가 딸이 학교에서 낙담해 돌아왔다고 보고했을 때, 치료자는 아버지에게 아동이 가졌을지 모르는 감정을 찾아보게끔 격려할 수 있고, 그 감정을 넣어 공감적 진술을 해 보도록 할 수 있다. 그러므로 만약 아버지가 딸이 슬퍼보였다거나 괴로워한다고 생각했다면, 그는 아동에게 "무언가 너를 괴롭히고 있구나." 또는 "네가 지금은 매우 슬프구나."라고 말할 수 있다. 부모가 무엇이 잘못됐는지를 바로 질문하는 것보다 더 어려운 과제는 아동이 반응할 때까지 기다려 주는 것이다. 부모는 질문이 종종 역효과를 가져온다는 것을 상기해야 하는데, 자녀가 자신이 한 것에 대해서 왜 그렇게 느끼는지 알지 못하거나 단순히 질문 받는 것을 싫어할 수도 있기 때문이다. 또한, 자녀의 모든 문제를 해결해야만 한다고 생각하는 부모에게는 특히, 단순하게 자녀의 감정에 대한 이해를 보여 주는 것만으로도 자녀가 문제에서 벗어날 수 있음을 강조하는 것이 중요하다. 어쩌면 종종 하지 않는 편이 나을 때도 있다.

치료자들은 또한 부모가 자녀의 긍정적인 감정에 주목하도록 해야 하고, 공감적 진술 안에서 자녀의 감정을 인정하도록 해야 한다. 진정으로 훌륭한 자아존중감은 자녀 스스로의 긍정적인 감정에서 온다는 것을 부모가 이해하도록 하는 것이 중요하다. 이러한 지식은 기회를 찾도록 부모를 동기화시킨다. 예를 들어, 수지가 집에 우수한 성적표를 가지고 와서 자랑스럽게 "이것 보세요."라고 말하면 "성적이 잘 나와서 네가 무척이나 자랑스럽구나."라고 말하는 것이 훌륭한 반응이 될 수 있다. 물론, 부모는 여전히 자녀가 어떻게 자랑스러워하는지 진술할 수 있으나 아동의 수행에 대해서 판단하기 전에 자녀 스스로의 긍정적인 감정에 대해서 인정하는 것이 좋은 실제적 방법이다.

또한 아동의 자아존중감은 부정적인 감정에 대한 효과적인 대처 능력에 의존하고 있다는 사실을 부모가 아는 것이 도움이 된다. 아동이 속상해서 자기비하적인 생각을 할 때 부모는 그들의 실망이나 좌절감을 반영함으로써 자기평가를 좀 더 현실주의적으로 변화시킬 수 있다.

지금까지 논의한 부모와 관련된 모든 기술이나 개입은 부모가 숙달하기에 시간이 걸리며 연습이 필요하다. 모든 부모가 자신의 부모에게 좋은 역할 모델을 얻는 것은 아니므로 그들은 이러한 종류의 도움이나 지시를 필요로 한다. 결국, 아동중심 놀이치료자들이 함께 작업하는 부모들에게 좋은 역할모델이 된다. 그들은 아주 자주 아동의 대기실 행동을 부모가 볼 수 있도록 함으로써 모델링을 제공하며, 이 모델링은 추후 부모와 함께 논의할 수 있다. 이 점을 염두에 두고, 치료자는 언제나 아동뿐 아니라 부모에게도 감정에 대한 공감과 조율을 하는 것을 목표로 해야 한다. 예를 들어, 부모가 아동과 함께 대기실로 급하게 왔다면, 치료자는 "곤란했겠어요. 여기 오는 데 힘드셨겠어요."라고 말하며 서둘러 도착한 것에 대해 인정해 준다. 만약 아동이 시무룩한 얼굴로 대기실 의자에 털썩 앉는다면, 치료자는 "오늘 좀 슬퍼 보이는구나."라고 말할 수 있다. 치료자는 대기실에서 회기를 시작하기 전, 많은 장난감을 꺼내려는 아동에게 "놀이실에 있는 장난감을 네가 정리해야 한다는 것을 기억하렴. 규칙은 놀이 회기를 시작하기 전에 대기실에 있는 장난감을 네가 치워야 한다는 거란다."라는 식으로 제한 설정을 잘 함으로써 모델링을 할 수도 있다. 치료자는 아동중심 놀이치료의 과정을 통해 놀이치료자로서, 또한 부모에게는 모델로서 좋은 양육 기술을 보여 줄 기회가 많이 있다.

부모와의 작업에서 진정한 전문가가 되기 위해 치료자들은 아동 양육, 일반적인 아동기 문제, 연구, 부모들을 위한 읽을거리 등 추세를 따라가기 위한 지속적인 전문성을 발달시킬 필요가 있다. 치료자와 부모 모두를 위한 정보의 훌륭한 출처로는 앞서 언급한 『양육: 기술 훈련 매뉴얼(*Parenting: A Training Manual*)』(Guerney, 1995)과 『즐겁게 양육하기(*Playful parenting*)』(Cohen, 2001)를 추천한다.

학교 관련 문제 다루기

아동은 종종 자신의 행동적인 문제가 특히나 학교 환경에서 문제가 되기에 치료에 의뢰된다. 부모와 학교 관계자는 치료 팀의 중요한 구성원일 수 있다. 학교 선생님, 상담가, 교장선생님에 의해서 의뢰가 이루어지면, 현명한 놀이치료자는 부모에게 치료자와 학교 관계자들 사이의 의사소통을 허락한다는 정보 공개 서류에 서명을 요청한다. 치료자가 학교와 처음 접촉을 할 때는 자신에 대해서 소개할 수 있으며, 학생에 대한 학교의 우려를 들은 후에 아동중심 놀이치료에 대해서 이야기한다. 치료자는 또한 필요하다면 아동의 학교에서의 문제행동에 대해 전화 상담을 요청할 수 있다. 몇몇 사례에서, 치료자는 학교 장면에서 아동을 관찰할지도 모르며, 관계된 선생님과 그 외 다른 사람들에게 제안을 할 수도 있다. 부모에게처럼 선생님과 작업하는 동안에도 아동 치료에서의 중요한 구성원으로서 선생님의 역할을 인정해 주고 공감적으로 경청하는 원리를 적용하는 것이 중요하다.

부모가 실생활 상황에서 아동중심 놀이치료 기법을 적용하도록 작업하는 것처럼, 치료자는 같은 것을 교사나 다른 학교 관계자들과 할 수 있다. 정보나 인상을 공유하는 것은 교사와 치료자 모두에게 이득이 될 수 있다. 초등학교 교사는 일주일에 30시간이 넘게 아동과 시간을 보내므로, 치료자는 제안을 하기 전에 그들의 노력에 귀를 기울여야 한다. 공감적 경청은 부모에게 그러하듯이 교육자에게도 도움이 된다. 교사가 문제에 일조하고 있는 경우라 하더라도 부모에게 이전에 사용했던 것과 같은 관계 형성기술을 활용하면서 그들을 개입하게 해야 한다.

그들에게는 교실과 다른 학교 환경에서 아동의 행동을 다룰 수 있는 가장 효과적인 방법을 평가할 수 있게 도우면서, 치료자는 아동의 놀이 주제에 대해서 논의할 수 있다. 치료자는 또한 치료에서 아동이 분노 단계에 들어갈 경우 학교에서 부정적인 행동을 하는 것과 같은 아동 행동에 있어서의 가능한 변화에 교사를 준비시켜야만 한다. 지속적인 협력 작업은 교사가 치료 과정에서 일어나는 행동을 다룰 수 있도록 하는 실제적 단계에 기여할 수 있다.

학교에서의 관찰은 전형적으로 아동이 교실이나 식당, 휴식 시간 동안에 좀 더 자기 통제를 보이도록 하는 행동 계획을 세우는 것으로 목표를 진행한다. 행동 프로그램이 만들어지면, 치료자는 교사가 실행에 대한 질문이나 어떠한 우려에 대해서도 자신과 연락하도록 해야 하고 며칠 후나 일주일 내에 어떻게 진행되고 있는지에 대해서 알아보아야 한다. 가능하다면 교사가 아동의 행동을 단순한 차트에 표시하여 추적하도록 하는 것도 역시 도움이 된다. 또한 교사에게 행동이란 때때로 개선되기 전보다 더 나빠질 수 있음을 알려 주는 것도 중요하다.

그러한 학교 관찰은 특히나 흥미롭다. 한 교사는 놀이치료자에게 교실에서 어릿광대 같은 행동을 하여 매일 전체 교실 분위기를 흐리는 2학년 내담자, 바비를 관찰하기 위해서 학교에 와 달라고 요청했다. 바비는 가톨릭 학교에 다니고 있었다. 교사는 꽤 경험이 풍부했으며, 한 반에는 36명의 학생이 있었는데, 바비는 교사의 관심을 독차지하고 싶어 했다. 교실에서의 바비의 행동을 관찰하는 동안, 놀이치료자는 이 교사가 어떻게 지금껏 바비와 2개월간 지내 왔는지 상상하기 어려울 정도였다. 바비의 행동은 모두 부정적으로 관심을 끌려는 행동이었고, 치료자와 교사는 교실에서의 타임아웃 행동계획을 개발했다. 교사는 교실 뒤쪽의 선반과 서랍장으로 막힌 부분에 한 구석 장소를 만들었다. 교사와 치료자는 이곳이 타임아웃 의자를 두기에 적절한 장소임에 동의했다. 그리고 교사는 따로 바비에게 새로운 규칙에 대해서 설명했다. 아동은 소리 지르기, 다른 친구들 놀리기, 먼저 자신의 이름이 호명되지 않으면 교사의 이름을 부르는 등의 교실 전체의 분위기를 흐리는 어떠한 행동도 할 수 없다. 계획의 일부로, 교사는 바비의 부적절한 행동에 대해서 한 번의 경고를 준 뒤에 그 행동이 계속되면 한 번 더 상기시켜 주고 나서, 아동이 7분 동안

(나이에 1분씩을 더해서) 타임아웃 의자에 앉아 있게 했다. 바비가 부정적인 관심을 간절히 바라기 때문에 주의를 주는 것이나 결과를 부과하는 것은 간단한 단어로 말하고, 가능한 한 적은 관심을 주었다. 이 계획의 효과성을 모니터하기 위해서 가능하다면 교사는 자신이 바비에게 주의를 줄 때마다, 그리고 타임아웃을 할 때마다 녹화를 하였다. 치료자는 또한 교사에게 그가 교실 내에서 통제력을 다시 얻었다고 생각할 때 바비의 부정적인 행동이 다시 급격히 증가할 수 있다고 주의시켰다.

첫 번째 주에는 모든 게 순조로웠고, 바비는 타임아웃 의자에서 많은 시간을 보냈다. 두 번째 주에 바비의 행동은 증가하기 시작했고, 행동에 대한 결과를 부과 받으면 "나는 타임아웃 의자를 너무 좋아해."라며 노래를 부르기 시작했다. 교사는 어느 날 오후 치료자를 불러 극도로 흥분해서 말하길, "행동 프로그램이 전혀 효과가 없어요."라고 말했다. 그런 다음 교사는 바비의 새로운 익살스러운 행동에 대해서 말했다. 바비의 행동에 대한 교사의 차트를 살펴보자 예측할 수 있는 반복된 점이 나타났다. 치료자는 교사에게 바비의 노래를 무시하며 지금까지 해 왔던 것과 똑같이 과정을 지속할 것을 격려했다. 그리고 돌아오는 주말에 바비의 부정적인 관심 추구 행동은 거의 없어졌다. 같은 주에 바비는 놀이치료자에게, 자신이 교사에게 타임아웃을 좋아한다고 말했지만 실제로는 그렇지 않다는 점을 털어놓았다. 물론 다른 성인에게 자신의 그런 마음을 털어놓지는 않았지만 교사는 바비의 시인을 듣고는 안도했다. 교사는 역시 치료자의 도움과 지지에 대해서 고마움을 표현했다. 치료자는 아동중심 놀이치료 과정에 대한 교사의 인내와 치료 팀으로서 작업했던 의지를 북돋워 주었으며, 이것은 치료 과정에서 바비의 더 나은 진전에 기여했다.

다른 학교 관련 문제

부모는 아동치료자를 아동기 모든 장애의 전문가로 본다. 치료자는 종종 아동기의 전반적인 복지에서 중요한 사람들로 간주되기 때문에, 그들은 아동의 행동, 학습, 정서에 영향을 줄 수 있는 모든 전반적인 장애나 다른 문제에 대해 실용적 지식을 갖추고 있어야 한다. 예를 들어, 유능한 아동중심 놀이치료자는 주의력결핍 과잉행동장애, 아동기 기분장애, 특정 학습장애, 중추청각정보처리장애, 중추청각시각정보처리장애, 아스퍼거 증후군, 선택적 함묵증, 뚜렛장애, 감각통합장애, 그리고 신체적 · 성적 학대의 증상에 대해서 잘 인식할 필요가 있다. 치료자가 모든 영역에 있어서의 전문가일 필요는 없지만 적어도 가능한 장애의 존재에 대해서는 알고 있어 부모에게 적절한 상담 의뢰를 지시할 필요가 있다. 그러한 의뢰를 위해서, 치료자는 다른 전문가들과 연락을 취함으로써 아동중심 놀이치료와 부모교육에 영향을 줄 수 있는 정보를 얻을 수 있어야 한다. 치료자의 의무는 아동과 관련된 문제를 스스로 평가하는 것이 아니라 아동이 평가받고 치료받아야 할 필요가 있을 때 그 관련 기관을 찾아주는 것이다.

부모 및 교사와 함께 작업을 할 때 아동중심 놀이치료자는 상담하는 아동을 위한 개별화 교육 프로그램(IEPs)을 개발하는 데 중요한 역할을 할 수 있다. 부모는 종종 자녀에게 필요한 교육 시스템을 어떻게 찾아야 할지 몰라 어쩔 줄 몰라 한다. 부모에게 학교에서 일어나는 문제점에 대해서 들은 후, 그리고 아동중심 놀이치료에서 아동과 상담한 후에 치료자는 교육적 성공을 위한 계획을 세우고 개별적인 교육 프로그램을 만들어야 한다. 치료자는 대개 교육법 전문가가 아니지만 법률적 절차가 필

요할 때, 자녀에게 적절한 교육을 얻으려 노력하는 부모를 돕기 위해 적법절차나 부모의 조정과정을 돕는 교육법 변호사 혹은 법률자문가를 찾아내 주는 등의 도구적인 도움을 줄 수 있다. 이러한 문제들은 초보 아동중심 놀이치료자들에게는 상당한 노력을 필요로 하는 일이지만 그들에게 아동의 필요를 전반적으로 해결할 수 있는 지식을 제공하는 가용한 자원이 많이 있다.

치료에 대한 비밀보장과 동의

(주나 국가마다 달라지는) 법적 연령 이하의 아동은 정확히는 비밀보장에 대한 권리를 가지고 있지 않으며, 부모는 모든 자료를 공유할 수 있다. 하지만 이것은 아동중심 놀이치료자가 부모와 아동의 놀이에서의 모든 미묘한 차이 혹은 아동이 놀이치료 시간에 나타내는 모든 것을 전부 공유해야 한다는 의미는 아니다. 부모에게 놀이 주제들을 알려 주는 것, 아동이 어떠한 놀이 단계에 있는지, 진전은 어떻게 이루어졌는지를 알려 주는 정도에 그치게 하여 아동의 사생활을 존중해야 한다. 부모와 함께 아동의 놀이 회기에 대해서 논의하기 전에, 부모에게 아동이 어느 정도의 사생활을 가지는 것을 선호한다는 점을 이해시켜야 한다. 그래서 치료자들이 아동에 대해서 말할 때 부모는 그 논의가 아동에게 알려져서는 안 된다는 것을 이해할 필요가 있으며, 아동은 놀이치료 회기에서 했던 것에 대해서 부모에게 질문을 받거나 혼이 나서는 안 된다. 또한, 부모는 치료 과정의 자세한 부분에 대해서 듣기를 원하는 부모, 조부모, 그 외 다른 친척들 간에도 아동에 대한 논의를 공유해서는 안 됨을 기억해야 한다. 부모는 아동-치료자 관계가 신뢰감 발달에 있어서 매우 중요하다

는 것을 이해해야 하며, 그 관계는 아동이 들을 수 있는 거리에서 치료에 대해 타인과 이야기함으로써 손상될 수 있다.

치료자는 또한 자신이 거주하고 있는 주, 지방, 나라에서 법률적 동의를 할 수 있는 나이에 대해 잘 알아두어야 하며, 아동치료에서의 법률적 동의의 영향에 대해서도 잘 알아두어야 한다. 몇몇 사례에서는 법적 연령을 넘어선 아동의 경우에 부모와 자신의 회기 내용을 치료자가 논의하기 위해서 정보를 유출해도 된다는 사인이 필요할 수도 있다. 이것은 청소년 내담자와의 상담에서 중요한 문제가 된다. 세 저자 모두 아동중심 놀이치료를 실시하는 동시에 때로는 17, 18세인 청소년에 대한 놀이 개입 상담을 하고 있는데, 그 이유는 청소년이 놀이치료를 전통적인 언어적인 치료에 비해 편안하게 느끼기 때문이다.

부모가 이혼을 했거나 별거를 해서 아동의 양육권(예를 들어, 아동의 건강, 교육, 치료 등에 대해서 결정을 하는 능력)을 공유하는 경우에, 양쪽의 부모가 모두 아동이 이러한 종류의 치료에 참여한다는 서면의 동의서를 주어야만 한다. 이것은 역시 지역마다 달라지긴 하지만 치료자는 치료 동의서에 사인을 하지 않은 불만스러워하는 부모에게 위협을 받을 수 있으며, 그들은 후에 치료자를 향해 법률적 행위를 취하기도 한다. 한 부모가 동의를 하지 않으려고 한다면, 아동을 위해 다른 한 부모가 법원에 아동이 치료를 받을 수 있도록 허가를 구하는 진정서를 제출할 수 있다. 이러한 종류의 진정서는 거절되는 경우가 거의 드문데, 법원이 별거나 이혼과 같은 어려운 시기 동안 아동이 도움을 받는 것이 중요하다는 점을 잘 인식하고 있기 때문이다.

그러나 한 부모가 법원에 진정서를 제출하기 전에 치료자는 누가 치료를 거부하고 있는 부모인지 알아서 부모의 우려를 공감적으로 경청해 주고, 왜 아동중심 놀이치료가 이러한 문제들을 위해서 선택된 치료로서 적합한지에 대한 이유를 설명해야 한다. 치료를 거부하는 부모는 자신이 포함되지 않는 것에 대해서 두려워할 수 있고, 치료자가 자신이 아닌 다른 부모의 편에서 그에게 우선권을 주는 상담을 하지 않을 거라는 확신을 필요로 할 수도 있다. 그러한 대화는 빈번하게 치료에 찬성하는 부모의 동의를 이끌어 낸다. 이혼한 부모가 치료를 승낙하지 않는 이유는 많고, 공감적인 치료자는 대개 그들이 가지고 있을지 모르는 걱정에 대해서 이해하여 그들을 안심시킬 수 있다. 법원에 진정서를 제출하는 것이 몇몇 경우에서는 유일한 방법일 수도 있지만 때로는 두 부모 모두가 찬성하는 새로운 치료자를 참여시키라는 판사의 결정이 따르기도 한다. 또는 두 부모의 교착 상태가 타개되지 않을 경우 판사가 아동을 위한 치료자를 결정하기도 한다.

사례에서 부모가 아동을 학대하고 있어 치료를 거부하는 경우에, 치료자들은 치료 전에 혐의를 확정짓거나 가려내는 전반적인 아동 학대 사정을 권할 수 있으며, 최종적인 결정이 성립되기 전까지는 부모 중 한쪽 입장에 서지 않도록 주의를 기울여야 한다. 그리고 아동 학대가 성립된다는 최종 결정이 이뤄지면 학대하는 부모는 일반적으로 법적인 양육권이 정지되고, 법적인 양육권을 유지하는 부모가 아동에게 적합하다고 생각되는 치료에 아동을 참여시킬 수 있는 권한을 받는다. 이러한 유형에서 아동중심 놀이치료자들은 평가와 치료를 혼동하지 않도록 주의해야 한다. 그들이 치료를 실행한다면, 다른 자격을 갖춘 전문가가 아동의 학대 상황에 대한 사정이나 양육권 지속을 위한 평가를 실행해야만 한다.

요약

요약하자면, 아동중심 놀이치료 과정에 부모를 참여시키는 일은 필수적이다. 행동 조절을 위한 일반적인 상담부터 부모-자녀 놀이치료에서의 파트너로서 부모 기술 훈련(제8장 참고)까지 부모를 참여시키는 일에는 여러 가지 방법이 있다. 부모와 교사들은 치료자가 아동을 이해하고, 더 나은 치료 결정을 하도록 도울 수 있는 중요한 정보를 가지고 있다. 치료자가 부모와 작업하는 것을 불편해한다면 그 불편함은 치료자가 성인의 참여나 협력 과정에서의 훈련으로부터 배울 것이 더 있음을 보여주는 신호가 된다. 대부분의 부모는 좋은 부모가 되기를 원한다. 하지만 그들은 그 방법을 모를 수 있으며, 놀이치료자는 그들을 돕는 도구적 역할을 할 수 있다. 부모에게 진심으로 공감적이고 수용적이 되고자 노력하는 대부분의 놀이치료자는 상당수의 부모가 아동중심 놀이치료 과정에 진심으로 일조하고 싶어 한다는 사실에 기꺼이 놀랄 것이다.

부모-자녀 놀이치료

아동중심 놀이치료와 긴밀하게 연관되어 있는 것은 부모-자녀 놀이치료(filial therapy)이며, 이 가족 치료 방법은 Bernard Guerney와 Louise Guerney, 그리고 동료들에 의해 처음에는 Rutgers 대학에서, 후에 Pennsylvania 주립대학에서 개발되었다(Guerney, 1964; Guerney & Guerney, 1961; Guerney, Stollak, & Guerney, 1970; Guerney & Stover, 1971). 부모-자녀 놀이치료는 두 영역에 최선의 것을 제공한다. 우선 아동에게는 아동중심 놀이치료의 모든 이득을 제공하면서 가능한 한 최대로 상담 과정에 부모를 참여시킨다. 아동중심 놀이치료에서의 능력과 경험은 부모-자녀 놀이치료를 배우는 전제조건이며, 부모-자녀 놀이치료의 간략한 기술이 여기에 포함되는데, 왜냐하면 아동중심 놀이치료자가 발달시킬 수 있는 심화된 형태의 전문성이 바로 부모-자녀 놀이치료의 기술이기 때문이다.

부모-자녀 놀이치료는 심리교육적 모델(Guerney, Stollak, & Guerney, 1971)에 기반을 두고 있으며, 부모에게 아동중심 놀이치료 기술을 가르치고 그 기술을 사용하게 하여 그들이 자신의 아이가 정서 · 행동 문제를 극복하게 돕도록 하는 것이다. 핵심적으로, 잘 훈련된 부모-자녀 놀이치료자의 수퍼비전 아래서 부모는 자신의 자녀가 문제를 극복하도록 돕는 심리치료의 주체가 된다. 추가적인 이득은 부모가 아동중심 놀이치료의 원리와 기술을 배울 수 있다는 점이며, 일생에 걸쳐서 자신의 자녀와 관련되어 생산적으로 활용할 수 있는 기술이 담긴 공구함을 마련하는 것이다. 게다가 이것은 부모들에게 비용 효율이 높다.

부모-자녀 놀이치료의 초기 단계에서 치료자는 부모가 자신의 자녀와 특별한 아동중심 놀이 회기(청소년에게는 '특별한 시간'으로 수정)를 수행하도록 가르치고 감독한다. 30분 정도의 놀이 회기를 일주일에 한 번씩 가지며, 부모가 치료자의 직접적인 감독 하에 이러한 놀이 회기를 수행하면서 역량과 자신감을 키울 때, 그들은 그 놀이 회기를 좀 더 독립적인 수행 장소인 가정환경으로 옮길 수 있다. 부모-자녀 놀이치료자는 부모들의 보고나 그들이 활영한 비디오를 통해 가정에서의 놀이 회기를 계속해서 모니터한다. 부모-자녀 놀이치료의 마지막 단계에서는 부모들이 일상에서 아동중심 놀이치료 기술을 일반화하도록 돕는다. 처음에 치료자는 부모에게 그들이 놀이치료 기술을 충분히 일반화할 수 있을 때까지 아동중심 놀이치료 회기에서만 기법을 국한하여 사용하도록 요청하지만 마지막 일반화 과정 전에는 부모들이 놀이 회기 밖의 가정환경에서 기술을 시도해 보도록 하고 그것을 인정해 준다. 이것은 부모들과 협력적으로 작업할 때 동기 측면에서 이득을 제공하기도 하지만, 더욱 중요한 것은 부모가 기법의 유용성을 알고 스스로 그것을 일상의 양육에서 활용하고 싶다고 보고하게 하는 것이다. 부모가 이러한 방식으로 아동중심 놀이치료의 기법의 가치를 인식할 때 치료자는 보람을 느낀다!

부모-자녀 놀이치료 과정은 다른 곳에서도 더 자세히 기술하고 있다(Guerney, 1976, 1983; VanFleet, 2005, 2006b, 2008a; VanFleet & Guerney, 2003; Sywulak ,2003; VanFleet & Sniscak, 2003a, 2003b). Guerney가 본래 개발한 부모-자녀 놀이치료와 완전한 가족치료 모델을 적용한 형태 또한 찾아볼 수 있다(Landreth & Bratton, 2006; Caplin & Pernet, 출판중; VanFleet & Sniscak, 2012; Wright & Walker, 2003). 연구에서는 부모-자녀 놀이치료의 장기적 효과와 전체 가족 변화의 효과에 대해서 명확하게 제시하고 있다(Bratton et al., 2005; VanFleet, Ryan, & Smith, 2005).

아동에게 있어서 부모-자녀 놀이치료의 가치

아동중심 놀이치료자는 아동중심 놀이치료의 가치와 힘을 인식한다. 이 비지시적 모델에 전념하고 있는 모든 놀이치료자는 아동이 건강한 기능, 자아존중감, 자기 책임감을 되찾기 위해 스스로 자신의 길을 찾아나갈 수 있도록 아동중심 놀이치료에서의 성공과 그것을 이루기 위한 훌륭한 방법들을 많이 숙지하고 있다. 그러나 우리 세 저자가 아동중심 놀이치료의 실행을 좋아하는 것만큼이나 부모-자녀 놀이치료의 활용을 통해 아동에게 개인적으로 더 큰 이득을 줄 수 있음을 발견했다. 이 책이 아동중심 놀이치료의 효과적 실제에 대해서 논하고 있긴 하지만 부모-자녀 놀이치료의 실제와도 긴밀히 연관된다. 아동 치료에서 부모-자녀 놀이치료가 가치 있는 몇 가지 이유가 있다.

수년간 아동을 빈번하게 봐 온 아동 치료자라 할지라도, 그들이 아동과 그 부모와의 관계를 능가하거나 심지어 똑같아질 수는 없다(그것은 목표가 되어서도 안 된다). 부모-자녀 사이의 자연스러운 결속은 부모에게 신뢰 수준을 제공하고, 아동과 끊을 수 없는 관계를 만든다. 이것은 놀이치료자와 아동의 관계가 중요하지 않다는 의미가 아니다. 경험 많은 아동중심 놀이치료자는 전형적으로 쉽게 깨지지 않는 강력한 관계와 신뢰를 형성한다. 하지만 치료자와 아동의 관계는 끝나게 마련이다. 그 아동은 부모(또는 다른 가족이나 보호자)에게로 돌아가고, 부모는 가장 좋은 환경에서 아동 치료에 참여하면서 그 일부분으로 배운 양육과 행동기술을 계속해서 사용할 것이다. 이러한 부모는 집중적이고 감독자가 있는 환경에서 아동중심 놀이치료 기법을 배우는 것의 온전한 이득을 얻을 수는 없는데, 아마도 부모-자녀 놀이치료에서는 이러한 것을 얻을 수 있을 것이다. 부모-자녀 놀이치료는 부모에게 그들이 부모로서 상담의 일부가 되도록 기법을 연습하고 숙달하게 하는데, 이것은 치료자가 아동과의 개인적인 아동중심 놀이치료 회기에 몰두하고 있을 때는 적용되지 않는다. 아동이 개인 치료를 받고 나서 몇 년 후에 상담실에 다시 오기도 하는데, 이는 그들의 부모가 준비되지 않아 새로운 문제가 발생했기 때문일 가능성이 높다. 게다가 아동은 부모-자녀 놀이치료가 가능하게 만드는 향상된 부모-자녀 애착관계로부터 이득을 얻을 수 있다. 수년간의 연구는 부모가 아동과 함께 부모-자녀 놀이치료에 참여할 때 자녀들의 변화가 유의미하고 지속적이라는 결과를 보여 준다(Guerney & Stover, 1971; Sywulak, 1978; Sensue, 1981; Bratton et al., 2005; VanFleet et al., 2005).

부모에게 있어서 부모-자녀 놀이치료의 가치

부모-자녀 놀이치료는 부모에게 평생의 양육 기술을 가르치기 위해서 고안되었고, 이것은 아동중심 놀이치료를 배우는 것으로 행해지고 숙달된다. 부모-자녀 놀이치료 과정은 치료자에게 부모와 그들의 자녀의 영역으로 향하게 하는 더없이 명확한 창을 제공한다. 감독 하에 있는 부모-자녀 놀이 회기의 성격은 치료자에게 가족 역동으로 드러난다. 가족 개입은 하나의 적극적 과정이 되고, 치료자는 부모에게 그들의 기술 습득에 대한 피드백을 제공하며, 가족이 경험하는 문제의 기저를 이루는 심리 역동이나 부모-자녀 문제를 다룬다. 부모-자녀 놀이치료에 참여했던 8세, 11세 두 자녀를 기르는 한부모 아버지의 사례가 그러한 예가 된다.

아버지 존은 부부관계에서 상당한 불화를 겪고, 부부 상담을 하려는 시도에서도 여러 차례 실패를 경험한 뒤 아내와의 관계가 악화되어 있었다. 거의 별거와 다름없게 되었을 때, 그의 아내는 보수가 좋던 직업을 잃었고, 심각한 우울증에 빠졌다. 두 아들 마크와 다니엘은 아버지가 떠난 것에 대해서 몹시 분개했고, 특히 어머니가 여러 문제와 씨름했기 때문에 더더욱 그러했다. 별거와 이혼 임박, 더불어 어머니의 수입 감소로 인해 그들은 집을 팔아야 했다. 한 부모로서 그 집을 유지할 수 있는 비용이 없었다. 두 아들의 세계는 뒤엎어졌고, 그들은 단순히 자신들의 아버지가 집을 왜 떠났는지, 왜 자신들의 삶에 극적인 변화를 일으킨 건지 이해할 수 없었다. 부모님의 별거에 대해서는 더더욱 혼란스러워했는데, 왜냐하면 그들은 부모가 싸우는 모습을 한 번도 본 적이 없었기 때문이었다. 부모가 수차례의 부부상담 회기를 논쟁을 위한 시간으로 사용했기 때문에 심각한 문제로부터 아이들을 다소 보호할 수 있었던 것이다. 부모-자녀 놀이치료는 강하고 혼란스러운 감정에 대해 작업함으로써 아버지가 아들 마크, 다니엘과의 관계를 재형성하는 것을 돕는 것에 초점을 두었다.

존이 사무실에서 부모-자녀 놀이 회기를 시작했을 때, 그가 얼마나 정서적으로 차단되었는지가 명확해졌다. 두 아들은 놀이실에서 자신들의 강렬한 분노를 표현했으며, 아버지는 침착하고 냉담했다. 놀이 회기 동안에 중립적인 주제들에 대해서 두 아들에게 질문함으로써 아버지는 그들의 화난 감정을 바꾸어 주려고 시도했다. 하지만 말할 필요도 없이, 아버지는 자녀들에게 정서적으로 공감하지 못함으로써 그들의 분노를 처리할 수 없었다. 몇몇 회기를 진행하면서 자녀들의 분노를 수용하고 반영하는 데 어려움이 있다는 피드백이 있었고, 부모-자녀 놀이치료 상담가는 놀이 회기가 끝난 후 회기에 대해 논의하는 시간에 그에게 정서적으로 개입하기로 결정했다. 상담가는 존이 두 아들의 화를 이해하고 수용해야 하는 것에 대해서 스스로 얼마나 긴장하고 있는지 인정해 주었다. 상담가가 아버지의 감정에 대해서 공감해 주고 수용하자 아버지의 마음의 빗장은 풀렸고, 그는 자신과 자신의 아내가 서로에게 적절하게 분노를 표현할 수 없었다고 이야기했으며, 대부분의 시간 동안 자신들의 관계에 아무 일도 없는 것처럼 지내 왔다고 했다. 아버지는 또한 자신이 미칠 듯이 화가 난 알코올 중독자 아버지 밑에서 양육되었으며, 자신이 절대 아버지처럼 되지 않겠다고 맹세했었다는 사실 또한 털어놓았다. 즉, 아버지는 한 번도 분노를 표현하는 방법을 배우지 못했으며, 부인과의 관계에서도 분노의 표현을 회피함으로써 두려움을 관리하고 있었다. 그가 자녀들의 분노를 수용하기를 거부함으로써 얼마나 자녀들의 분노를 막아두었는지, 그리고 자신이 그렇게 절실하게 자녀들과 갖고 싶어 했던 관계를 악화시켜 왔는지 깨달았을 때 돌파구가 생겨났다.

자녀들과 아동중심 놀이 회기들을 수행하는 동안, 부모는 자신들이 얼마나 자녀에 대해서 알게 되었는지에 대해서 놀랐다. 그리고 더 중요한 것은 그들 자신에 대한 것이었다. 비지시적 놀이 회기에서 부모가 하는 자녀들과의 작업은 부모가 인간으로서, 그리고 부모로서 깊은 수준에서 그들이 누구인지를 경험하도록 하는 문을 열어 준다. 기초적인 수준에서 아동은 단순히 가족역동, 부모의 불충분함, 부모-자녀 관계의 성격, 그리고 가족이 실제 기능적이 되기 위해서 필요한 것 등을 이해하도록 하는 경험을 부모에게 줄 수 있다. 문제는 부모가 부모-자녀 놀이치료 놀이 회기를 어떻게 수행하면 되는지 알게 되었을 때 그들이 종종 깊은 수준에서 조율하지 못한다는 것과 아동이 전달하고자 하는 메시지를 놓친다는 것이다. 부모-자녀 놀이치료는 그러한 부모들에게 단지 따르기만 하면 되는 기법과 기회를 제공한다. 그 학습은 꽤 강력할 수 있는데, 1970년대에 부모-자녀 놀이치료를 통해서 부모와 함께 놀이의 세계에 들어온 8세 남아 티모시의 사례를 통해 이를 증명할 수 있다.

티모시는 낮은 자아존중감과 낮은 좌절 임계치를 가진 완벽주의적인 아동이었다. 아동은 학교에서도 잘 해내지 못했으며, 친구도 없었고, 부모에게 가끔씩 자신은 불행하니 죽었으면 좋겠다는 말을 했다. 부모는 자녀를 돕기 위해서 아동중심 놀이치료 기법을 열렬히 배우고자 하는 열성적인 사람들이었다. 그들은 부모-자녀 놀이치료의 각 회기의 내용을 충실히 따랐다. 아버지는 비싼 바지와 흰색 정장용 셔츠를 입었고, 어머니는 가장 유행하는 바지 정장을 입고 있었다. 그들의 손톱은 깔끔하게 손질되어 있었고, 그들의 세련된 머리 모양은 정돈되어 있었다. 그들은 집단의 다른 부모들과는 극명한 대조를 이루었는데, 다른 사람들은 청바지에 계절에 맞는 티셔츠나 스웨터를 간편하게 입었다. 티모시 역시 멋진 아이였다. 그는 부모의 축소판처럼 보였다. 치료자에 의해서 시행된 놀이치료 회기 시연 동안, 티모시는 특별한 방의 자유에 대해서 어색하고 불편해했다. 치료자가 특별한 방에서는 아동이 원하는 거의 모든 것을 할 수 있다고 상기시켜 줄 때까지 아동은 종종 치료자의 지시를 기다렸다. 그리고 시연을 위한 대부분의 회기 동안 아동은 매우 조심스럽게 놀이실을 탐색했다.

티모시가 어머니와 첫 번째 회기에서 놀이를 할 때 집단의 사람들은 놀랐다. 왜냐하면 놀이실에서 티모시가 세련된 바지 정장을 입은 어머니에게 기듯이 손과 무릎을 바닥에 두라고 한 후, 줄넘기를 느슨하게 어머니의 목에 묶고, 자신이 이끌면 소처럼 '음메' 소리를 내며 자신을 따라 기어 오라고 말했기 때문이다. 하지만 티모시의 어머니는 고수였다! 어머니는 아들이 주도하는 대로 정확히 잘 따랐고, 특별한 놀이실에서 채워지는 아들의 즐거운 감정을 반영했다. 티모시가 '음메' 소리를 계속 내라고 하면 어머니는 한동안 더 길게 '음메'를 했다가 아들의 감정을 다시 공감적으로 경청했다. 티모시의 아버지는 이 놀이를 전개되는 대로 다른 부모들과 함께 지켜봤다. 일방경(one-way mirror) 뒤의 모든 사람이 이 장면을 보고 키득거렸고, 어머니가 티모시의 요구를 얼마나 잘 다루었는지에 대해서 언급했다.

놀이 회기가 끝나고, 어머니와 다른 사람들은 티모시의 놀이 회기를 논의하기 위해서 회의실로 돌아왔다. 부모-자녀 놀이치료 상담가와 다른 사람들은 보통은 부모를 당황시킬 수도 있는 그러한 환경 하에서 그녀가 매우 잘 해낸 것에 대해서 칭찬했다. 티모시의 어머니는 감사하다고 말하면서 울기 시작했다. 어머니는 그제야 자신이 그동안 완벽해 보이기 위해서 티모시와 가족에게 얼마나 부담을 주었는지, 어떻게 그들에게 불충분하다는 감정과 불안정감을 전달하고 있었는지 이제 이해할 수 있다고 설명했다. 부모-자녀 놀이치료 상담가는 이 어머니의 말을 주의 깊게 듣고 공감적으로 경청한 뒤, 방금 자신의 아들에게 얻은 반성으로부터 자신을 향해 문을 열게 하였다. 이후 그녀의 가족은 긍정적인 변화를 맞게 되었다. 그 회기는 모든 사람에게 정서적 회기였으며, 주의하기, 조율하기, 수용하기의 아동중심 놀이치료 기법을 통해 아동이 어른에게 가르칠 수 있는 것에 대해 배울 수 있었던 회기였다.

이 회기 중에 일어난 학습은 즉각적으로 다음 집단 모임에서 명확해졌다. 다음 회기 때 티모시의 부모는 청바지와 편한 셔츠를 입고 조금 일찍 도착했다. 그들은 지난 한 주 동안 티모시의 기분이 얼마나 달랐는지, 그들이 완벽한 가족인 척 하지 않고 풀어져서 서로를 얼마나 즐길 수 있었는지에 대해서 열정적으로 이야기했다. 티모시라는 한 아동을 통해서 모든 사람이 배운 교훈 하나는, 비지시적 부모-자녀 놀이의 맥락 아래 부모는 소가 되어 '음메' 할 수도 있다는 것이었다!

부모-자녀 놀이치료 실행하기

1960년대 초반 Guerney에 의해서 부모-자녀 놀이치료가 시작되었을 당시에는 대개 6명의 부모를 포함하여 집단으로 수행되었다. 이 집단 형식은 중요한 장점을 제공한다. 우선 부모가 자녀와 어려움을 겪을 때 혼자가 아니라는 것을 알게 함으로써 그들에게 지지체계를 제공한다. 또한, 부모는 다른 부모가 아동중심 놀이치료 기법을 배우는 과정을 보고 참여함으로써 이득을 얻을 수도 있고, 부모-자녀 놀이치료 상담가들이 모델링을 해 줄 때 다른 부모의 성취를 강화하고 관찰함으로써 도움을 받기도 한다. 이 현상은 Frank Reissman(1965)이 처음 기술한 '조력자 치료원칙(helper therapy principle)'으로 설명할 수 있다. 이 이론에 따르면,

다른 집단 구성원을 도울 때 도움을 주는 집단 구성원의 자기효능감과 숙달감이 증가한다. Reissman 이론의 결과는, 도움을 주는 사람과 도움을 받는 사람 모두가 공동 관심사를 갖고 집단 안에서의 역할을 하게 하는데, 이는 심리적인 복지 및 인식된 집단 이득의 증가와 상관관계가 있다.

하지만 18~24주 동안 정해진 저녁 시간대에 여러 부모를 함께 한 방에 모아야 한다는 조건적 제약으로 인해 집단 형식은 임상이나 개인적 상담실에서는 종종 가능하지 않기도 하다. 그러므로 개별 가족을 대상으로 한 10회기 모델(한 회기당 90분)은 원래의 집단상담 형식은 아니지만 임상환경에 맞게 사용할 수 있도록 개발된 것이다(Ginsberg, 1997; Sywulak , 2003). 어떤 전문가는 한 회기를 한 시간으로 더 짧게, 더 오랫동안(15~20회기) 진행하기도 한다(VanFleet, 2005, 2006b). 또한, 부모-자녀 놀이치료를 가정에 직접 방문해 개입하는 방식으로 진행하기도 하는데, 이때는 치료자가 장난감 키트를 가지고 방문하여 치료의 시작부터 부모-자녀 놀이치료를 진행한다(VanFleet, 2005). 그밖에도 더 짧은 기간 동안 진행하는 집단 모델 역시 다양한 적용을 위해 개발되었다(Caplin & Pernet, 출판 예정; Landreth & Bratton, 2006; VanFleet & Sniscak, 2012; Wright & Walker, 2003).

개인적 형식으로 부모-자녀 놀이치료를 행하는 것은 집단 경험의 풍부성을 얻을 수는 없지만 치료자와 가족에게 집단에서는 이루기 힘든 깊은 수준의 부부 문제나 가족 문제에 대해서 다룰 기회를 제공한다. 부모-자녀 놀이치료의 효과성은 개인 상담실, 클리닉, 학교, 보육시설, 감옥, 병원 등 많은 임상 장면에서 입증되어 왔다. 여러 임상 장면에서 다양하게 변화하여 다양한 형태로 이루어진다는 것은 부모-자녀 놀이치료가 얼마나 강력한 접근인지를 강조하는 것이라 할 수 있다.

부모-자녀 놀이치료에서 훈련의 중요성

이 장의 시작 부분에서 기술했듯, 아동중심 놀이치료에서 좋은 훈련과 수퍼비전 경험은 부모-자녀 놀이치료를 실행하기 위한 학습의 전제조건이다. 부모-자녀 놀이치료가 아동중심 놀이치료의 기법을 차용하고는 있지만 그것이 교육적 모델에 기초를 두고 있다는 점에서 아동중심 놀이치료와 명확히 다르다. 이것은 부모-자녀 놀이치료 상담가들이 아동중심적 입장에서 크게 다루어 온 역동적인 측면과 함께 모델의 교훈적이거나 교수적인 요소들의 균형을 어떻게 맞출지를 이해해야만 한다는 것을 의미한다. 부모-자녀 놀이치료에서는 부모에게 존중과 감사를 담아 대해야 하고, 그들을 자녀에 대한 '전문가'로 봐야 한다. 인간으로서, 그리고 부모로서 그들에 대한 진정한 존중을 담아 그들의 감정을 받아들이고 이해하는 것은 치료적 관계 형성의 핵심적인 부분일 뿐만 아니라 그들의 학습을 방해하고 있을지도 모를 개인 내적, 그리고 관계적 문제들을 알아내고 해결하는 데 도움을 준다. 지시적인 기술로는 간단한 강의, 시연, 모델링, 구조화, 연습, 극놀이, 행동형성, 사회적 강화, 그리고 기법 일반화 등이 있다.

아동중심 놀이치료와 같이, 부모-자녀 놀이치료는 다소 직접적인 접근으로 보일 수도 있으나 부모-자녀 놀이치료와 아동중심 놀이치료 모두 좋은 훈련과 수퍼비전을 통해서만 학습할 수 있는 방법상의 미묘한 차이가 있다. 지도감독자와 강사로서의 우리의 경험으로 봤을 때, 단순히 책을 읽거나 비디오를 보는 것은 이러한 방법을 효과적으로 배우기 위한 충분한 훈련이 될 수 없다.

어디서 훈련받을 수 있나

우리는 모두 미국 전역과 해외에 있는 수천 명의 치료자에게 부모-자녀 놀이치료 훈련을 제공해 왔다. 때때로 대학, 연구소, 정신건강 센터에서 부모-자녀 놀이치료 강사를 모셔 와 관심 있는 참가자들을 구성하여 훈련 장소를 제공하기도 한다. 몇몇 치료자는 처음에는 자신의 상담 장면에서 아동중심 놀이치료로 상담을 하다가 이후 자격 있는 훈련자를 통해 부모-자녀 놀이치료를 구하기도 한다.

우리에게 상담과 슈퍼비전, 훈련 프로그램을 쉽게 의뢰할 수 있도록 우리의 연락처를 14장에 목록화하였다. 우리 세 저자 모두는 Guerney에게 직접 하사받아 Guerney의 치료에 기초한 아동중심 놀이치료와 부모-자녀 놀이치료를 하고 있으며, 그 방법을 이 책에 기술하였다. 또한, Guerney는 관계 향상을 위한 연구소(NIRE: the national institute of relationship enhancement; www.nire.org)를 설립하여 전문가를 위한 교육 서비스를 제공하고 있다. 이 연구소 사이트에서는 광범위한 서적과 비디오 목록을 제공하고 있으며, 현재는 많은 다른 센터나 대학에서 부모-자녀 놀이치료 훈련 과정을 제공하고 있다. 독자는 이에 대해서 우리에게 연락을 취할 수 있으며, 다음의 정보를 살펴볼 수도 있다. 전문가들은 공인된 부모-자녀 놀이치료자, 그리고 공인된 부모-자녀 놀이치료 과정 지도자와 같은 자격을 취득할 수도 있다(www.play-therapy.com).

부모-자녀 놀이치료에 대한 정보를 얻을 수 있는 곳

부모-자녀 놀이치료에 기초한 Guerney의 원 접근은 다음에서 제시하는 것과 같다. 참고목록의 구체적 사항은 이 책의 마지막에 소개하였다.

책

- 『부모-자녀 놀이치료: 놀이를 통한 부모-자녀 관계 강화하기』 (VanFleet, 2005)
- 『부모-자녀 놀이치료의 사례』(VanFleet & Guerney, 2003)
- 『관계향상 가족치료』(Ginsberg, 1997)

DVD

- 〈부모-자녀 놀이치료 개관〉(VanFleet, 2006b)
- 〈부모-자녀 놀이치료〉(VanFleet, 2008a)

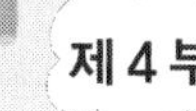

제 4 부

실제적 적용과 문제들

다르게 나타나는 문제에 대한 아동중심 놀이치료

아동중심 놀이치료는 과정 중심적으로 개입하기 때문에 내담자가 여러 유형으로 나타내는 문제에 상당히 유용하게 적용할 수 있다. 가끔은 기본적인 접근 방식을 매우 조금만 변형하여 적용하기도 한다. 임상가들이 Axline의 여덟 가지 원칙(3장 참고)을 고수하면서 기법 안내(5장 참고)를 따르는 한, 아주 조금만 수정하고서도 이 접근을 적용할 수 있다. 대부분의 경우, 아동중심 놀이치료에서의 적용은 그것의 방법론보다 특정한 물리적 환경이나 놀이실 구성과 관련이 있다. 즉, 치료자가 놀이실에서 다양한 장난감을 사용할 수만 있다면 그들은 구조화할 수 있고, 공감할 수 있으며, 아동의 초대에 따라 아동중심적 가상놀이에 참여할 수도 있고, 아동에게 제한을 설정할 수도 있다.

독자는 아동중심 놀이치료와 부모-자녀 놀이치료에서 일어나는 일들을 면밀하게 살펴보는 것이 도움이 될 것이다. 아동중심 놀이치료와 부모-자녀 놀이치료의 방법이 다른 아동과 가족의 문제에 어떻게 사용되는지 시연되는 것을 보는 동안, 아동중심 놀이치료 접근이 제공하는 범위와 깊이에 대해 심오한 이해를 제공할 수 있다. 아동중심 놀이치료와 부모-자녀 놀이치료 동안 일어나는 아동의 놀이에는 아동의 수만큼이나 많은 변형이 존재한다. 이 장에서 그에 대한 다양한 사례를 소개할 것이다. 상당수의 아동이 다양한 어려움을 갖고 있긴 하지만 여기서는 상담에 의뢰된 주된 이유를 중심으로 정리하였다.

아동이 스트레스를 몹시 많이 받고, 복잡한 정서 · 사회 · 행동 문제를 가지고 있으며, 가끔씩 학대와 방임이 일어나는 경우, 복잡하고 다양한 치료 프로그램이 필요하다는 점에 주의해야 한다. 한 가지 유형의 개입만으로는 거의 충분하지 않다. 이러한 경우에는 아동중심 놀이치료나 부모-자녀 놀이치료를 치료의 핵심에 놓고 많은 다른 치료 개입을 동반하는 것이 좋다. 하지만 여기서는 이 책에서 다루는 범위에만 한정하여 아동중심 놀이치료나 부모-자녀 놀이치료에 대한 정보를 소개하겠다.

내담자의 개인정보를 보호하기 위해서 신원에 관련된 정보는 바꾸었다. 사례의 대부분은 여러 다른 가족의 사례를 합쳐 놓은 것이다. 그러나 임상적 문제, 놀이 회기 행동과 주제, 가족 역동, 치료는 아동중심 놀이치료와 부모-자녀 놀이치료 원리를 현실적으로 반영하였다.

불안

아동의 불안은 여러 이유로 일어나는데, 때때로 그것은 아동의 일상생활을 방해하기도 한다. 그것은 아동이 속한 가족 체계나 또래 관계, 혹은 학교와 관련된 어려움이나 압력, 아동의 삶에서 일어난 공포스러운 사건으로부터 온 것일 수도 있다. 많은 부모가 말이나 추론을 통해 자녀를 위로하고, 주의를 환기하기 위해 노력하는 것은 효과가 없다고 보고한다. 아동중심 놀이치료는 아동에게 감정을 표현할 수 있도록 하고, 개인적으로 의미 있는 방식으로 그들의 두려움을 숙달하게 하므로 종종 불안을 다루기 위해 유용하게 사용할 수 있다. 이와 관련된 두 가지 사례를 소개한다.

8세 여아인 알리슨은 할아버지가 돌아가신 후 불안 때문에 놀이치료에 의뢰되었다. 아동은 장례식에 참석하지 않았지만 이후에 관, 죽은 사람, 장례식, 악마 등에 관한 악몽을 꾼다고 부모에게 말했다. 첫 번째 아동중심 놀이치료 회기에서 아동은 입술과 눈두덩에만 뚜렷하게 색이 들어간 가면을 보았다. 아동은 재빨리 눈길을 돌리면서 "나 저것들이 싫어요."라고 말하며, 치료자에게 그것을 선반의 높은 곳으로 올려 달라고 요청했다. 치료자가 가면을 선반 위로 올린 다음에야 알리슨은 놀이를 할 수 있었는데, 부엌놀이 세트를 가지고 음식을 준비하기도 하고 설거지를 하기도 했다. 아동의 처음 다섯 회기는 같은 방식으로 시작되었고, 치료자에게 가면들을 보이지 않는 곳으로 높이 올려 달라고 요청했다. 여섯 번째로 놀이실에 들어왔을 때 아동은 가면 중 하나를 꺼내어 치료자에게 주고 써 보라는 시늉을 했다. 치료자는 그렇게 했고, 알리슨은 웃었다. 그런 다음 자신이 다른 가면 하나를 써 보더니 거울을 보고 다시 웃었다. 그때부터는 가면에 대해 신경 쓰지 않는 것 같았다. 아동이 치료자를 통해서 그 가면들을 통제할 수 있었을 때 명백하게 두려움이 사라진 것이다. 알리슨은 가정에서 슬픔을 다루는 활동을 하면서 동시에 아동중심 놀이치료를 12회기 참여했다. 가정 활동은 실제 장례식의 사진과 알리슨이 그린 몇 개의 그림을 가지고 할아버지를 추억하는 책을 함께 만드는 것이었다. 이 치료 활동을 통해 아동의 불안과 악몽은 사라졌다.

5세인 토니는 어머니와 함께 교통사고를 당한 뒤에 놀이치료에 의뢰되었다. 아동은 경미한 부상을 입었지만 어머니는 심각한 후유증이 남을 수도 있는 목 부상을 입었고, 구급차에 실려서 병원으로 이송되었다. 아버지가 도착할 때까지 여성 경찰관이 토니와 함께 그곳에 있어 주었다. 어머니는 병원에 하루 입원한 후 퇴원하여 물리치료를 받았고, 빠르게 회복하였다. 토니는 사고가 일어나기 전보다 더 조용해진 것을 빼고는 괜찮은 듯 보였다.

사고 후 한 달이 되었을 때, 가족은 도시 외곽으로 운전해 가는 길에 반대쪽에서 오고 있는 구급차를 보았다. 사이렌 소리가 한 번 울리고 나서 불이 깜박거리며 켜졌다. 그때 토니가 뒷좌석에서 소리를 지르며 몸부림을 쳤다. 부모는 진정시키려 노력했으나 효과가 없었고, 매우 고통스러워하는 토니의 행동은 거의 한 시간 가까이 계속됐다. 다음날 가족이 텔레비전을 보고 있을 때 구급차가 화면에 나오자 아이는 또 다른 강력한 반응을 다시 보였다. 그 후 토니는 실제 생활에서, 텔레비전에서, 심지어 잡지 사진에서조차 구급차를 볼 때마다 같은 반응을 보이기 시작했다. 몇 달 동안 이 문제를 해결하기 위해 노력했지만 성공하지 못하고 부모는 도움을 구했다. 부모-자녀 놀이치료가 이 가족에게 적합할 수 있다 해도 어머니는 여전히 움직이는 데 무리가 있었기 때문에, 아이를 데려오는 일은 주로 아버지의 몫이었다. 따라서 치료자와 부모는 부모-자녀 놀이치료를 몇 개월 뒤로 미루고, 아동중심 놀이치료를 시작하기로 결정했다.

첫 번째 아동중심 놀이치료 회기에서 토니는 치료자에게 거의 말을 하지 않았다. 아동은 놀이실을 탐색하고, 만지고, 몇 가지의 다른 장난감을 가지고 놀았다. 하지만 어떤 장난감도 오래 가지고 놀지는 않았는데, 치료자는 이러한 양상을 탐색하여 "네가 그 군인들을 확인하고 있구나……. 네가 총을 찾아서, 어떻게 작동되는지 보려고 시도하는구나……. 펑! 펀칭백을 쳤어! 그 가면이 우습구나……. 우, 그건 전혀 좋아하지 않는구나. 다시 펀칭백을 쳤구나. 그 느낌이 좋구나. 모래를 손가락 사이로 빠져나가게 하는 느낌이 좋구나…….” 하고 반영했다.

두 번째 회기에서 토니는 좀 더 탐색을 한 후 모래상자 앞에 앉았다. 아동은 의사 인형을 가져와 모래에 수술실을 만들었다. 그리고 병상에는 여자 인형을 두었다. 다시 한 번 치료자는 “네가 무언가 만들고 있는 것처럼 보이는구나. 의사는 마스크를 막 씌우려고 하고 있구나. 아, 여자를 수술하고 있는 두 사람이 있네. 그 사람들은 그 여자에게 여러 가지 시도를 하고 있구나. 그녀가 어떤지 걱정하고 있는 것 같다.” 하고 아동이 하고 있는 것, 그리고 표현하는 감정을 반영했다. 마지막 언급에서 토니는 치료자를 보았고 고개를 끄덕였다. 여기서부터 아동은 “이것은 사람들을 잠들게 하기 위해 얼굴에 쓰는 마스크예요. 여자는 자고 있고, 이 사람들은 이 여자를 고쳐요.” 하고 스스로 놀이에 대해 말했다. 토니는 이 수술 장면을 만들면서 한 번의 놀이 회기를 거의 다 보냈으며, 그것은 교통사고 이후에 아동의 어머니에게 일어났던 일에 대한 두려움과 관련된 것처럼 보였다.

세 번째 놀이 회기에서 토니는 축 늘어진 큰 인형을 골라서 목 주변에 청진기를 댔다. 아동은 자신이 의사이며, 치료자는 간호사라고 했다. 그리고 아동은 인형을 가리키면서 이 환자를 진찰해야 한다고 말했다. 병원 놀이 세트를 사용해 아동이 심박동과 혈압을 확인할 동안 치료자는 아동의 지시에 따라서 인형을 잡고 있었다. 이윽고 아동이 “지금부터는 반사를 확인해야 합니다. 간호사, 망치를 주세요.” 하고 말했다. 간호사 역할을 하는 치료자는 아동에게 도구를 건네면서 “여기 망치 있습니다, 의사 선생님.” 하고 말했다. 그다음 토니는 반사를 확인하는 것처럼 인형의 무릎을 쳤다. 아동은 인형의 다리를 잡아서 공중으로 한 번 발차기하게 했다. 아동은 자신의 환자의 무릎을 여러 차례 계속해서 치며 반사를 확인했다. 치료자는 여전히 간호사 역할을 하면서 "와, 의사 선생님, 그 반사에 대해서 여러 번 확실하게 확인하시는군요. 환자가 괜찮은지 확실하게 확인하고 있으시네요." 하고 말했다. 그리고 회기의 나머지 시간 동안에 토니는 펀칭백과 레슬링 시합을 했다.

토니는 아동중심 놀이치료의 네 번째 회기에서 의사 놀이로 돌아왔는데, 다시 무릎 반사, 심박동, 혈압을 확인했다. 이때 아동은 인형의 여러 부분에 주사를 놓는 척했다. 아동은 치료 종료 5분 전이라는 신호를 보자 구급차를 꺼내서 불을 켜는 버튼을 누른 후 방 주위를 돌아다녔다. 그리고 구급차보다 더 큰 인형을 위에 태우고는 방 주위를 좀 더 돌아다녔다.

치료자는 그 병원 놀이가 그 사고, 특히 부상이나 어머니와의 분리와 관련된 토니의 두려움과 직접적으로 연결된다고 믿었다. 아동은 놀이를 통해 점차 두려움에 숙달되는 듯 보였다. 동시에, 부모는 아동이 구급차에 대해서 덜 반응적이 되었고, 몇몇 뉴스나 잡지 사진 중 일부를 보여 달라고 요청하기까지 했다고 보고했다. 그리고 아동은 사진들을 찬찬히 살펴봤으며, 전처럼 완전히 정서적으로 붕괴되지는 않았다고 한다.

후속 놀이 회기에서 토니는 의사 놀이와 구급차 놀이를 계속했다. 아홉 번째 회기에서 아동은 치료자에게 함께 구급차에 타는 사람 역할을 해 달라고 요청했다. 치료자는 아동이 이끄는 대로 추락해서 도움이 필요한 인형의 옆으로 돌진했다. 이 회기 이후에 토니는 더 이상 병원 놀이를 하지 않았다. 대신 펀칭백을 가지고 놀거나 주방 놀이 세트를 가지고 놀거나 공룡을 가지고 놀았다. 아동의 부모는 아동이 더 이상 구급차에 대해 반응하지 않았다고 보고했다. 토니는 놀이에서 책임을 맡으면서 불안을 극복해 왔으며, 이제 스스로에 대한 통제감을 좀 더 느끼게 된 것이다.

이혼

대개 이혼은 아동에게 혼란을 준다. 아동은 양쪽 부모 모두에게 애착을 느끼기 때문에 일상적 접촉의 상실은 아동의 안전감을 흔들 수 있으며 많은 감정이 수면 위로 올라올 수도 있다. 부모는 자신의 정서적 반응에 사로잡혀 때때로 자녀의 고통을 살피지 못하게 된다. 아동중심 놀이치료는 이혼가정의 아동이 자신의 감정을 표현하고 두려움을 숙달할 수 있게 하며, 변화된 생활에 관한 협의사항과 부모의 관계 변화에 적응하도록 한다.

다이앤의 어머니와 아버지는 이혼했다. 다이앤과 어린 남동생은 어머니와 살았는데, 초기에는 아버지와 정기적으로 만났다. 아버지는 약물남용과 가정 폭력의 전력이 있었다. 과거에 그들의 집으로 경찰이 여러번 방문하였으며, 다이앤과 남동생은 이 사건들을 모두 목격했다. 아이들을 방문한 어느 날 아버지는 마약에 취했고, 정신을 잃었다. 그때 7세인 다이앤이 집에 있었고, 응급센터에 전화를 해야만 했다. 경찰이 도착했을 때 아버지는 적대적이며 공격적이었다. 이 사건 뒤, 아버지는 법원으로부터 아이들에 대한 면접권을 박탈당했고, 어머니가 전체적인 양육권을 쥐게 되었다. 그 후 아버지는 가족을 괴롭혔고, 대개는 약에 취해 있거나 술을 마신 상태였으며, 전화로 아이들에게 고함을 치고 성나서 날뛰었다. 또한 어머니에게 아이들을 데려가겠다고 협박을 하기도 했다. 다이앤은 줄곧 불안감을 느꼈으나, 또한 자신이 가족의 어려움에 책임이 있다는 걱정에 대해서 표현하였고, 부모가 다시 재결합하기를 바랐다. 다이앤은 자주 불안해했고, 문이나 창문이 잠겨 있는지 계속해서 확실히 확인했다. 다이앤은 아버지와 전화로 대화하는 것을 거부했으나 후에 아버지의 감정을 상하게 한 것에 대해서 죄책감을 느꼈다.

다이앤의 어머니는 극도로 스트레스를 받았는데, 뒤따라 이루어진 긴 양육권 싸움 동안에 특히 그랬다. 어머니는 재정적인 문제에 봉착했고, 아이들과 있으면서 친척에게 도움을 요청했다. 정말로 어머니는 그 당시 부모-자녀 놀이치료에도 올 수 없을 정도로 스트레스와 우울감이 심했다. 그래서 치료자는 다이앤의 상담에서 아동중심 놀이치료를 사용했다. 첫 번째 회기에서, 다이앤은 미술 작업을 해 보기로 결정했다. 아동은 조심스러웠고, 자신이 작업을 할 수 있도록 치료자와 놀이실이 안전한 환경을 제공하는지를 확인하고자 했다. 아동은 자신의 가족과 관련된 문제는 전혀 말하지 않았다. 두 번째 아동중심 놀이치료 회기에서 다이앤은 지루해했고, 할 것을 찾지 못하겠다며 모래상자에 있는 모래를 앞뒤로 움직이는 데 상당한 시간을 보냈다. 치료자는 반영적이고 공감적으로 주의를 기울이며 아동의 곁에 머물러 주었다. 치료 종료 5분 전이라는 신호를 주자 다이앤은 모래상자에 몇 가지 동물 모형 인형을 골라 놓았다. 한쪽에는 화가 난, 그리고 무서운 동물을 놓고, 화가 난 동물 건너편의 다른 분리된 공간에 수풀과 가족 단위의 가축을 놓았다. 그런 다음 회기를 끝냈다.

2주 후 세 번째 회기에서 다이앤은 바로 모래상자 앞으로 갔다. 그리고 치료자에게 모래 상자에 작업을 계속하고 싶다고 했다. 아동은 원하는 모형 인형을 고르는 데 상당한 시간을 할애했고, 마음속으로 그려 놓은 계획에 맞지 않는다며 골라 놓은 모형 인형 중 일부는 사용하지 않았다. 결국 아동은 사자, 호랑이, 고릴라 그리고 많은 뱀을 골랐다. "나는 뱀이 싫어요. 나를 무섭게 하거든요." 하면서 아동은 기린을 집어 들고는, "얘네는 착한가요?"라고 물었다. 치료자는 그 질문에 "그들이 착한지 아닌지 구별하려고 하고 있구나." 하고 반영했다. 다이앤은 기린을 한쪽으로 놓은 뒤, "아니요……. 기린은 너무 친절하고 순해요."라고 말했다. 아동은 단지 무섭고, 공격적이고, 못된 동물들을 한쪽에 놓았다.

아동은 모래로 큰 언덕을 만든 후, 이 언덕의 한쪽에 토끼, 다람쥐, 사슴, 부엉이, 너구리 등 다른 동물들의 가족을 위한 집을 만들었다. 아동은 엄마, 아빠, 아이 등 각 가족 구성원을 확인했다. 동물 가족의 주위로 가구 또한 조심스럽게 배치했다. 아동은 자신이 잠자고 텔레비전을 볼 좋은 공간이 필요하다고 설명했다. 침대에는 어른 동물을 놓고, 아동 동물은 다른 곳에 두었으며, 아기 동물은 요람에 두었다. 치료자는 "네가 동물들을 위해서 좋고 편안한 집을 만들어 주고 있구나."라고 반영해 주었다. 다이앤은 "네. 그런데 이 동물들은 내일 어떤 일이 일어날지 아무것도 모르고 있어요."라고 말했다. 이 언급은 일상생활 속에서 아동이 느꼈던 통제감 부족에 대한 불안을 드러내는 것처럼 보였다. 아동이 스스로 필요로 하는 것만큼 동물 가족을 위해서도 좀 더 편안하고 보호된 환경을 만들어 주고자 하는 것처럼 보였다. 다이앤은 동물들이 언덕의 꼭대기까지 오를 것이며, 다음에 어떻게 되는지 보라고 말했다. 아동은 못된 동물로부터의 잠재된 위협에 더 큰 통제감을 부여했다. 동물 가족은 두려워하는 것을 좋아하지 않는 듯했다.

다이앤은 선물처럼 포장된 반짝이는 작은 상자들을 선택하고는 킥킥대며 웃었다. 그리고 치료자에게 그 상자들이 실제는 폭탄이라고 했다. 치료자는 공감적 기법을 사용하면서 "아, 비밀 무기구나. 그런데 그들은 그것이 폭탄이라는 걸 모르는구나."라고 말했다. 다이앤은 다시 웃고는 "이것이 공격할 것을 모르고 있어요."라고 말했다.

모든 것이 만족할 만큼 준비되고, 치료자가 종료 5분 전이라고 알려 준 뒤, 공격적인 동물들은 언덕의 꼭대기로 더 가까이 움직였다. 이윽고 공격이 시작되었을 때, 다른 쪽에 있는 가족 구성원들은 침대에서 텔레비전을 시청하고 있었다. 다이앤은 재빨리 아동 동물 인형을 가져와서 요람에 위치시키고는 "여기가 안전할 거야." 하고 말했다. 어른 동물들은 모두 공격자들을 향해서 언덕 너머로 선물 상자를 던졌다. 하나씩, 공격자들을 죽였다. 다이앤은 공격자가 죽을 때마다 거꾸로 뒤집어 놓았다. 그리고는 이전에 그랬던 것처럼 미소 짓고 웃었다. 치료자가 "공격자들은 자신이 앞으로 어떻게 될지 몰랐구나. 작은 동물들이 공격자들에게 속임수를 썼네. 그들은 작다 할지라도 강하고 힘이 있어서 스스로를 안전하게 보호하는 방법을 찾았구나." 모든 공격자가 선물 폭탄에 의해서 공격을 당한 후, 다이앤은 "끝났다."라고 말했다. 아동은 좀 더 이완된 것처럼 보였고, 놀이실을 떠났다.

흥미로운 점은, 다이앤이 놀이실에 올 때 어떤 놀이를 할 것인지 계획을 가지고 오는 것으로 보였다는 것이다. 아동은 자신의 계획을 어떻게 실행할지 결정하는 데 회기의 대부분을 보냈다. 공격자들을 정복하는 것은 그 회기 안에서 매우 짧은 순간이었다. 이야기를 만들어 내면서 얻는 계획과 숙달감이 아동의 불안을 경감시키는 데 도움을 주었다. 아동은 희생으로 인해 자신의 힘과 통제감을 상징적으로 회복할 수 있었고, 자신의 가족 안에서 느꼈던 무력감을 회복할 수 있었다.

다이앤의 어머니는 아동이 이 회기 후에 가정에서 덜 불안해하는 것 같고, 더 나아가 예전에 경험했던 두려운 감정에 어느 정도 숙달된 것 같다고 하였다. 아동은 이후 몇 가지 부가적인 걱정에 대한 작업을 아동중심 놀이치료 회기를 통해 지속해 나갔으나 처음 세 회기에서 했던 상담 작업만큼을 더 진행했다. 그리고 접수 과정 후에는 단지 10회기의 아동중심 놀이치료만을 필요로 했다.

주의력결핍 과잉행동 장애

ADHD 아동이 학교와 가정에서 문제를 경험하는 것은 꽤 일반적이다. ADHD의 증상으로 인한 어려움에 더해서, ADHD 아동은 관계에 있어서의 어려움, 좌절감, 낮은 자기개념을 가진다. 아동중심 놀이치료는 이러한 아동들의 감정, 자기개념에 도움을 주고, 부모-자녀 놀이치료는 부모-자녀 및 가족 관계를 부드럽게 하는 데 유용하다. 다르게는, 좀 더 지시적인 놀이치료 개입 또한 구체적인 증상과 목표 영역을 다루는 데 유용할 수 있다(Kaduson, 2006 참고).

브렌트는 9세 때 아버지가 치료에 데려 왔다. 아동은 반항성, 떼쓰기, 그리고 동생과의 신체적 싸움의 빈도가 증가한 시기를 보내고 있었다. 나쁜 행동을 보이는 이 시기를 보내고 있을 무렵, 아동은 다른 사람의 물건을 훔치고 자신을 의심하는 사람들에게 이야기를 만들어 내 거짓말을 했다. 아동과 아동의 동생은 모두 입양되었으며, 동생은 심각한 시각장애와 약간의 신경학적 문제를 지니고 있었다. 아동은 신체적으로 키가 크고 기민했으며 힘이 넘쳤다. 이것 때문에 많은 사람들이 현실적으로 아동의 생물학적 연령에서 기대할 수 있는 것보다 더 많은 것을 아동에게 기대했다. 하지만 아동은 빈번하게 다른 사람들의 기대에 못 미쳤다. 게다가 사람들은 어린 동생의 나쁜 행동에 대해서는 종종 "어쩔 수 없다."며 용서하였으나 브렌트에게만은 더 많은 기대를 하곤 했다.

브렌트는 아동중심 놀이치료를 사랑했다. 그의 놀이는 자주 특정한 활동을 포함했다. 아동은 놀이실을 축구장으로 설정하고, 치료자에게 상대팀을 맡아 달라고 요청했다. 아동은 자신의 필요에 맞추기 위해서 규칙을 만들거나 바꾸었으며, 자신이 너무 이긴다 싶으면 치료자에게 몇 차례 점수 내는 것을 허용했다. 이기는 것은 아동에게 중요한 일이었기 때문에 결국 아동은 언제나 게임에서 이겼다. 아동은 매우 경쟁적이었고 치료자보다 한 수 앞서는 것을 즐겼다. 아동은 자신이 멈춰서 점수를 낼 동안 치료자를 정신없게 만드는 창의적인 방법을 생각해 냈고, 그것이 성공했을 때 스스로 매우 기뻐하는 듯했다. 그는 언제나 열정과 힘이 충만한 채 놀이를 했다.

브렌트의 치료 계획은 다른 유형의 놀이치료도 포함하고 있었으나 아동중심 놀이치료가 매우 유용했다. 아동의 놀이 주제는 자기존중감, 숙달, 힘과 통제, 유능성에 대한 정체감, 제한 설정, 경쟁, 공격, 승리, 관계 그리고 문제해결이었다. 이러한 유형의 놀이는 그를 활동적으로 만들었고 참여하도록 했다. 아동의 가정에서는 이러한 기회가 거의 없었으므로 대부분의 실제 놀이는 규칙을 가지고 하거나 순응적으로 성인의 기대에 맞추어야 했다. 아동은 큰 체구로 인해 종종 더 나이 많은 아동과 게임이나 스포츠를 했으며, 그 사이에서 아동은 나이, 충동성, 산만성 때문에 이길 기회가 거의 없었다. 하지만 아동중심 놀이치료에서는 규칙을 변경할 수 있다는 상황이 새로웠고, 이것은 아동이 좀 더 유능하며, 자신 있고, 스스로에 대해서 자신감을 갖도록 했다. 아동은 종종 비판적인 가정 환경 내에서는 가능하지 않았던 방식으로 자신을 탐색하고 수용하곤 했다. 아동이 놀이실을 나갈 때는 언제나 행복했으며, 각 회기 후에는 행동 문제가 개선되었다. 그의 아버지는 아동중심 놀이치료 회기 후 가정에서 공격성이나 반항을 덜 보인다고 보고했다. 지시적인 놀이치료 개입은 그의 초점을 증가시키고, 충동성을 다소 줄였다. 치료자는 부모-자녀 놀이치료 하에서 가족에 개입하기를 원했으나 가족이 새로운 집으로 이사하려는 계획이 있었으므로 실제로 그렇게 하지는 못했다.

발달장애

루시는 놀이치료에 의뢰된 15세 여아였다. 아동은 발달장애를 가지고 있었으며, 위탁가정에서 살고 있었다. 방임 때문에 어머니로부터 떨어져 있었고, 발달사에서 성학대, 신체적 학대를 경험하기도 했다. 아동은 고등학교 특수 학급에 다니고 있었으며, 자신과 같은 나이의 다른 아이들처럼 되고 싶어 했다. 아동은 자주 음악, 머리 모양, 화장에 대해 이야기했다.

루시의 양어머니의 주된 걱정은 루시가 학교에 아기 인형을 가지고 간다는 것이었다. 그러한 행동은 금지되어 있어서, 아동은 인형을 자신의 가방 안에 감췄다. 아동은 하루를 지내기 위해서 이 인형이 필요한 것처럼 보였다. 양어머니는 이 행동의 연령 적합성에 우려를 표했고, 루시가 다른 친구들에게 놀림을 받을까 봐 두려워했다.

루시는 아동중심 놀이치료에서 이전에 친부모에게 학대당했던 내용을 다루었다. 어느 날 자신의 생물학적인 어머니의 친권이 소멸되었음을 알고 난 후에 루시는 젖병을 들어서 입에 넣는 척했다. 아동은 다소 당황스러워하면서 조심스럽게 치료자를 보았다. 치료자는 "네가 지금 젖병을 사용해도 괜찮은 건지 궁금하구나."라고 말하며 아동의 불확실성을 반영했다. 이때 치료자는 아동이 젖병으로 마시는 것을 허용하기 위해서 각 아동마다 개별 젖꼭지를 준비한다(제5장 참고). 루시는 웃은 후 입에 젖병을 물었다. 치료자는 "때로는 아이가 되어 보는 것도 기분 좋지."라고 말했다. 루시는 바닥에 누워서 태아의 자세처럼 몸을 구부렸다. 치료자는 몇 걸음 떨어진 곳의 작은 의자에 앉았다. 루시는 이 자세로 젖병을 빠는 것을 계속했다. 아동은 치료자에게 노래를 불러 달라고 요청했다.

치료자는 사람들이 영아에게 안정감을 주기 위해 불러 주는 자장가를 불렀다. 루시는 아기처럼 소리를 내면서, 남은 10분 동안을 그 자세로 있었다. 치료자는 종료 5분, 1분 전에 시간에 대해서 주의를 주는 것을 제외하고는 계속해서 부드럽게 노래를 불러 주거나 허밍을 했다. 그 회기가 끝났을 때, 루시는 조용히 일어나 치료실을 나갔다. 다음 두 회기 동안에도 아동은 퇴행적 놀이를 했다. 이 회기 이후에 루시는 학교에 아기 인형을 가지고 가는 것을 그만두었다. 루시는 자신이 주 양육자로부터 받지 못했던 돌봄을 만들어 냄으로써 자신을 재 양육한 것처럼 보였다.

애착 문제

애착 문제는 가족에게 있어서 극도로 어려울 수 있다. 이것은 대개 학대나 다른 외상과 얽혀 있으며, 아동의 행동은 무섭거나 극단적이고, 일반적인 양육 방법은 아주 효과적이지 않거나 전혀 효과적이지 않게 느껴진다. 부모가 치료에 올 때쯤이면 이미 그들은 지쳐 있을 수 있다. 아동중심 놀이치료는 아동이 자신의 감정을 표현하고 다루는 방법을 배우는 데 효과적이고, 좀 더 자신을 잘 조절할 수 있게 한다. 부모-자녀 놀이치료는 특히 외상적 문제를 다루는 동시에 가족의 건강한 애착을 만들도록 하는 데 유용하다(VanFleet, 2006c; VanFleet & Sniscak, 2003a, 출판 준비 중).

브리타니는 12세 때 어머니에 의해서 상담에 의뢰되었다. 아동은 유럽계 미국인 가정에 입양된 아프리카계 미국인이었다. 가족에는 다른 두 명의 입양된 아동이 더 있었다. 5세가 될 때까지 브리타니는 그 집의 위탁 아동으로 살았으며, 부모는 아동이 9세 되던 해에 입양했다. 아동의 비행 행동은 꽤나 오래되었다. 어머니 펠리샤는 브리타니가 반항적이고,

음식물을 훔치거나 사들이고, 거짓말하고, 형제자매와 싸우고, 자신의 물건이 아닌 것을 가져온다고 했다. 또한 아동은 학교에서 친구들과 어울리지 않았다. 브리타니는 유능한 학생이었으나 정서적 지지 학급에 배정되었다. 아동은 이전에 ADHD 진단과 반응성 애착장애 진단을 받았으며 위탁 가정에 배치되기 이전의 발달사는 명확하지 않다. 부모에 대해서 알려진 바가 없는 등 발달사에 대한 정보가 부족함에도 학대는 의심되었다.

펠리샤와 남편은 브리타니의 행동에 매우 좌절했고, 이것은 가족 전체를 속상하게 만들었다. 펠리샤는 브리타니를 신뢰하지 못해 불과 몇 분 동안도 혼자 두지 못한다고 보고했다. 브리타니의 부모는 거주치료센터로 아동을 보내는 것이 어떨지 고려했고, 이것을 아동에게 말했을 정도로 누적된 스트레스에 좌절감을 느끼던 상태였다. 그들은 마지막 대안으로 상담을 받으러 왔다.

브리타니는 치료에 오는 것을 행복해했다. 아동은 치료자에게 부모가 자신의 말을 들어주지 않는다고 했다. 자신이 가족 중 다른 사람들과는 다르며, 그래서 자신이 불공평하게 취급된다고 설명했다. 거기서 아동은 마치 자신이 때로 죄수라도 된 듯한 느낌을 받는다고 했다. 아동은 종종 방 안에 혼자 머물게 되었고, 또한 자기 스스로 놀이를 하거나 탐색을 할 수 있는 자유가 없이 부모 중 한 명과 지속적으로 함께 있어야 하는 것을 싫어했다. 브리타니는 치료자에게 자신이 부모를 기쁘게 하고 싶고, 좋은 관계가 되었으면 좋겠는데 어머니가 종종 화를 내서 자신을 속상하게 한다고 했다.

펠리샤는 자신이 아동을 양육하는 책임을 질 때 대부분 지루해했다. 그녀는 지쳐 있었고, 브리타니를 양육하는 것의 어려움에 대해 더 이상 인내할 수 없었다. 어머니는 일상 속에서 좋은 부모가 되려는 데에 게을

러지고 있었다.

부모와 첫 번째 접수면접을 한 뒤에, 치료자는 놀이실에서 부모와 함께 있는 브리타니를 관찰했다. 관찰 회기 동안 중요했던 것은 브리타니가 금발로 된 가발을 쓰고 있었다는 점이었다. 아동은 자신이 다른 가족 구성원들처럼 피부색이 옅었으면 좋겠다고 말해서 부모를 쩔쩔매게 했다. 치료자는 부모에게 부모-자녀 놀이치료를 제안했고, 그들은 세 회기 동안 훈련을 받았다.

펠리샤와 함께한 브리타니의 첫 번째 놀이 회기에서 브리타니는 멋진 가운을 입고 하이힐을 신었다. 아동은 어머니에게 보라색 목도리와 핸드백, 그리고 장난감 돈을 주었다. 어머니는 가상놀이의 세계로 들어갔다. 브리타니는 아기를 사러 갈 거라고 말했다. 그들이 가게에 다다랐을 때, 브리타니는 세 명의 아이를 고르고 이름 붙였다. 얼마 후, 아동은 어머니에게 독특한 이름들을 기억하는지 문제를 냈고, 그녀가 기억하자 돈과 칭찬으로 보상하였다. 아동은 자신의 자녀를 어머니가 실제로 알고 있었는지 시험하는 것처럼 보였다. 그들은 함께 아기들의 기저귀를 갈고, 먹이고, 잠을 잘 수 있도록 작은 요람에 놓아두었다.

그런 다음 브리타니는 어머니를 특별한 뷔페에 초대했다. 브리타니는 모든 플라스틱 음식을 이용하여 성대한 잔치를 열었다. 아동은 어머니에게 어떤 것을 먹고 싶은지 물었고, 어머니가 만족했다고 확신할 때까지 어떠한 것도 먹지 않았다. 자신이 맡은 인물의 역할 속에서 아동은 어머니와 잠깐 대화를 나눴고, 어머니가 걱정할 필요가 없도록 가스를 구입할 장난감 돈을 좀 더 주었다. 펠리샤는 첫 번째 가상놀이 회기에 훌륭하게 잘 참여했다. 브리타니가 맡은 역할의 감정을 잘 알아주면서, 적절하게 공감적 경청기술을 잘 사용했으며, 놀이를 이끌지 않으면서 역할에 잘 머물렀다.

이 첫 번째 회기의 주제들은 일반적으로 영아를 돌보고 양육하는 것, 각 아동의 특별함을 기억하고 존중하는 것의 중요성 등 어머니-자녀 관계 및 입양과 강력하게 연관되어 있는 듯했다. 브리타니는 지금껏 거절감을 느끼고 가족으로부터 떨어져 있었는데, 이 회기는 아동이 입양된 아기들에게 필요한 이러한 유형의 관심을 얻게 해 주었다. 음식 놀이는 가정에서의 식사와 관련하여 몇 가지의 불일치한 점을 반영했다. 역할 내에서 브리타니는 사랑스럽고 친절했으며, 너그러웠다. 어머니가 가정에서는 절대 보지 못했던 행동이었다. 어머니는 첫 회기에서 아동의 행동에 매우 감명을 받았고, 자신과의 놀이를 아동이 얼마나 많이 즐겼는지에 대해서도 놀랐다.

두 번째 회기는 꽤 달랐다. 브리타니는 가운을 걸치고 하이힐을 신은 후, 어머니에게 일련의 무기를 주었고, 자신을 위해서도 일부를 챙겼다. 아동은 "우리 둘만을 위한 공간이 없어."라고 했으며, 가상의 전쟁을 시작했다. 장벽 뒤에 숨어서 그들은 많이 웃었고, 칼싸움을 했으며, 서로에게 폭탄(공)을 던졌다. 어머니가 후퇴하기 시작했을 때, 브리타니는 "이리로 돌아와."라고 말했다. 어머니와 함께한 전쟁이 끝나고, 아동은 진심으로 웃었다. 어머니는 브리타니가 자신과 놀이 회기에 참여하기를 원했다는 사실에 다시 한 번 놀라움을 표현했다. 치료자와 어머니는 이 회기에 대해 가정에서의 실생활 전쟁을 반영하는 공격성이나 통제뿐 아니라 어머니와의 관계 형성 및 어머니의 삶의 일부분이 되고 싶어 하는 브리타니의 바람을 포함하여 가능한 놀이 주제를 논의했다. 어머니는 이때가 오랫동안 함께 지내 오면서 브리타니에게 희망을 갖게 된 첫 번째 날이라고 했다.

세 번째 부모-자녀 놀이 회기는 첫 번째 두 회기와는 또 달랐다. 아동은 어머니에게 '청중'이라고 말하며, 인형 극장 앞의 의자에 앉을 것을 요청했다. 브리타니는 멋진 은색 재킷으로 갈아입고, 눈에는 검은색 가면을 두르고 긴 금발 가발을 쓴 뒤에 인형 극장 뒤에 숨어 있었다. 그녀는 공연자가 된 것처럼 마이크를 들고 노래를 하면서 인형극장 뒤에서 나타났다. 노래의 주제는 '우리는 연인 사이에요.'였다. 처음에는 자신 없이 노래를 부르는 듯하다가 점차 자신감이 생기더니 열정적으로 큰 소리로 노래를 부르기 시작했다. 이 노래를 선택한 것은 우연이 아닌 것 같았다. 브리타니는 모든 것이 잘 풀리기를 바라며, 자신의 어머니가 원한다고 생각하는 사람이 되기 위해서 노력했다.

브리타니는 다른 노래를 부르기로 결심하고는 옷을 갈아입기 위해서 극장 뒤로 사라진 후 가면이나 가발 없이 역할놀이 영역에 다시 나타났다. 아동은 노래를 다시 불렀고, 이번에는 완벽해지고자 하지만 그렇게 할 수 없는 것에 대해서였다. 그 노래는 누군가가 기쁨을 주려고 노력하지만, 언제나 부족하다는 것이었고, 결코 충분하지 않다는 내용이었다. 어머니는 아동이 지시한 대로 경청하며 청중의 역할을 다했다. 이후에 치료자와 이야기를 나누면서 어머니는 브리타니가 좀 더 어렸을 때 부모-자녀 놀이치료를 알았어야 했다고 말했다.

이 세 회기는 어머니와 아동 사이의 관계에 괄목할 만한 변화를 가져왔다. 아동의 어려운 행동이 집에서 계속되긴 했지만 어머니는 그 행동을 다른 관점에서 보기 시작했다. 어머니는 애착 문제와 결부된 외상의 영향에 대해 이해하기 시작했고 가장 도전적인 자녀와 이러한 유형의 놀이를 하는 것의 잠재성을 보기 시작했다. 그들은 앞으로 해야 할 것이 많긴 했지만 관계는 새롭게 성장하기 시작했고, 어머니의 희망은 계속해 나갈 수 있는 동기를 부여했다.

외상 후 스트레스 장애

외상 후 스트레스 장애(PTSD: Posttraumatic stress disorder)를 경험하는 아동은 여러 감정을 다루어야 한다. 그들은 외상적 상황, 구체적으로는 외상의 특징이 되는 두려움, 공포, 무력감, 무망감의 감정을 받아들이도록 애써야만 한다. 아동중심 놀이치료의 초기에는 아동이 외상과 관련된 주제나 감정을 나타내는 것이 일반적이다. 그들은 자신이 충분히 안전감과 수용감을 느낄 때 일반적으로 숙달놀이로 옮겨갈 수 있으며, 상황에 대한 결과를 받아들이는 것에 의해 감정을 극복할 수 있다. 숙달놀이는 종종 실제 생활에서의 기능 역시 향상시킨다. 아동중심 놀이치료는 아동에게 그들이 경험했던 무력감을 극복하는 데 필요한 통제를 제공하고, 자신의 방법으로, 자신의 속도에 맞게 무언가를 해 볼 수 있는 비지시적인 특성을 제공한다. 이것은 아동이 그들 자신의 치유에 있어서 적극적 역할을 확실히 하도록 하는데, 그것이 바로 외상에서 회복하도록 하는 중요한 특징이다. 놀이는 안전감을 지켜 주며, 자기주도성은 아동의 대처기술과 자신감을 형성한다(VanFleet & Sniscak, 2003b).

커크는 위탁가정에 있는 다른 아동을 폭행해서 의뢰된 아동으로 9세부터 치료를 시작했다. 아동의 생물학적인 어머니는 정신적으로 건강하지 못했고, 어머니의 여러 남자친구 중 한 명에게 가정폭력을 당해 아동과 어머니가 상해를 입은 바 있었다. 그로 인해 어머니가 양육권을 박탈당하기 전까지 아동은 차나 쉼터에서 생활했다.

커크는 두려움, 과예민성, 야경증, 울음, 거짓말, 도벽, 과도한 분노 등을 포함하여 외상 후 스트레스 장애의 여러 증상을 보였다. 대부분의 시간 동안 아동은 슬프고 우울했다. 아동은 위탁가정의 다른 형제자매와 어울릴 수 없었고, 심지어 다른 아동을 폭행한 후 다른 곳으로 배치되었다. 커크 역시 어머니가 그리웠고, 어머니에 대해서 걱정했으며, 어머니 스스로 자신을 잘 돌보지 못할 때 어머니를 지켜 주고 안전하게 보호하고 싶어 했다.

커크는 자신에 대해서, 그리고 자신의 경험에 대해서 말하고 싶어 했다. 아동은 치료실에 들어왔을 때조차도 치료자에게는 거의 말을 하지 않았다. 아동은 매우 작은 공간을 사용하여 바닥에 작은 장난감들을 두고 놀이를 했다. 첫 번째 회기는 차를 서로 충돌시키며 대부분의 시간을 보냈다.

아동중심 놀이치료를 여러 회기 진행한 후에 커크의 놀이는 좀 더 확장되었다. 아동은 바닥에서 놀이하는 것은 지속했지만 더 넓은 공간과 더 많은 장난감을 사용했다. 그의 놀이는 복잡했다. 아동은 사람들과 애완동물이 있는 마을을 꾸몄다. 모형 인형 마을에서 사람들은 각자 자신의 일을 하고 있었고, 이러한 일련의 놀이는 항상 두려움이나 위험에 대한 요소를 포함하고 있었다. 즉, 아이들은 학교에서 오는 길에 버스 추돌사고를 당해 상해를 입기도 했으며, 그들을 구하기 위해 출동한 응급구조팀까지 대개 재난을 당했다. 그리하여 어린 희생양들은 결코 보호받거나 도움을 얻지 못했다. 마을 전체는 아수라장이었으며, 매우 혼란스러웠다. 집은 화재에 타고, 소방차들은 충분히 빨리 오지 못했다. 나쁜 사람들은 은행을 털고, 경찰은 도둑이 도망가는 동안 교통사고를 당했다. 학교는 폭파되고, 허리케인과 토네이도는 마을을 강타했으며, 사람들은 잔해 속에서 상실한 채 떠났다. 아동은 치료자에게 거의 말을 하지 않았지만 가장 끔찍한 환경의 일부분에 대해서는 설명을 했고, 때때로 이러한 놀이 장면의 일부를 도와달라고 요청했다. 이 놀이는 여러 회기 동안 계속되었다.

커크에게 세상은 암울하고 위험한 곳임이 자명했다. 놀이 속의 인물들은 자신이 구제하기에는 무력했으며, 도와주려는 사람들 또한 그랬다. 놀이 주제는 무력감과 무망감이 주류를 이루었다. 나쁜 일은 언제나 일어나고, 도와주려는 사람이 있다 해도 그들은 도울 수가 없었다. 커크가 만들어 낸 장면들은 두려움, 희생, 취약성으로 가득 차 있었다. 혼돈과 혼란감이 최우선적으로 존재했다. 아동은 놀이에 매우 집중했는데, 종종 사이렌 소리를 내기도 했고, 차가 충돌하는 소리를 내기도 했으며, 장난감을 극적으로 사용했다.

이러한 초기 회기 동안 절망적인 놀이 주제에도 불구하고 실제 생활에서의 커크의 행동은 안정되는 것처럼 보였다. 그의 양어머니는 다른 아동과 함께할 때 그의 행동이 개선되고 있다고 보고했으며, 아동은 놀이치료에 오는 것을 손꼽아 기다렸다.

비슷한 놀이가 수개월 동안 계속된 후에 놀이는 바뀌었다. 커크는 크고 다양한 장난감과 변장을 위한 장난감을 포함하는 가상놀이를 활용하기 시작했다. 공격성, 희생, 위험, 보호, 구조, 불안과 같은 주제가 남아 있었지만 새로운 주제가 나타났다. 이때 아동의 놀이는 역시 힘과 통제, 문제해결, 숙달을 반영했다. 이 시기 동안 아동은 악랄한 범죄에 맞서 싸우는 경찰이나 군인 인형을 포함하는 환상 놀이를 처음으로 했다. 수개월 후에, 아동은 놀이 역할을 통해 자신을 주장하기 시작했고, 위탁가정에서의 행동은 계속해서 개선되었다.

아동중심 놀이치료를 시작한 지 6개월이 흐른 뒤, 커크는 가상놀이에 치료자를 개입시키기 시작했다. 아동은 치료자가 자신의 아내라고 말했고, 그 둘에게는 두 명의 아이가 있었으며, 아동은 경찰관이었다. 커크는 치료자에게 총, 무전기, 칼, 돈, 전화기, 경찰관 모자, 경찰관 명찰 등 치료자와 아이들을 지키는 데 필요한 모든 물건을 주었다. 안전을 제공하는 것이 아동에게 주요한 주제가 되었다.

아내로서 치료자가 아이들을 보살필 동안 아동은 경찰관 역할을 수행하러 떠났다. 아동은 집을 나서면서 아이들을 껴안고, 아내(치료자)에게는 사랑한다고 말했다. 한 회기에서 아동은 아내에게 아이들이 찾지 못하도록 집 안의 총을 잘 확인하라고 주의를 주기도 했다. 이 놀이는 10회기 동안 변화하면서 반복적으로 나타났고, 가족과의 관계에 대한 주제가 나타난 것과 더불어 위협과 안전에 대한 주제는 우세하게 계속되었다. 커크는 이제 10세가 되었다.

아동은 치료자에게 와서 자신을 나쁜 사람들로부터 또는 인질극으로부터 구해 달라고 요청했다. 아동은 이제 활과 화살, 수갑, 헬멧과 함께 칼을 찼으며 휘장과 총을 갖고 있었다. 그는 알려지지 않은 숫자의 나쁜 사람들과 싸웠고, 대부분의 회기에서 자신의 경찰과 부인(치료자)의 도움으로 나쁜 사람들을 체포하는 것으로 끝이 났다. 아동은 자신의 아이들에게 음식을 먹이기 위해서 집으로 돌아왔고, 종종 아이들에게 "걱정 마라. 너희들은 안전해."라고 말하곤 했다.

이 시점에서, 커크의 회기는 배치문제로 방해를 받았다. 아동은 위탁부모에게 거의 입양될 뻔했는데, 그들이 마음을 바꾸었을 때 그는 다시 한 번 행동화를 시작했다. 아동은 일시적으로 치료자로부터 멀리 떨어져 있게 되었다. 아동이 치료자가 있는 지역의 일시적 위탁 가정에 다시 한 번 배치되었을 때 치료를 다시 시작하게 되었다.

그가 돌아오고 나서 첫 번째 아동중심 놀이치료 회기에서, 커크는 이전의 회기에서처럼 경찰관 부부 놀이를 시작했다. 그러나 이때, 고무로 만들어진 닭이 아이들을 공격했고, 아동은 아내에게 아이들을 구해 달라고 도움을 요청했다. 아이들을 구하기 위해서 닭과 소리를 지르고 한참을 싸웠다. 아동은 자신의 경찰 일로 돌아가, 두 명의 나쁜 사람(부드럽고 큰 인형)을 체포했고, 함께 수갑을 채웠으며, 그들을 넘어뜨렸다. 커크는 아내를 향해서 휘청거리더니 바닥에 쓰러지며 "그들이 나를 쐈어."라고 말했다. 아내 역할을 맡은 치료자는 그를 돕기 위해 구급상자를 가져왔다. 그는 바닥에서 극적으로 몸을 홱 움직이면서 흔들었다. 치료자는 기대되는 것처럼 환상 놀이에 참여했다. 치료자는 혈압을 기록하고, 주사를 놓아 주었으며, 아동에게 어떠한 일도 일어나지 않을 것이라고 말해 주었다. 아동은 돌아누우며 "그들이 나의 심장을 쐈어."라고 말했다. 치료자는, "오, 그들이 당신의 심장을 다치게 했군요."라고 반응했다. 그리고 심장(옷 위)에 밴드를 붙여 주었다. 그러자 아동은 다시 일어나더니 죄수들에게 다가가서 소리를 치고, 그들이 진실을 말한다면 쉽게 넘어가 주겠다고 말했다. 그러면서 계속 "나에게 거짓말하지 마. 난 경찰이고, 나에겐 거짓말을 할 수 없어."라고 말했다. 이 회기 후에, 치료자는 아동이 갑작스럽게 위탁가정에서 나가게 된 것에 대해서 이해하려고 노력하고 있는 것은 아닌지 의문이 들었다.

커크의 아동중심 놀이치료에서의 놀이는 몇 가지 수준에서 흥미롭다. 명확하게, 아동은 이제 적절한 관계 모델과 가족 양육을 받고 있다. 아동은 놀이에 치료자를 초대할 수 있을 정도로 충분히 안전감과 신뢰를 갖고 있으며, 힘, 통제, 관계, 안전, 위험, 양육, 탄력성 주제 등에 대한 심리적 작업을 위해서 놀이를 사용한다. 아동은 건강한 가족이 어떠한지에 대해서 이해하기 시작했고, 부모는 아동의 양육과 보호에 책임을 지고 있었다. 아동은 두려움을 느끼면 부모에게 도움을 요청하기 시작했고, 도전을 다루었으며, 문제에 대한 해결책을 찾는 데 좀 더 유능감을 느꼈다.

커크가 갑작스럽게 위탁가정에서 나가게 되었을 때 아동은 다시 무기력했고 두려움을 느꼈다. 치료가 다시 시작되기 전에, 아동은 그러한 감정과 부적절한 행동에 대한 지지를 아무에게도 얻지 못했다. 위탁 양육

체계(the foster care system, 미국에서 아동을 부모가 양육할 수 없는 경우 부모가 다시 양육할 수 있을 때까지 위탁가정에서 정부 보조를 받으며 양육하는 제도)에서 내려진 결정은 아동을 좀 더 힘들게 만들었다. 아동은 혼란스러웠으며 마음에 상처를 입었다. 이 정착되지 않은 시기에 커크의 실생활에서는 상당한 퇴행이 있었으나, 다시 아동중심 놀이치료를 시작하자마자 곧 안정되었다. 치료는 아동에게 그 당시 유일하게 안정된 관계였다.

커크는 결국 새로운 위탁가정의 어머니에게 배치되었다. 어머니는 치료자의 안내 하에 부모-자녀 놀이치료를 배우고 실행했으며, 이후 아동의 행동은 전보다 좀 더 안정되었다. 커크는 새로운 어머니와 건강한 애착을 형성했으며, 그 외상으로부터 상당히 더 빠져나왔다.

완벽주의/강박장애

완벽주의와 강박장애는 대개 상당한 불안을 지닌다는 것이 특징이다(실제, 강박장애는 미국 정신의학회[2000]에서 불안장애로 분류된다.). 완벽주의적이거나 강박적인 행동은 불안을 감소시키곤 한다. 아동중심 놀이치료는 이러한 행동을 하는 아동을 도울 수 있는데, 왜냐하면 즐거움은 불안을 분출하는 동안 경직성의 일부를 상쇄시키기 때문이다. 아동중심 놀이치료와 부모-자녀 놀이치료는 많은 완벽주의적인 아동과 가족에서 성공적으로 실행되었다. 강박장애로 진단된 아동에게 부가적인 치료 방법이 필요할지는 몰라도, 그들은 자주 아동중심 놀이치료의 비판적이고 비난하지 않는 환경에 잘 반응한다. 놀이 회기는 또한 덜 파괴적이고 더 적응적인 통제감을 느낄 수 있는 새로운 기회를 제공한다.

11세 여아인 메릴리의 부모는 메릴리가 5세일 때 이혼했고, 8세일 때 아버지가 재혼했다. 어머니는 현재 시내 근처 출신의 남자와 최근 가까운 관계로 발전했다. 어머니와 새로운 남자친구는 접수면접 동안 치료자에게 자신들이 결혼을 고려하고 있으나 메릴리가 그것을 수용할 수 있을 때까지 함께 살면서 천천히 기다리겠다고 했다. 메릴리는 어머니의 남자친구에게 예의 바르게 행동했으나 속마음을 잘 드러내지는 않았고, 어머니에게 그가 착하긴 하지만 아버지만큼은 아니라고 했다.

그들은 메릴리의 늘어가는 완벽주의를 염려했다. 아동은 6학년이었고 훌륭한 학생이었다. 선생님의 말에 따르면 2시간 이상 걸리지 않을 숙제에 아동은 적어도 매일 밤 적어도 4시간 동안 매달렸다. 또한 주말이 되면 학업을 지속하며 지나치게 많은 시간을 보냈다. 메릴리는 단순한 제안에도 매우 예민해서 모든 것을 비난이라고 생각하는 듯했다. 아동의 아버지는 더 이상 이 지역에서 살지 않았으나, 치료자는 치료와 개입에 대한 동의를 얻기 위해서 그에게 연락했다. 아버지 역시 메릴리에게 불안하고 완벽주의적인 경향이 있다고 보고했다. 아버지는 아동이 종종 입을 옷을 고르거나 손톱을 손질하는 데 너무 많은 시간을 들인다고 말했다. 아버지와 그의 아내는 종종 아동과 함께 어딘가를 가야 할 때 적어도 20분을 더 기다려야 했다고 보고했다.

메릴리의 어머니는 첫 번째 만남에서 자신 역시 불안한 경향이 있다는 것을 인정했으나 메릴리만큼 강하지는 않다고 했다. 어머니는 메릴리가 행복하지 않다는 것에 대해서, 그리고 아동의 행동이 고등학교에 갈 때즈음에는 더 나빠지지 않을까 하는 것에 대해서 걱정을 하고 있었다. 메릴리는 다소 심각한 소녀로 보였고, 어머니와 함께하는 가족 놀이 관찰 회기에서 전체 회기 동안 칠판에 '행맨' 놀이(상대가 단어를 맞추지 못하면 단두대에 매달린 사람을 그려 나가 아웃시키는 단어게임)를 하기로 선택했다. 상황을 좀 더 잘 사정하기 위해 치료자는 부모-자녀 놀이치료나 다른 개입을 하기로 결정하기 전에 짧게 아동중심 놀이치료 과정을 실행해 보자고 제안했다.

처음 메릴리는 놀이실에 있는 대부분의 장난감을 피했다. 아동은 그저 말하는 것이 더 좋다고 언급했다. 치료자가 "네가 장난감에 관심이 없을 수 있어. 그보다 너는 말하는 것이 좀 더 편안하구나. 자, 특별한 놀이실에서는 네가 원하는 것은 어떤 것이든 할 수 있어. 말하는 것, 놀이하는 것, 어떤 것이든지 말이야."라고 반응했다. 메릴리는 첫 번째 회기 동안 치료자와 행맨 놀이를 하기로 결정했다. 그리고 치료자에게 자신이 가장 좋아하는 과목에 대해서도 말해 주었다. 장난감을 둘러보며 놀이실 주위를 걸어 다녔고, 변장을 할 수 있는 영역에서는 오래 남아 있었다. 그런 다음 몇 분 동안 다시 행맨 놀이를 했다. 이후 변장놀이를 할 수 있는 영역으로 다시 가서는 치료자에게 몇 개의 모자를 잠깐씩 써 보였다. 치료자는 따뜻한 목소리로 "몇 가지 다른 것들을 살펴보는구나. 네가 모자를 썼을 때 어떤지 알아보려고 몇 개를 써 봤구나."라고 반영해 주었다. 메릴리는 마녀 모자를 쓰고 거울에 비친 자신의 모습을 보며 미소 지었고, 치료자에게 "선생님은 마녀 같이 꾸민 모습을 좋아하나 봐요!" 했다.

메릴리는 세 번째 아동중심 놀이치료 회기에 좀 더 준비가 되어 있었다. 아동은 즉시 변장 영역으로 가서 마녀 모자를 썼다. 그런 다음 화려한 빨간색 숄과 초록색 손가락 인형을 착용했다. 그리고는 거울을 보면서 표정을 지었다. 치료자는 공감적으로 계속 수용해 주면서, "네가 그 마녀 물건들을 좋아하는구나. 자, 옷도 있고 그 긴 빨간색 손톱도…… 다른 표정을 지어 보는 것도 재미있구나." 이때 아동은 치료자에게 돌아서서 눈을 찡긋하며 인상을 찌푸리고는, 손을 들어서 손가락을 구부려 갈고리처럼 만들면서 탁탁 소리를 냈다. 아동은 마녀로 변신했고 치료자를 겁주려 했다. 아동은 무언으로 치료자에게 그런 역할을 부여하고 있었으므로, 치료자는 겁먹은 것처럼 행동하며 "어머나! 안 돼! 마녀가 나에게 추파를 던지고 있어!"라고 말했다. 이 말은 아동에게 웃음과 이완을 주었다. 메릴리는 부끄러움이 줄어듦에 따라 여러 다른 옷을 입어 봤다. 아동은 전체 회기 동안 다른 옷을 입어 보고, 그 옷을 입은 자신을 감탄하며 바라보는 데 시간을 할애했다.

네 번째 회기에서 메릴리는 치료자에게 게임을 할 것이라고 말했다. 치료자는 학교의 학생이 되고, 자신은 선생님이 되는 것이었다. 아동은 치료자가 크레파스와 종이를 가지고 작은 탁자에 앉아 있는 동안에 마녀 옷을 다시 입었다. 메릴리는 학생들에게 수학문제를 주고, 문제를 채점한 후, 종이의 상단에 빨간색 크레파스로 'D'며 'F'를 써 놓는 '악마' 선생님이 되었다. 치료자는 아무리 노력해도 선생님을 만족시킬 수 없어 몹시 화가 난 학생의 역할을 맡았다. 메릴리는 이것을 무척 좋아했다. 아동은 선생님으로서 점점 더 많은 요구를 하게 되었다.

메릴리는 학교, 권위, 다른 사람을 기쁘게 하는 것, 실수를 저지르는 것에 관련된 많은 주제를 가지고 치료자와 함께 변장과 가상놀이를 계속 실행했다. 아동은 가정에서 좀 더 지속적으로 이완되어 있을 수 있었다. 치료자는 메릴리가 어머니와의 관계에 어려움이 있을 거라는 생각에 치료자와 아동중심 놀이치료 12회기를 한 후 부모-자녀 놀이치료를 시작할 계획을 가지고 있었다. 부모-자녀 놀이치료로 완전히 옮겨가기 전까지 아동중심 놀이치료와 부모-자녀 놀이치료 회기를 번갈아 실시했다. 메릴리가 흥미를 가지고 즐거워함에 따라 어머니는 자신이 가정에서 아동을 엄하게 대해 왔다는 것을 깨닫게 되었고, 자신이 어떻게 하면 좀 더 즐겁게 될 수 있을지 제안해 달라고 요청했다. 치료자는 놀이를 통해 둘이 좀 더 연결될 수 있도록 도왔고, 치료가 종료되었을 때 그들은 더 따뜻하고 즐길 수 있는 관계가 되었다.

의학적 질병

아동과 부모가 지니는 의학적 질병은 가족에게 걱정과 스트레스를 유발한다. 이것은 특히 당뇨, 암, 천식, 담낭 섬유증, 만성질환의 경우에 그러하다. 만성질환은 대개는 가족 생활양식의 변화, 불쾌한 치료, 가정에서의 복잡한 의학적 관리를 필요로 한다(VanFleet, 1986, 2000a). 만성질환은 간혹 입원을 통해 좀 더 심각한 상황이나 새로운 걱정거리를 가져오기도 한다. 아동이 심각한 상해나 만성질환으로 인해 의학적 체계 내로 들어가면 그들의 삶은 때때로 치료나 질환의 관리를 중심으로 돌아가며, 자신이 또래와 다르다고 느낀다. 농장에서 사고로 상해를 입은 후 보조기구로 몸을 지탱하고 있는 아동, 매일 혈당치를 측정해서 인슐린 주사를 맞아야 하는 당뇨병 아동, 암 치료를 받기 위해 병원에 입원해 있는 어머니를 방문하는 형제자매 모두는 공통점이 있다. 즉, 그들의 삶은 의학적 문제에 직면하기 전보다 더 적은 통제를 받는다는 것이다. 모든 아픈 아이들에게 통제감의 상실은 가족과 의학 전문가들을 어렵게 몰아가는 의학적 순응 문제를 불러일으킬 수 있고, 의학적 통제에 대한 강조는 아동이 그 통제에 저항하도록 하는 여러 가지 문제를 일으킬 수도 있다. 부모가 아플 때, 그들은 자신의 자녀가 원하는 대로 욕구를 충족시켜 주기에 필요한 힘이 부족할 수 있고, 그래서 행동문제를 발생시킬 수 있다.

아동중심 놀이치료와 부모-자녀 놀이치료는 이러한 아동과 가족이 다소의 균형을 재형성하는 데 매우 유용한 도구다. 놀이 회기는 아픈 아동에게 상당한 통제감을 제공하고, 그러한 통제감이 그들의 의학적 상황을 방해하는 방식으로 발현될 가능성을 줄여 준다. 놀이 회기는 또한 아동에게 자신에 대해서, 그들의 형제자매에 대해서, 그들의 병에 대해서 표현할 수 있는 기회를 제공한다. 부모-자녀 놀이치료는 가족 모두에게 상당한 스트레스를 주는 시기에 상대적으로 단기간에 이루어지는 개입이다. 심지어는 부모에게도 자녀가 상황에 대처하는 데 도움을 줄 수 있는 긍정적인 무언가를 스스로 하고 있다는 통제감을 제공한다.

11세인 게일은 일생을 병원에서 입원과 퇴원을 반복하며 지내 왔다. 아동의 언니인 지나 역시 담낭섬유종을 앓고 있었다. 지나는 14세가 되던 최근 이 병으로 죽었다. 치료자, 의료센터의 심리학자, 놀이치료자는 아이들이 입원할 때마다 간헐적으로 상담을 했다(이 가족은 100마일 떨어진 시골에 살고 있었다.). 치료자는 게일과 게일의 언니와 함께 상담을 했는데, 언니가 죽는다는 사실이 명확해지자 어렸을 때 말을 매우 좋아했던 게일은 아마도 천국이 말들로 가득 차 있는 곳일 거라고 말했다.

치료자는 게일이 자신의 병이 함축하고 있는 것들과 언니의 죽음에 대해 강한 감정을 가지고 있음을 알았으며, 언니가 죽고 몇 개월 후 처음 게일이 병원에 입원했을 때 몇 회기의 추가적인 아동중심 놀이치료 회기를 제안했다. 게일은 식사를 거부했고, 그래서 아동의 체중은 위험할 정도로 낮았다. 이것은 두 자매 모두에게 만성적인 문제였고, 가족 내에서 힘겨루기를 초래했다. 게일은 치료자를 알았고, 좋아했기에 즉시 놀이실에 들어오는 것에 동의했다. 주저함 없이 아동은 모든 말을 다 꺼내서 매트에 놓고는 들판이라고 했다. 말들은 놀고, 먹고, 즐거운 시간을 보냈다. 치료자는 "그 말들이 즐거운 시간을 보내고 있구나. 놀기도 하고 기분도 좋아 보인다." 하고 말했다. 게일은 구부러지는 작은 인형을 집어들더니 "이게 언니예요."라고 말했다. 아동은 작은 언니를 말 등에 태우고 이리저리 움직이며 말 타기를 흉내 냈다. 치료자는 게일의 언어적 · 비언어적 행동이 나타내는 감정을 "언니는 정말 말 타기를 좋아하는구나. 정말 재밌는 시간을 보내고 있어! 와! 언니는 거의 떨어질 뻔하기도 했구나. 말 위해서 재주도 부리네!" 하고 반영했다.

치료자는 게일이 병원에 있는 2주 동안 여섯 번의 아동중심 놀이치료 회기를 진행했다. 게일은 상실, 두려움, 희망, 건강의 주제로 놀이하는 데 말을 사용했다. 아동중심 놀이치료는 아동의 감정에 도움을 주었을 뿐만 아니라 놀이로 자신의 통제 욕구를 전용(轉用)하게 하였으며, 먹는 것 또한 즉각적으로 개선되었다. 치료자는 또한 모래상자에서 치료적 장례식을 갖는 것, 게일과 지나를 기리기 위한 특별한 책을 만드는 것과 같은 몇 가지 지시적인 개입을 활용했다.

가족이 그렇게 멀리 살지 않았다면 부모-자녀 놀이치료는 부모에게는 지지를 제공하고, 게일에게는 걱정에 대한 지속적인 출구를 제공하여 힘겨루기를 해결하기 위한 훌륭한 개입 방법이 되었을 것이다.

청소년기의 심각하고 만성적인 외상과 애착 문제

아동중심 놀이치료는 기본적으로 놀이와 상상을 가장 자유롭게 사용할 수 있는 연령인 3~12세의 아동을 대상으로 한다. 아동이 애착 문제와 결부된 복잡한 외상을 가지고 있을 때, 그들의 사회정서적 발달은 지연될 수 있다. 이러한 환경 하에서 좀 더 나이 든 아동 및 청소년을 대상으로 아동중심 놀이치료와 부모-자녀 놀이치료를 사용해 상담할 수 있으며, 이때 그들은 놀이 회기를 치유를 위해 사용하고자 한다.

리암은 치료에 의뢰되었을 때 13세였다. 그는 치료의 일부인 센터 밖에서의 경험을 사용하는 거주 프로그램을 막 마친 상태였다. 리암은 신체적 학대, 성학대, 정서적 학대를 당한 발달사를 가지고 있었으며, 다양한 거주지와 정신 병원을 전전했고, 수많은 애착 관계의 붕괴를 경험했다. 그는 6세 때 원가족에서 분리되어 아동 보호 시설에 적어도 26회 이상은 들어갔다. 그것은 치료자가 경험한 여러 아동 중 가장 많은 수치여서 '상을 수여할 정도'였다. 치료자가 리암에게 '그동안 아마도 스스로 자신을 보살피는 방법을 배웠겠다'고 하자 그는 즉시 자랑스러워하는 기색을 보였다. 리암의 모든 힘은 스스로의 안전을 지키고, 누구도 자신을 속이지 못하도록 막는 데 초점이 맞춰져 있었다. 그는 자신이 이전에도 여러 번 상담을 받은 적이 있다고 치료자에게 말하면서 "모든 상담자가 똑같이 바보 같은 질문만 하던 걸요!"라고 말했다. 그는 저항적이었고 거친 태도를 나타냈다. 그의 겉모습 역시 일반적이지 않았는데, 즉 그는 긴 머리를 뒤로 묶었고 소매가 잘린 티셔츠를 입고 있었으며, 속옷이 보일 정도로 허리 부분이 짧은 청바지를 입고 있었다. 또한 팔에는 일회용 문신과 그림 등이 그려져 있었다.

치료자는 그런 그에게 어울리지 않는 공간처럼 보일지라도, 치료실을 보여 주는 것에 대해 제안했다. 치료자는 리암과 같은 아동이 놀이실에서 무엇을 할 수 있을지에 대해 확신할 수 없었다. 곧 리암은 놀이실에 들어와 장난감을 살펴보는 데 오랜 시간을 보냈다. 쥐어짜면 소리가 나는 닭 모양의 고무 인형, 가짜 담배, 그리고 모자와 가면 등 몇 개의 장난감을 집어 들더니 재미있다고 여기는 듯했다. 그는 치료자에게 자신이 모자를 써 보아도 좋은지, 닭을 대기실로 가져가 위탁가족에게 보여 주어도 좋은지 물었다. 그는 스스로 즐기고 있는 것처럼 보였다. 아동은 회기의 남은 시간을 부드러운 다트 총으로 다양한 목표물을 쏘는 데 보냈다. 회기가 끝났을 때 리암은 이제 간단히 식사해야겠다고 말했다. 그는 웃으면서 치료에 다시 오는 것에 동의했다. 관계는 이렇게 시작되었다.

리암이 다음 시간에 왔을 때, 그는 놀이실로 가자고 했다. 또한 치료자에게 자신을 비디오로 찍어 달라고 요청했다. 그는 해적 모자를 쓰고,

검은 해골 마스크로 얼굴을 가렸다. 그리고 큰 인형극 놀이용 간이 극장 뒤에 숨어서 몇 개의 짧은 칼과 긴 칼을 준비했다. 그리고는 치료자에게 영화가 시작되었다고 말한 후 극장 뒤에서 나왔다. 그리고는 즉시 큰 곰 인형과 삐쭉삐쭉한 큰 이빨을 가진 보라색 공룡 인형을 이용하여 그것들에 공격당한 것처럼 가장했다. 그 장면을 연출할 때 곰과 공룡은 번갈아 리암을 공격했다. 종종 그는 공격자가 자신의 위에 올라탄 채로 있게 하고 바닥에 눕기도 했다. 그는 공격을 당할 때마다 맹렬히 반격했다. 리암은 활기찼고, 극적으로 놀이했다. 그가 승리를 거두며 일어날 때마다 동물 중의 하나는 다시 그를 공격했다. 이때 그는 자신의 적들이 자신의 머리를 벽을 향해서 치려고 하는 것처럼 가장했고, 소리를 내기 위해 보이지 않는 곳에서 주먹을 사용했다. 아동은 싸움이 흘러감에 따라 앓는 소리를 냈다. 리암은 말없이 10분 동안 강렬하고 힘찬 싸움을 계속했다. 놀이에서 그의 공격자들은 그를 찔렀고, 그는 팔과 옆구리 사이에 칼을 꽂은 채 극적으로 죽음을 맞이했다. 그는 처음부터 끝까지 가면을 쓰고 있었다. 그 싸움 장면이 끝났을 때 리암은 치료자에게 자신의 작품을 담은 비디오 화면을 보고 싶다고 했고, 놀이실을 차분하고 유쾌하게 떠났다.

치료자는 공감적 경청을 사용하여 그의 감정과 의도를 반영했고, 행동을 따라가는 기법을 사용하여 그의 놀이에 대한 이야기를 들려줬다. 리암은 그것에 반대하지 않았다. 공감적 경청 반응은 리암이 자신의 삶에서 얼마나 어렵게 싸워야만 했는지, 그 싸움에 그가 얼마나 힘들었는지, 그가 이기고 이제는 끝났다고 생각할 때마다 적들이 다시 나타나서 어떻게 그를 뒤쫓아 왔는지 강조했으며, 도처에 위험이 도사리고 있어 그가 갈 수 있는 안전한 곳이 없었음을 반영했다. 리암의 기록에 따르면 그것은 그의 삶의 경험과 유사했다. 그의 부모는 그와 그의 형제자매를 성적 가해자들에게 돈을 받고 팔았고, 그 돈으로 마약을 해 왔다. 이후 그는 치료자에게 자신이 동생의 안전에 대한 책임감을 느꼈으며, 자신이 할 수 있었던 최선을 다해 동생들을 돌봤다고 말했다.

그러나 초기 단계에서 리암은 자신의 발달사를 치료자에게 말할 의도가 없었다. 그는 자신의 사생활을 지키려 했고, 자신에게 여러 번 상처를 준 제도에 대한 불신을 지니고 있었다. 그는 치료자도 그 제도의 일부로 보았으며, 자신의 조언 없이, 그리고 자신도 모르게 결정이 내려지는 것에 분개했고, 상당한 분노를 쌓아 왔다. 리암에게 다양한 매체를 제공하고 자신이 선택할 수 있는 방식으로 작업할 수 있도록 기회를 주는 것은 문을 여는 것과 같았다. 그 극놀이는 리암의 세계로의 창을 제공했다. 리암의 과도한 경계와 거리두기는 그러한 위험을 경험한 사람에게는 어찌 보면 당연한 것이었다. 놀이에서 나타나는 공격성은 자신을 보호하고, 안전하게 머물며, 상징적으로 삶을 위해 싸우는 방법인 것 같았다. 그의 아동중심 놀이치료 회기에서 아마도 가장 눈에 띄는 주제는 회복탄력성이었을 것이다. 어떤 일이 일어난다 해도 그는 다시 용감하게 싸웠다. 다른 놀이 주제는 공격성, 위험, 보호, 악마, 힘, 통제, 환경에서의 통제 부족이었다.

세 번째 회기에서 리암은 인형극을 하기 위해서 크고 부드러운 공들을 선택했다. 이때 아동은 치료자에게 자신이 부탁하는 인물들의 목소리를 내면서 쇼를 지켜봐 줄 것을 요청했다. 리암은 활발한 유머 감각을 가졌고, 그 쇼의 대부분은 꽥꽥거리는 닭이 다른 인물들을 쪼고 괴롭히는 내용이었다. 다른 사람들은 그 닭을 두려워했는데, 리암은 영화 〈죠스〉에서 상어가 나타날 때마다 나오는 배경 음악을 저음으로 부르면서 그 닭의 등장을 알렸다.

리암의 시나리오에는 닭에게 괴롭힘을 당하면서도 주어진 어려움을 극복하려고 하는 세 명의 기본적인 인물이 등장했다. 그 인물들 중의 하나는 소년 인형이었고, 그는 친절하고 예의가 발랐다. 그 소년 인형은 작고 귀여운 토끼를 만났고, 그것에게 예의 바르게 말을 걸었다. 하지만 토끼는 소년의 얼굴을 물어서 그를 놀라게 했다. 그 소년은 토끼의 상처 주는 행동에 놀랐고, 혼란스러웠다. 그는 토끼의 행동이 유쾌하지 않다고 말했으나 토끼는 웃으면서 신경 쓰지 않는다고 말했다. 소년은 곤경에 빠진 다른 가상의 인물에게 말했으나 그 인물은 무례하게 답했으며, 그를 거부했다. 그는 자신에게 경청하거나 공감해 주는 사람을 찾을 수 없었다. 가장 못된 인물은 다른 모든 사람들을 집 밖으로 던지면서 "내가 이 주변에서 가장 멋진 사람이야."라고 말했다.

이 표현적이고 극적인 놀이에서 소년 인형은 신뢰할 만한 누군가를 찾고 있었지만 그것은 실패로 돌아갔다. 명확한 주제는 도움을 청하는 것, 무시당하는 것, 버려지는 것, 다시 상처 입는 것 중 하나였다. 그것이 다소 절망적인 상황으로 나타나지 않았다면 소년 인형은 다른 모든 사람들보다 강하고 더 못됐을 수도 있을 것이다. 그것이 그가 안전한 상태로 있을 수 있고, 상처받는 것을 피하는 유일한 방법이었다. 리암의 놀이 주제는 그의 실제 삶을 반영하는 것과도 같았다.

리암은 해야 할 치료적 작업이 많았다. 아동중심 놀이치료 회기들은 저항적인 청소년에게 치료자와 작업을 시작하는 관계를 형성할 수 있도록 문을 열어 주었다. 이 세 회기가 끝날 무렵, 리암은 치료자에게 그 어떤 치료도 놀이치료 환경만큼 멋지지 않다고 말했다. 그는 어떤 치료도 장난감이나 과자가 없었다고 했다. 리암은 자신의 소송 후견인과 이야기를 나눠 보기로 결정했고, 2주에 한 번씩 상담을 받으러 오고 싶다고 요청했다. 리암은 이전의 치료적 경험에서는 볼 수 없었던 흥미와 적극성을 보였기 때문에 그의 요구는 법정에서 받아들여졌다. 아동중심 놀이치료의 안전감이 리암을 참여하도록 만들었고, 치유 과정을 시작하도록 그를 동기화시켰다.

갑작스런 외상

타이론은 소아과 의사로부터 치료에 의뢰되었을 때 3세였다. 아동은 보육시설에서 한 2세 아동이 자신의 6개월 된 여동생의 얼굴과 몸을 무는 것을 목격했다. 보육교사는 다른 아동이 그 동생에게 해를 가할 때 전화를 받기 위해서 잠시 나가 있었다. 타이론은 자신의 여동생을 보호하려 했고, 도움을 요청했으나 그 공격을 막을 수 있는 성인은 없었다. 타이론은 어머니에게 자신이 멈출 수 없었기 때문에 무척 속상했다고 말했다. 동생은 심각한 상해를 입었고, 수개월간 추후의 의료적 개입이 필요했다. 과거에도 같은 아동이 타이론을 문 적이 있었기 때문에, 유아시설은 그 공격을 도발한 타이론에게 탓을 돌렸다. 이것은 타이론에게 현재의 사건을 이해하기 어렵게 만들었다.

타이론의 부모는 동생에 대한 공격이 있기 전까지는 아동이 행복하고, 수다스럽고, 영리한 아이였다고 했다. 그 사건 이후에 아동은 많은 배변실수를 했고, 자주 토를 했고, 수면 패턴도 방해받았다. 또한 아동은 보다 사회적으로 철회되었고, 청소하기를 강요받는다고 느끼며 '엉망진창인 것'에 집착했다.

가족은 긴밀한 관계를 유지하고 있었다. 아동과 부모는 서로의 친구들과 종종 함께 어울려 놀았다. 부모는 도움을 주는 데 열정적이었기 때문에 타이론은 미해결된 외상을 일상에서 겪지 않을 수 있었다. 타이론은 오랫동안 보육시설에 있었고, 그곳의 보육교사와 가깝다고 느꼈다. 부모가 아동의 안전을 두려워하며, 즉시 그 보육시설로부터 그를 데려오려고 했을 때 타이론의 외상 반응은 그를 돌봐 주던 사람과의 관계의 상실, 그리고 매일의 일상적인 일에서의 심한 변화 등에 의해서 배가되었다.

타이론은 평가 단계에서 가족 놀이 관찰을 위해 부모와 함께 왔을 때 놀이실을 처음 보았다. 아동은 치료자 앞에서 조금 수줍어했으나 놀이실에 몹시 들어가고 싶어 했다. 부모와 20분 놀이를 하고 나서 부모는 책상 뒤 구석에 앉아서 치료자가 타이론과 아동중심 놀이치료 회기를 하는 것을 관찰했다. 타이론의 놀이는 더러운 것을 청소하는 것과 관련이 있었다. 타이론이 모든 엉망인 것에 대해서, 그리고 그것들을 치우는 것을 얼마나 중요하게 여기는지에 대해서 언급할 때 아동의 어머니는 웃었다. 어머니가 타이론이 지저분한 것들을 좀 치워야만 한다고 말하는 것을 들었을 때 어머니는 자신이 집에서 말한 것을 아동이 따라한 것은 아닌지 궁금했다.

치료적 계획은 부모-자녀 놀이치료로 빠르게 옮겨졌고, 어머니는 구석에서 다시 관찰했다. 아동중심 놀이치료에서의 놀이 주제는 어린 여동생에게 착하게 굴고, 잘해 주며, 놀이실을 탐색하는 것이 중심을 이루었다.

세 번째 아동중심 놀이치료 회기는 어머니의 참관 하에 이루어졌다. 타이론은 이 회기 동안 집중하여 놀이했다. 아동의 기본적인 주제는 위험, 보고, 힘, 통제, 안전이었다. 아동은 놀이에서 아기를 돌보았다. 전체적으로 옷 입히고, 먹이고, 아기가 필요한 그 밖의 모든 것을 해 주었다. 아동은 매우 양육적이었다. 그는 큰 이빨을 가진 동물 모양 솜 인형들을 골라서 바닥에 두고는 자신이 그 동물들로부터 아기가 안전한지 보고 있다고 했다. 아기 인형을 호위하면서 아동은 동물들에게 소리를 지르고, 무언가를 던지기도 했다. 아동은 아기를 해칠 수 있는 큰 이빨을 가진 동물이 더 이상 없다고 했다. 그는 그 동물들이 다시 돌아오지 못하도록 소리쳤다. 이 놀이의 처음부터 끝까지 그는 매우 집중하여 참여했다. 이 회기의 끝에, 그는 주저함 없이 놀이실을 나섰고, 침착하고, 이완되고 행복해 보였다.

이 회기 후에 어머니는 타이론이 훨씬 더 잘 기능한다고 보고했다. 그는 문제없이 새로운 보육시설에서 첫 하루를 시작했다. 밤새 잠도 잘 잤다. 소화 문제와 화장실 문제도 줄었다. 외상 반응이 빠르게 해결되는 것 같이 느껴졌기 때문에 치료자는 단지 두 회기 정도만 더 아동중심 놀이치료를 진행했다. 이쯤 되었을 때 타이론은 인형 놀이는 간단히 하고, 그 다음에는 그림을 그렸다. 아동은 만족한 것 같았고 부모는 집에서도 개선된 행동이 지속된다고 했다. 타이론은 자신에게 있었던 불운하고 두려운 사건이 준 부정적 영향에 대해 통제를 얻어 극복해 낼 수 있게 된 것처럼 보였다. 치료자는 아동이 원한다면 미래에 언제라도 부모와 함께 부모-자녀 놀이치료를 해 보자고 제안했다.

반항성 적대적 장애

마빈은 4세 때 부모에 의해서 치료에 오게 되었다. 어머니는 암 선고를 받았고, 집에서 먼 도시에서 치료를 진행하고 있었다. 그녀는 도시에 있는 친척집에 머무르고 있었으며, 간헐적으로 집에 돌아갔으나 이전 18개월 동안에는 그마저도 어려웠다. 마빈의 아버지는 보험으로 처리할 수 없는 의료비를 감당하기 위해 오랜 시간 일을 해야만 했으며, 따라서 마빈과 그의 6세인 형은 어머니가 없는 동안에는 숙모 댁에 머무르곤 했다.

마빈은 반항성 적대적 장애로 진단받지는 않았지만 그와 닮은 행동 패턴을 보이는 확인된 내담자(identified client)였다. 아동은 극도로 다루기 어려웠으며, 부모가 하는 대부분의 요청을 거절했다. 아동의 어머니 앤은 병에 차도가 있어서 훨씬 나아져 다시 집에서 지내고 있었다. 아버지 크리스는 여전히 오랜 시간 근무를 했다. 형 로저스는 문제가 있어 보이지 않았다.

앤과 크리스는 치료자에게 어머니가 집으로 돌아왔을 때 마빈의 행동이 개선되어 있기를 기대했다고 말했다. 마빈은 특히 아버지에게 반항적이었고, 아버지는 어머니가 멀리 가 있는 동안에 훈육을 했던 것에 대해 죄책감을 느낀다고 말했다. 부모는 마빈이 잠자리에 드는 것, 일어나는 것, 이를 닦는 것, 텔레비전을 시청하는 것, 장난감을 정리하는 것, 식사하러 오는 것, 화장실을 쓰는 것과 같은 일상에서의 여러 다툼을 묘사했다. 무엇이든지 부모가 요청만 하면 마빈은 저항했다. 그의 저항은 무시하기였으며, 싫다고 말대꾸를 하거나 "나쁜 엄마야!"라고 모욕하거나, 징징거리거나 울거나 떼를 쓰거나 숨을 참거나 완강하게 버티기 등이었다. 부모에게 반항할 수 있는 방법을 찾는 데 창의적이어서, 그 끝이 없는 것 같았다. 부모는 무시도 해 봤지만 지치기만 했다. 타임아웃도 시도했지만 그럼에도 문제행동은 계속되었다. 어머니가 집에 온 뒤에 더 나아지기는커녕 상황은 더 악화되었다.

가족 놀이 관찰을 포함하여 평가를 하는 동안, 치료자는 마빈을 에워싸고 있는 상당한 가족의 힘을 기록했다. 형인 로저스는 주변부에 머물렀으며, 가족 모두를 즐겁게 하기 위해서 애썼다. 형은 갈등을 피하기 위해서 재빨리 장난감들을 마빈에게 내주었다. 부모가 형의 문제점을 알지 못한다 할지라도, 치료자는 형이 우울하지는 않을지 걱정이 되었다. 치료자는 두 형제 모두에게 도움이 될 수 있는 부모-자녀 놀이치료를 추천했다. 부모 모두 훈련 단계에 참여했고, 특별한 놀이 회기 기술을 빠르게 학습했다. 그런 다음 그들은 형제 각각과 일대일 놀이 회기 시간을 번갈아가며 가졌다.

형은 처음에는 주저했지만 그의 놀이는 단지 몇 회기만에 좀 더 확장되었다. 로저스가 놀이를 하면 할수록 그는 좀 더 이완되었다. 부모와 번갈아서 특별한 놀이 시간을 보내는 것은 형이 정말로 필요로 하는 관심과 수용의 일부를 주는 것으로 여겨졌다. 형의 우울한 행동은 빠르게 좋아졌고, 특히 어머니와 애착 놀이를 한 뒤에는 '숲에서 길을 잃지 않도록' 어머니에게 수갑을 채워 자신에게로 끌고 왔다.

처음에 마빈의 놀이는 전형적인 4세 아동의 놀이와 닮지 않았다. 아동은 조심스럽게 놀이실에 가장 작은 모형 인형들을 정리했고, 작은 총과 무기들을 따로 분리해 모아 두었다. 아동의 어머니는 치료자에게 그가 베게 밑에 장난감 총을 두고 잔다고 했다.

마빈은 종종 놀이 규칙을 어겼고, 아동에게 한계를 설정하는 부모의 기술은 향상했다. 치료자는 부모에게 반항이라는 것이 불안에 의해서 종종 일어나는 것일 뿐 특별한 것이 아니라고 교육했다. 그들은 아동을 불안하게 만들었던 지난 일 년 반 동안 어떠한 변화들이 일어났는지, 그의 나쁜 행동이나 집착적으로 반항적인 행동 패턴이 통제력을 다시 회복하기 위한 시도로 아동에게 잘못 인식되어 왔던 것에 대해 대화를 나누었다. 반항성 적대적 장애를 가진 아동과의 상당한 이전 경험에 비추어봤을 때, 치료자는 아동의 통제력을 놀이실로 옮겨 주면 집 안에서의 모든 결정에 대해서 통제를 행사하려고 하던 욕구를 감소시킬 수 있다고 믿었다. 마빈은 부모와 놀이 회기를 처음부터 끝까지 즐겼으며, 부모에게 반항성을 거의 드러내지 않았다. 때때로 저항하기는 했지만 그것은 놀이실을 나갈 때였다. 한 회기 동안 아버지는 부드럽게 아동을 대기실로 나가도록 이끌었고, 아동은 거기서 떼를 썼다.

앤과 크리스는 놀이 회기 기술을 숙달했고, 치료자의 실시간 수퍼비전을 5주간 받은 뒤 가정에서의 놀이 회기를 시작했다. 마빈은 이것에 대해 열정적이었고, 놀이 회기를 매일 할 수 있는지 묻기도 했다. 치료자는 가정에서 이루어지는 회기에 대해 이야기를 나누기 위해 부모와 정기적으로 만났다. 아버지와의 두 번째 가정 회기에서 마빈은 반항적으로 규칙을 어겨 세 번이나 놀이 회기를 끝낼 수 밖에 없었다. 다음 주 놀이 회기가 시작됐을 때, 그는 아버지에게 "내가 나가야 할 시간이 되면 말해 주세요. 잊어버릴지도 몰라서요. 말해 주세요. 말해 주세요."라고 말했다. 이것은 순응하고 싶다는 욕구인 동시에 자기 스스로는 그것을 할 수 없다는 신호였다. 그 주에 어머니와의 회기에서 아동은 숨바꼭질 놀이를 했고, 몇 달 만에 처음으로 진심을 다해 웃었다. 모형 인형들을 정리하는 아동의 놀이도 보다 그 나이 또래 아동의 전형적인 활동 놀이로 바뀌었고, 아동의 놀이 주제는 공격성, 힘, 통제, 숙달, 관계 형성을 반영했다. 아동의 부모는 그가 철저히 자신들이 그랬던 것처럼 회기를 즐겼다고 했다.

총 11회기 후에, 일상적으로 일어났던 아동의 반항성 적대적 장애와 비슷한 행동은 사라졌다. 놀이실에서 그가 행했던 통제는 더 적합하게 바뀌었고, 부모와의 놀이 회기는 균형 잡혔으며, 수용을 만족스럽게 사용했고, 안전감을 증가시키는 경계는 일관적으로 나타났다.

전체 과정을 통틀어 형의 놀이는 좀 더 조용했으나 형 역시 놀이를 즐겼다. 형은 종종 모래상자에 길을 만들었고, 그 위를 차들이 달리게 하였으며, 도로 가운데에 장애물을 두었다. 그는 일상생활에서도 같은 것을 하려고 할 것이다. 한 회기에서 형은 어머니에게 종이와 마커를 올려 둔 작은 탁자를 넘어뜨려도 되는지 물어보았다. 어머니는 어떠한 것이든 할 수 있다고 반영했다. 느린 동작으로 형이 탁자를 넘어뜨리자 바닥에 마커와 종이가 사방으로 흩어졌고, 탁자는 거꾸로 놓였다. 형은 물러서서

팔짱을 끼고는 만족스러운 표정을 지으며 "와, 아빠가 이 난리를 볼 때까지 기다리자!" 라고 말했다. 이 장난스러움의 신호는 형이 이완되었으며, 항상 완벽하려고 하기보다는 자신을 한 명의 어린 아이로 인정한다는 의미였다. 형은 가족 내에서 좀 더 주장적이 되었으며, 전보다 즐기며 지낼 수 있게 되었다.

아버지와 어머니는 성공적으로 일상에서의 기법 사용을 일반화하였고, 가족은 17회기를 끝으로 공식적인 치료를 마쳤다. 그들은 가정에서 특별한 놀이 시간을 지속했고, 치료가 끝난 1년 후에 치료자에게 개선된 점들이 지속되고 있다고 전해 주었다.

요약

여기에서 강조한 사례들이 완벽하게 아동중심 놀이치료를 적용한 것은 아니지만, 실제로 적용해 본 사례를 제공한다. 심각하지 않으며 발달적으로 나타날 수 있는 문제를 가진 아동, 견고하고 복잡한 문제를 가진 아동 모두 아동중심 놀이치료의 이득을 얻는다(아동중심 놀이치료만이 사용되기도 하고 다른 개입과 함께 이루어지기도 한다). 아동이 놀이를 통해서 스스로의 방향을 선택할 수 있는 자유가 있다는 것을 깨닫고 나면, 아동은 종종 쉽게 자신의 놀이 주제를 감정과 환경에 대한 상징으로 옮겨 간다. 아동은 자유롭게 놀이하기 위해서 안전하다고 느껴야만 하며, 아동중심 놀이치료는 수용과 치유의 모든 측면에서 특별한 안전감을 제공해야 한다. 부모-자녀 놀이치료 상담가의 수퍼비전 하에서 부모 혹은 치료자가 적절하게 부모-자녀 놀이치료를 수행할 때, 아동은 쉽게 그것을 수용할 수 있다.

아동 문제와 특수한 환경에 대한 개입

아동은 비지시적 놀이 회기에 각자 다른 방식으로 반응하며 행동하는데, 치료자는 이때 예측할 수 없이 다양한 상황에 융통성을 가지고 임할 수 있도록 아동중심 놀이치료의 원리와 기술을 적용할 준비가 되어 있어야만 한다. 게다가 아동중심 놀이치료에서는 일상생활에서보다 아동에게 더 많은 선택과 자유가 주어지므로, 치료자는 격려할 행동과 허용하지 않을 행동을 결정해야만 한다. 이 장은 비지시적 놀이치료자들이 아동의 행동과 감정 중 일부를 다루는 방법을 소개하는데, 그 행동과 감정은 일상생활에서와는 다르게 다루어지며, 심지어는 다른 형태의 치료와도 다르게 다루어지는 경향이 있다.

대장 노릇 하기

몇몇 아동은 아동중심 놀이치료의 허용적인 분위기를 한껏 이용하는데, 그들은 스스로에게 힘 있고 지배적인 역할을 부여한다. 때때로 그들은 부모, 교사, 경찰관, 악당, 영웅 또는 괴물과 같은 권위자나 대장의 역할을 만들어 낸다. 아동은 이러한 역할을 맡을 때 꽤 지시적이 될 수 있고, 치료자에게 요구할 수도 있으며, 가상의 역할 속에서 표면적으로 폄하하거나 비하하는 것처럼 보일 수 있는 다양한 행동을 한다.

발레리는 학대당한 경험이 있으며, 위탁 양육 체계 속에서 여러 가정에 배치되었다. 아동은 영리했지만 여러 사건에 대한 방해적인 정서 반응, 특히 예측할 수 없는 부분들 때문에 학교에서의 수행은 형편없었다. 발레리는 즉시 아동중심 놀이치료의 놀이 회기에 열정적으로 참여했다. 아동은 자신이 실생활에서보다 놀이치료 회기에서 좀 더 힘과 통제를 지닌다는 사실을 알아차렸고, 두 번째 회기가 되자 책임을 맡고 있는 여러 역할을 가정하며 놀이를 했다. 다섯 번째 회기에서 아동은 선생님인 척했고, 여러 개의 큰 인형을 가져다 놓고는 학생 역할을 시켰다. 아동은 흑판에 글씨를 쓰며 주기적으로 학생들을 돌아보면서 "조용히 하라고 했지! 이제 내가 말하는 대로 해!"라고 하며 그들의 행동을 고쳐 주었다. 오래 지나지 않아 아동은 치료자를 돌아보고는 인형 옆에 앉으라고 했다. 치료자 역시 학생이 되었다. 치료자는 학생으로서 가상 역할에 돌입했다. 그런 다음 발레리는 자신의 대부분의 관심을 살아있는 학생, 즉 치료자에게 주었으며, 자신의 말을 받아쓰도록 했고, 수학문제를 풀게 했다. 그런 다음 종이를 가져가서는 큰 빨간색 크레파스로 점수를 매기고, 좀 더 공부하라며 치료자에게 돌려주었다. 아동은 치료자에게 어리석고 교활하다고 말하며, 만약 커닝을 하다가 걸리면 큰 문제가 발생할 것이라고 했다. 물론 아동은 학생이 커닝을 하고 있을 때 소리 지르는 상황을 만들어 내고는 "넌 아무 것도 아니야. 넌 아무 것도 모르는구나. 어리석어, 어리석어, 어리석어, 어리석어! 철 좀 들어. 그리고 조용히 해. 100단어를 더 받아쓰기하도록 해. 너는 결코 제대로 하지 못할 거야!"라고 했다. 치료자는 혼란스럽고 부족한 학생의 역할을 발레리의 의도에 맞게 연기했다.

발레리는 이 사례가 일상생활 상황이라면 대부분의 사람이 괴로울 수 있는, 다른 사람을 쥐고 흔드는 언행이나 행동을 보여 주고 있다. 그러나 이것은 발레리의 치료이며, 치료자는 발레리가 부여한 역할 안에서 지시를 따르면서 이를 적절하게 다루었다.

표면적으로 누군가는 치료자가 아동의 바람직하지 않은 행동을 강화한다고 걱정할지도 모르지만, 발레리의 대장 노릇 놀이는 분명히 일상에서, 특히 학교에서 느꼈던 감정 일부를 상징적으로 표현하는 것이었다. 아동이 대장 노릇 놀이를 하거나 요구하는 역할을 맡을 때, 그 아동은 사회에서 따돌림 받는 사람이 되고자 하는 의도가 있다기보다 좌절이나 불충분함에 대한 자신의 감정을 나누고자 했을 가능성이 좀 더 크다.

아마도 이 장의 기본적인 메시지는 치료자인 아동과 그의 놀이행동을 진정으로 이해하기 위해서 문자 그대로의 행동, 즉 표면보다는 아동 놀이의 확장된 의미나 상징적인 의미를 볼 필요가 있다는 점일 것이다. 있는 그대로를 보면 발레리의 놀이는 무례하고 요구적이다. 그러나 치료자가 그 회기의 종료를 알렸을 때, 발레리는 즉시 자신의 고압적인 자세를 내려놓고 치료자의 말에 순응했으며, 놀이실을 나갔다. 아동은 예의 바르고 존중하는 태도였다. 사회적으로 적합한 행동으로의 이 갑작스러운 변화는 명백하게 아동의 대장 노릇이 선생님이라는 가상적 역할 안에서 이루어졌다는 점을 보여 준다.

발레리는 성인들에게 우위를 점하고 무례하게 굴기 위한 의도로 정서적 문제가 있는 숨겨진 자아를 드러내고 있는 것인가? 아마도 아닐 것이다. 사실, 발레리는 학교에서 어려움을 가지고 있으며, 자신은 결코 선생님을 유쾌하게 할 수 없다고 느끼고 있다. 발레리의 놀이가 이러한 역동을 좀 더 나타내 주고 있다. 내용을 고려할 때, 아동은 자신이 좀 더 강력하고 매력적인 선생님 역할을 시험하는 동안에 치료자에게는 자신의 실제 학교에서의 모습을 투영한 것으로 보인다. 아마도 아동은 학교에서의 자신의 손상된 자기가치에 대해서 의사소통하고 싶어 했을 것이고(학생인 척하는 치료자가 어떻게 느끼는지), 더 큰 힘을 가지고 통제할 수 있을 때의 감정을 실험해 본 것일 수 있다. 치료자가 발레리에게 부여받은 역할로 함께 놀이를 하지 않았다면 이 중요한 의사소통과 치료적 작업은 좌절되었을 것이다.

치료자가 아동의 놀이를 너무 있는 그대로 본다면 놀이가 가지고 있는 의도나 실제적인 메시지를 잃어버릴 위험이 있다. 게다가 치료자가 놀이회기에서 일어나는 아동의 놀이에 대한 해석이나 성인의 반응을 더 고려하기 시작할 때 치료자는 더 이상 아동의 관점에 충분히 공감하거나 주의를 기울일 수 없게 되고, 그 시점에서 아동의 욕구나 표현을 충분히 수용할 수 없게 된다.

욕하기

아동이 성인이 욕이라고 여기는 단어를 말할 때는 성인 역시 종종 아동의 행동에 대해서 우려한다. 하지만 아동중심 놀이치료에서 치료자는 전형적인 욕을 포함하여 아동에게 회기 내에서 어떠한 말도 할 수 있게

끔 허용해야 한다. 그 말 자체는 실제적인 해를 끼치지 않고, 감정이나 태도에 대한 표현 및 실험의 형태를 띤다. 대부분의 아동이 놀이 회기가 일상생활에서보다 더 큰 자유를 제공한다는 것을 이해하고 있으며, 실제로 그 말대로 되거나 실제 생활에서의 행동이 나빠질 가능성도 없다.

왜 아동이 욕을 하는가? 그것은 금기된 표현에 대해서 알고 싶어 하는 자연스러운 호기심을 반영한 것일 수 있다. 혹은 성인의 반응을 도발하는 방법일 수도 있고, 특히 부모나 교사가 충격을 받고, 놀라곤 했다면 그것으로 강화되었을 수도 있다. 또래가 금지된 표현에 키득거렸을 때 받는 강화로부터 기인했을 수도 있다. 마지막으로, 몇몇 아동은 일상생활에서 성인들로부터 일상적으로 듣는 표현을 모방한 것일 수도 있다.

욕하는 행동을 다룬다는 것은 한편으로는 아동중심 놀이치료자가 자신의 내적인 반응을 의식해야만 한다는 것이고, 자신은 그들이 느끼는 것과 생각하는 것, 그리고 회기 내에서의 행동을 일치시켜야 한다. 치료자가 아동의 표현을 듣고 수용하기에 충분할 정도로 편안하게 느끼는 것이 바람직하다. 예를 들어, 장난감이 작동하지 않을 때 아동이 "씨!"라고 말했다면 치료자는 "좌절했구나. 그걸 작동시키는 데 어려움이 있구나." 라고 반응한다. 만약 아동이 치료자 앞에서 의도적으로 "아, 젠장, 젠장, 젠장, 에이씨, 씨, 돌대가리."라고 말한다면 치료자는 "네가 '젠장, 에이씨, 돌대가리'를 말하는 걸 정말 재밌다고 생각하는구나. 그 말들은 보통은 네가 말해서는 안 되는 단어들이지."라고 말할 수 있다. 이러한 단계의 수용은 빈번하게 아동을 놀라게 하고, 종종 그렇게 상스러운 용어를 사용하는 것은 오래가지 못한다. 욕하기는 종종 아동이 힘 있게 행동함으로써 자신의 무력감을 다루려고 하는 상황에서 사용된다.

여기서 중요한 것은, 언제나처럼 아동이 사용하는 용어와 같은 것을 그것의 의미를 결정짓는 맥락 안에서 이해하여 각 아동의 행동을 고려해야 한다는 것이다. 이렇게 하는 것은 치료자가 가장 정확하고 조율된 반응을 결정하는 데 도움을 준다. 이러한 과정은 때로 놀랍기도 한데, 다음 대화는 아동중심 놀이치료 회기 동안에 7세 여아와 나눈 내용을 적은 것이다.

아동: 선생님, 욕하는 거 있으세요?
치료자: 네가 욕에 대해서 생각하고 있는 것처럼 들린다.
아동: 아니요. 욕 아는 거 있으세요?
치료자: 네가 정말 욕에 대해서 궁금한 것 같구나.
아동: 나는 'ㅂ'으로 시작하는 그 단어를 알아요!
치료자: 네가 'ㅂ'으로 시작하는 그 단어를 알아서 신이 나는구나!
아동: (키득거리고, 속삭이듯이) 방귀!
치료자: 그게 정말 재미있다고 여기는구나.

여러 이유로 치료자가 욕을 맞닥뜨릴 때, 그들은 아동의 판단을 유보하고 수용할 수 있어야 한다. 아동은 화가 났을 때 불친절하거나 심지어 악담을 하거나, 치료자로부터 반응을 도발할 수도 있고 치료자의 인내심을 시험할 수도 있다. 예를 들어, 한 초보 놀이치료자는 10세 아동이 자신을 빈번하게 '서투른 상담자' '실패자' '멍청이' 등으로 불러서 수퍼비전을 구하게 되었다. 수퍼비전 동안, 이 치료자는 해당 아동이 매우 감정적이었던 학대적 어머니에게 양육되었기 때문에 치료자의 취약성에 다가가려고 한다는 것을 깨닫게 되었다. 이와 같이 인식한 후에 치료자는 아동에게 사용할 반영적인 반응들로 무장한 채 다시 수용적인 입장을 취할 수 있게 되었다. 치료자는 "너는 몹시 화가 나서 말로 상처 주는 것을 좋아하는구나.", 그리고 "너는 나에게 실망해서 내가 어떻게 있든 좋

아하지 않는구나."라고 말함으로써 아동의 감정을 정확하게 반영하였고, 그 감정에 더욱 깊이 있게 다다를 수 있게 되었다. 초보 상담자에게는 너무나 놀랍게도, 아동의 감정에 깊이 있게 다다르는 것이 아동으로 하여금 이해받고 수용 받는다는 느낌을 갖도록 했다. 아동은 더 이상 이름 부르기에 의지할 필요가 없었다. 그리고 경청했다. 아동은 치료자에게 누군가가 자신을 진정으로 좋아할 수 있다고 치료자가 말한 것을 믿지 않았다고 인정했고, 그래서 사람들을 가장 최악의 이름으로 부르면서 자신의 말 때문에 관계가 끝나는지 사람들을 시험한 것이라고 말했다. 아동이 치료자에게 상처 주는 말을 했을 때, 그 말 중 실제로 치료자를 지칭하는 것은 거의 없었다. 그러한 언어적 행동은 아동의 고통을 전달했고, 치료자가 깊은 수준에서 수용을 할 수 있을 때 수용적인 치료적 분위기 안에서 아동이 핵심적 문제를 통해 작업할 수 있다.

치료자에게 상스럽거나 불친절한 언어를 사용할 때에도 가능한 치료자는 수용적으로 반응하는 것이 중요하다. 때때로 치료자가 개인적으로 참을 수 없다고 느끼는 문구나 단어가 있을 수 있다. 예를 들어, 매우 독실한 종교인인 치료자에게 몇 가지 수용할 수 없는 표현이 있을 수도 있고, 소수의 인종 정체성을 가진 치료자에게 특정 인종에 대한 경멸적 비방을 하는 아동은 수용되기 어려울 수 있다. 치료자가 단순히 몇몇 욕을 참을 수 없을 때, 치료자는 그러한 특정 단어나 문구에 대해서 제한 설정을 하는 것이 낫다. 예를 들어, 과체중인 치료자가 "셀리아, 네가 여기서 할 수 없는 것 중 하나는 나를 뚱뚱보라고 부르는 거야. 그러나 그 외에는 대부분의 것을 할 수 있어."라고 말할 수 있다. 그것이 어떤 상황인지 좀 더 명확하게 하기 위해서 치료자는 아동에게 금지된 단어나 문구를 중립적이고 태연한 태도로 말해 주어야 한다. 하지만 이때도 의사소통과 치유의 통로를 불필요하게 제한하지 않기 위해서 언어적 표현에 대한 제한 설정을 되도록 줄이는 것이 중요하며, 가능하다면 아동을 전적으로 수용해야 한다.

다음의 부모-자녀 놀이치료 사례는 욕하기를 수용하는 것이 어떻게 어머니와 아동의 관계를 바꾸도록 도왔는지 나타내 준다. 10세인 나단은 반항적 행동과 분노 감정, 가정에서 통제 불능이 되는 것 때문에 어머니와 함께 치료를 받으러 왔다. 아동은 뛰어나야 한다는 가족의 상당한 압력이 있었기 때문에 학업과 스포츠에서 높은 성취를 보이고 있었다. 그의 반항적 행동은 불안에 근거했다. 어머니와 아동의 관계는 매우 긴장되어 있었다. 놀이 회기 기술을 훈련받고, 아들과의 첫 회기를 학수고대하고 있던 어머니는 불안해하며 치료자에게 만약 아들이 모욕적인 말을 하면 어떻게 해야 하느냐고 물었다. 치료자는 어머니에게 그것이 어머니의 우려라면 아동은 아마 어머니의 우려대로 행동할 것이라고 했다. 그런 뒤 치료자는 어머니에게 수용적인 방식으로 비지시적인 놀이 기술을 사용하여 반응할 수 있는 방법들을 제안했다.

예상대로 나단은 공격적인 놀이 주제와 모욕으로 어머니를 즉시 시험했다. 그는 자신이 해적이라고 했고, 자신의 역할의 일부로 욕을 했다. 이때 어머니는 공감적으로 경청하면서 "너는 정말 놀이실 밖에서는 허용될 수 없는 그런 단어들을 말하는 것을 좋아하는구나. 너는 내가 그것에 어떻게 반응하는지 확인하고 있구나."라고 말했다. 나단은 웃었고, 몇 단어를 좀 더 말했다. 아동이 알고 있는 욕과 관련된 단어들은 매우 제한되어 있었고, 몇 초만에 아동이 알고 있는 모욕을 주는 단어는 모두 고갈됐다. 아동의 어머니는 놀이 회기 동안에 반영을 통해 이 행동을 수용했고, 필요한 만큼 놀이실을 사용해도 된다는 정서적인 안전감을 구축해 주는 듯 보였다. 이때 아동은 어머니에게 어머니 역시 해적이라고 했다. 그런 다음 그는 어머니를 쏘는 척했다. 어머니는 극적으로 죽었고, 그 역할을 아동이 바라는 대로 연기했다. 아동은 웃었고, 자신의 어머니가 해적으로서 죽는 장면을 실제로 했다는 것이 믿어지지 않는 듯이 치료자를 보았다. 이때부터 아동은 자주 어머니를 가상의 놀이에 초대했으며 욕하고 시험하는 행동은 빠르게 줄어들었다. 나단과 어머니에 의해서 공유된 즐거움은 그들의 관계를 상대적으로 빠르게 개선시켰다.

반칙하기

아동중심 놀이치료 회기에서 아동은 종종 게임을 하거나 경쟁적인 활동을 할 때 스스로에게 유리하게 진행하곤 한다. 예를 들면, 8세 아동이 치료자에게 고리던지기 게임을 하자며 놀이에 초대했다. 아동은 치료자에게 목표물인 고리에서 약 2.5m 떨어져서 하라고 말했고, 자신은 단지 60cm 떨어진 곳에 섰다. 이것은 명백하게 치료자 보다 아동에게 훨씬 쉬운 게임이었다.

성인들은 종종 이러한 유형의 행동을 반칙이라고 언급하고, 아동에게 공정하게 놀이하는 것을 가르치려고 한다. 예를 들어, 실제 고리던지기 게임에서 성인들은 모든 참가자가 같은 위치에 서서 고리를 던져야 한다고 주장한다. 이것은 아동중심 놀이치료에서는 다르게 다루어지는데, 아동의 관점에서 상황을 좀 더 면밀히 살펴보면 아동의 행동들은 전혀 반칙을 하는 것이 아니다! 아동은 자신보다 훨씬 키가 크고, 팔이 길며, 더 경험이 많은 성인과 경쟁해야 하기 때문이다. 결국 치료자는 고리던지기 게임의 주인인 것이다! 따라서 아동은 공정하지 않은 특권인 이러한 특성들을 고려한 것이며, 단순히 공정한 경기의 장이 될 수 있게 규칙을 조금 변화시킨 것이다.

게다가 아동이 왜 반칙을 하는지에 대한 다른 이유들을 고려하는 것이 유용하다. 아동이 게임의 규칙을 이해하지 못한다면, 아동의 반칙은 자신감이 부족하다는 것을 의미한다. 몇몇 아동에게는 다양한 이유로 이기고 싶은 강한 욕구가 있다. 지는 것을 못 참기 때문이기도 하고, 이것 때문에 형제자매와 또래 간의 관계에서 어려움을 갖기 때문이기도 하다. 이러한 경우에, 승자의 역할을 할 수 있다는 것은 그들의 문제와 직접적으로 연관된다. 아동중심 놀이치료에서 치료자는 "네가 정말로 이기고 싶었구나. 그래, 챔피언이 되는 것은 정말 기분 좋은 일이지."라고 말함으로써 이러한 욕구와 역할을 인정해 주어야 한다. 이것과 관련해서 몇몇 아동은 자신이 만약 일반적인 규칙을 가지고 놀이를 한다면 이길 수 있는 기회를 얻을 수 있는 기술이 부족하다는 것을 깨닫는다. 그들이 명백하게 자신에게 유리하도록 규칙을 바꾸면, 치료자는 "네가 이 게임에서 이길 수 있도록 확실히 하길 원하는구나. 그건 네게 매우 중요하구나."라고 반응할 수 있다.

아동중심 놀이치료에서 전형적인 모습은 몇 회기 동안 아동이 스스로 유리한 지점에서 놀이를 한다는 것이다. 아동은 기술과 자신감이 발달하기 시작하면서 경쟁의 불공정함을 줄여 나간다. 11세 제니스는 어떤 게임에서든 이기려고 하는 수그러들 줄 모르는 욕구 때문에 친구가 거의 없었다. 아동은 자신이 시도하는 모든 것에서 우수해야 한다는 가족으로부터의 상당한 압력을 받고 있었다. 아동은 학교에서 또는 기술에 기초한 활동에서 상당한 불안감을 느꼈다. 치료자는 이 가족과 작업하는 데 있어서 대여섯 가지의 방법을 사용했으나 제니스의 문제는 아동중심 놀이치료 회기에서 일찍 표면화되었다. 아동은 치료자에게 전쟁 카드 게임을 해 보자고 요청했다. 세 회기에 걸쳐서 게임을 했는데, 처음 세 게임에서 제니스는 카드를 섞기 전에 네 개의 에이스를 꺼내서 가지고 있다가

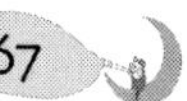

마지막 승리를 확실하게 했다. 이어지는 회기의 네 번째 전쟁 카드 게임에서는 두 개의 에이스만을 꺼내서 가지고 있었으며, 다음 게임에서는 어떠한 에이스 카드도 꺼내지 않았다. 제니스는 이제 규칙 하에서 놀이를 하는 것에 좀 더 편안함을 느끼는 듯 보였다. 이 과정은 놀이 회기 동안에 속임수를 쓰는 아동에게 흔하게 일어나며, 아동의 자기존중감이 증가된 결과라고 할 수 있다. 아동의 자기 가치는 어떠한 비용을 치루든 간에 언제나 이겨야만 하는 것에 더 이상 결부되어 있지 않았다.

매우 위축된 행동

일부 아동은 분리불안을 가지고 있으며 아동중심 놀이치료 첫 회기 동안에 매우 위축된 행동을 보인다. 아동이 부모나 다른 동반한 성인의 곁을 떠나기 싫어할 때, 치료자는 성인을 놀이실 근처의 아동이 볼 수 있는 곳에 앉도록 초대할 수 있다. 치료자는 성인에게 질문이나 우려를 적을 수 있는 종이를 주면서 상황을 구조화할 수 있고, 그런 다음 아동에게 놀이실에 들어갈 것을 제안할 수 있다. 치료자는 "네가 나와 이 상황에 대해서 확신할 수 없구나. 네게는 좀 낯설 수 있지. 그리고 걱정도 될 거야. 엄마(아빠)가 바로 여기에 앉아 있고, 나는 네게 특별한 놀이실을 보여 줄 거야. 네가 원하는 것이면 어떤 것이든 할 수 있는 곳이고, 네가 뭔가 할 수 없는 것이 있다면 내가 알려 줄게." 하고 아동의 불안한 감정을 반영한다. 여전히 위축되어 있는 아동도 있으나 대부분은 잘 따르게 된다.

이때 치료자는 바닥에 앉거나 무릎을 꿇는 등 위협적이지 않은 자세를 취하며 아동을 대한다. 치료자는 태연하고 다정한 목소리로 "이런 상황이 네게는 새롭구나. 네가 전혀 확신할 수 없을 수도 있을 거야. 네가 현재 알아가고 있지만 지금은 좀 두려울 수도 있단다. 네가 무엇을 할지 모를 수도 있을 거야. 여기서는 어떠한 것이든 할 수 있단다."라고 하며 아동의 감정을 반영한다. 아동이 침묵하고 있을 때, 치료자는 이러한 진술의 속도를 느리게 하되, 지속적으로 아동의 감정에 집중한다. 만약 직접적인 눈 맞춤이 아동을 불편하게 한다면 치료자는 그것을 피한다. 중요한 것은 안전하고 수용적인 환경을 조성하는 것이고, 이것은 아동의 비언어적인 신호들에 맞추는 것, 그리고 수용적인 공감적 진술을 제공하는 것에 의해서 이루어진다.

아동이 특정 경험에 의해서 외상을 입을 위기에 있는 것처럼 보이는 극단적인 사례에서는 치료자가 좀 더 깊이 개입해야 한다. 부드럽고 비지시적이게 개입하는 방법은 손 인형을 들고 그것을 통해서 공감적 진술과 구조화 진술을 하는 것이다. 3세 여아 토니는 할머니가 양육을 하고 있었는데, 놀이실에 처음 왔을 때 할머니 곁을 떠나고 싶어 하지 않았다. 아동은 할머니의 옷에 매달려서 놀이실 문 바로 안쪽에 있었다. 할머니가 아동에게 들어가서 주위를 둘러보라고 하자, 아동은 치료자를 따르며 치료자에게 그 상황을 다루도록 허용했다. 토니는 재빨리 근처에 있는 이젤 아래로 숨었다. 침착하고 조용한 반영을 해 준 후에 치료자는 작은 양 모양의 손 인형을 들었다. 양 같이 높은 소리를 내면서 치료자는 "안녕, 토니. 네가 이곳을 약간 무서워하는 것 같은데. 그런데 네 옆에 있는 그 선생님 말이 맞아. 너는 이곳에서 장난감들을 가지고 네가 원하는 대로 놀 수 있어."라고 말했다. 토니는 천천히 이젤 밑에서 빼꼼 내다보았다. 아동은 주저하면서 바닥에 공을 굴려 보았고, 양은 "그래, 토니. 네가 그 공을 굴려 봤구나. 너는 어떻게 될지 기다리고 있구나."라고 말했다. 오래 지나지 않아 토니는 더 많은 장난감을 가지고 놀기 시작했고, 치료자는 치료자의 목소리로 공감적 경청을 시작했다.

이러한 유형의 개입이 효과가 없고, 아동이 계속 외상에 대한 신호를 보인다면 치료자는 좀 더 충분한 정서적 안전감을 형성하기 위해 더 지시적인 활동을 소개할 수 있다. 이것은 단지 가장 극단적인 사례에서만 이루어져야 하며, 기본적으로는 아동이 놀이를 이끌게 해야 한다. 이는 자신의 문제를 해결하는 Axline의 원칙에서도 어긋나는 것이다. 이 경우에, 치료자는 놀이실 투어를 제안할 수도 있다. 아동과 놀이실을 걸으면서 치료자가 아동에게 다양한 장난감을 보여 주고, 그것이 어떻게 작동하는지(최소한으로) 보여 주는 것이다. 치료자는 아동이 가지고 놀이할 어떤 특정한 장난감도 제안해서는 안 되며, 많은 다양한 장난감을 만지도록 해야 한다. 가능하다면 빨리, 치료자는 방에 들어왔을 때 하는 진술을 반복하면서 아동중심 놀이치료 과정을 시작한다.

치료자는 아동이 가지고 있는 불안으로부터 아동을 구하려는 자신의 욕구를 주의 깊게 평가해야만 한다. 아동은 종종 불안 때문에 의뢰되기도 하는데, 이때 치료자가 너무 많은 양육을 제공함으로써 아동에게 권한을 박탈해서는 안 된다. 대개 공감적 경청 기술은 방을 둘러보기 시작하는 위축된 아동에게 충분한 격려가 된다. 치료자는 그들의 과정을 받아들이고, 그들이 스스로의 불안을 극복할 시간을 준다. 때때로 아동이 좀 더 자유롭게 놀이를 시작하기 전까지 조용하게 최소한의 탐색만을 하는 회기들이 있을 수도 있다. 아동의 불안이 극단적인 수준으로 올라가, 놀이실과 외상이 연합하는 것을 막기 위해서가 아니라면 적극적인 개입을 피해야 한다. 아동이 조용하고 회피적이라면 치료자는 아동이 안전하게 느낄 때까지 좀 더 깊은 개입은 하지 않은 채 보통의 아동중심 놀이치료 과정을 지속해야 한다.

공격성

많은 치료자가 아동의 공격적인 놀이 주제와 행동에 대해서 걱정한다. 그럴 때는 실제적 공격성(실제적인 상해나 파괴를 이끌어 낼 수 있는 행동)과 가상적 공격성(아동의 감정과 문제를 좀 더 반영하는 행동)을 구분하는 것이 도움이 된다. 일반적으로 아동중심 놀이치료자는 전자에 대해서 한계를 설정하고, 후자는 수용해 준다. 그러나 이것은 단순한 진술이 제시되는 것 이상으로 복잡한 문제다.

공격적인 놀이는 일반적이다. 많은 동물 인형을 이용해 싸우는 놀이를 하며, 이것은 다양한 의사소통 신호에 의해서 실제 싸움과는 구분된다. 예를 들어, 개는 다양한 방식으로 자신의 의도에 대한 신호를 보내면서 싸우는 놀이를 한다(예를 들어, play bow라고도 하는 장난스럽게 앞다리를 구부려 몸을 쭈그리는 자세, 귀를 앞쪽으로 쫑긋 세우기, 꼬리를 살랑살랑 흔들기). 이러한 몸짓과 표현은 실제 싸움을 할 때는 없거나 매우 다른 방식으로 존재한다. 많은 경우에 있어서 아동은 표정, 몸짓, "우리 같이 …… 라고 해 보자."와 같은 말로 똑같은 형태의 신호를 준다. 아동의 싸움 놀이는 때때로 실제적인 적대감으로 경계를 넘어설 수도 있어서 성인이 그 놀이를 억제하게도 하지만 이는 일반적이고 정상적이다(Jones, 2002; Mechling, 2008). 아동기의 도전 중 하나는 정상적인 공격적 충동을 어떻게 다루는가와 그것을 친사회적 방법으로 연결 지을 수 있는가 하는 것이다. 아동은 이것을 배우기 위해서 가상적인 공격적 놀이를 할 기회가 필요하다. Jones(2002)는 이 주제에 대해서 생각해 볼 만한 탐색을 제공한 바 있다. 놀이치료에 있어서 아동이 공격적인 놀이 주제를 나타내는 것은 일반적이고, 치료자가 이를 어떻게 이해하고 반응하는지가 중요하다는 것이다.

부모-자녀 놀이치료에 대한 초기의 포괄적인 연구에서 Guerney와 Stover(1971)는 공격적인 놀이가 아동중심 놀이치료에서 초기에 나타나며, 대개는 첫 번째나 두 번째 회기의 탐색놀이가 끝나는 즉시 나타난다는 것을 발견했다. 이때 가장 정점을 이루고 그 다음 감소하는데, 결코 완전히 없어지지는 않는다. 우리의 경험상 이와 똑같은 패턴이 지속적으로 나타난다.

치료자가 아동의 공격적인 놀이를 다루는 데 두 가지 중요한 요소가 있다. 첫 번째는 한계를 설정해야 하는 시기를 결정하는 것이고, 두 번째는 부과된 가상놀이 역할에서 단순하게 반영하는 시기를 결정하는 것이다. 두 번째 것을 위해서는 아동의 공격적 놀이에 반응할 때 상당한 수준의 기술이 필요하다.

경청할 것인가, 제한을 설정할 것인가?

치료자들이 공격적인 행동에 대해서 각자 다양한 반응과 인내 수준을 가지고 있다 할지라도 일반적인 규칙은 다음과 같다. 어떠한 행동이 갑작스럽게 아동에게 상해를 입힐 수 있거나 치료자를 다치게 할 수 있거나, 장난감을 파손할 수 있거나 가치 있는 장난감을 파괴할 수 있다면 치료자들은 이 행동에 대해서 한계를 설정해야 하며, 확고하게 제한을 두어야 한다. 그렇게 하는 것은 신체적이고 정서적인 안전감을 위해 중요하다. 예를 들어, 아동이 칼싸움을 할 때 치료자의 얼굴 몇 cm 앞에서 칼을 휘두른다면 치료자는 제한을 설정해야 하고, 이때의 제한은 아마도 얼마나 치료자에게 다가오는지에 대해서일 것이다. 아동이 고무찰흙을 먹기 시작한다면 치료자는 제한을 설정해야 하며, 아동이 펀칭백에 구멍을 뚫기 위해서 뾰족한 물체를 사용하려고 한다면 그것 또한 제한을 설정해야 할 때다. 아동이 치료자에게 실제로 엉덩이를 찰싹 때려 달라고 요청한다면, 치료자는 다른 사람들을 때리는 것에 대한 제한을 설정하며 거절한다.

한편, 놀이행동이 어떠한 실제적인 상해나 파괴를 일으킬 것 같지 않을 때 치료자는 공감적으로 경청하면서 또는 부여된 역할로 놀이를 하면서 그것을 수용할 수 있다. 예를 들어, 아동이 죽이려는 목적으로 인형을 칼로 찌른다면 치료자는 공감적으로 경청한다. 또한 아동이 치료자에게 자신을 용으로 변화시키는 나쁜 마법을 부리는 마녀라고 말한다면 치료자는 마녀 같은 태도를 취하며 극적으로 아동을 손가락으로 가리키면서 "헤헤헤, 너는 이제 용이다!" 하고 말한다. 만약 아동이 장전되지 않은 총(실제로 발사되지 않는)을 치료자에게 겨누고 쏘려고 한다면 치료자는 죽는 장면을 연출하고, 아동의 명령에 따라 다시 살아나거나 아동이 다른 놀이로 옮겨가는 것에 따를 수 있다. 아동이 아버지 모양의 모형 인형을 가지고 어머니 모형 인형을 때리는 가상놀이를 한다면 치료자는 "이 남자는 정말 이 여자에게 상처를 주고 있구나."라고 반응한다. 치료자는 아동에게 실제적인 치료적 작업이 일어난다는 점을 기억하고, 이때 수용해 주는 것이 중요하다. 그렇게 하지 않는 것은 아동의 의사소통과 이 중요한 영역에서의 치료적 작업을 닫아 버릴 가능성이 있다.

반드시 높은 수준의 숙련된 반응하기

거의 언제나, 아동의 공격적인 놀이가 폭력과 공격성에 대한 것만은 아니다. 표면적인 행동은 공격적일 수 있지만 그것의 의미는 아동에게 좀 더 심오할 수 있다. 아동중심 놀이치료자처럼 아동의 놀이가 그들의 내적인 세계와 인식을 나타내고 있다는 것을 믿는다면, 놀이를 수단으로 문제에 대한 작업을 할 수 있고, 그들에게 한계를 설정하지 않으면서 어떠한 놀이 주제로든 놀이할 수 있도록 허용할 수 있다. 종종 공격적으로 놀이하는 아동은 실제로 일상생활에서 취약하다고 느낄 수 있다. 그들이 바라는 대로 놀이할 수 있는 기회가 주어지면 그들은 일상생활에서 자신이 경험하는 취약성이나 불안 혹은 두려움을 상쇄할 수 있는 힘과 통제에 대한 놀이 주제를 선택한다. 예를 들어, 한 8세 아동은 반 친구들에게 때려눕히겠다는, 특징적이지는 않은 위협을 가한 후에 놀이치료자에게 의뢰되었다. 아동의 아버지는 최근에 어머니와 별거를 시작하면서 아동에게 "이제부터는 네가 우리 가족의 남자가 되는 거야."라고 했다고 한다. 실제로 아동은 혼란스러운 성인의 역할을 맡기에는 자신이 취약한 아동임을 너무도 잘 알았기 때문에 자신에게 부과된 새로운 책임감에 겁을 먹었다. 아동의 놀이 회기에서 아동은 수많은 상황에서 수많은 무기를 사용하여 나쁜 사람들을 정복해야 했다. 이러한 방식으로 놀이하면 할수록 학부모들과 선생님들에게 아동의 문제행동이 보고되는 횟수는 줄어들었다. 그는 놀이 회기에서 자신이 안전하고 힘이 있다고 느끼는 듯했고, 또래로부터 힘을 얻으려는 욕구도 감소했다.

놀이치료자가 단지 아동의 공격적이고 폭력적인 감정과 놀이 내용만을 반영한다면 그들은 놀이의 심오한 의미를 놓치는 것이다. 아동이 공격성, 힘, 통제와 관련된 어려움을 다루도록 돕기 위해서 아동중심 놀이치료자는 공격적인 놀이 이면의 좀 더 근본적인 감정을 봐야 한다. 다음에 빈번하게 나타나는 근본적인 감정이 제시되어 있다.

- 분노
- 좌절

- 취약성
- 불안전함
- 더 안전하고자 하는 욕구
- 무기력함
- 힘과 통제
- 나와 나의 감정 모두를 수용할 수 있나요?(치료자를 향한 언어화되지 않은 질문)
- 나를 담아 주고 안전하게 지켜 줄 수 있나요?(다른 언어화되지 않은 질문)
- 일상생활에서 아동이 어떻게 느끼는지에 대한 의사소통

또한, 때때로 놀이 속에서 학대나 가정폭력이 재현되기도 하며, 수치심이나 죄책감이 이러한 비밀스러운 경험에 연합되어 있다. 치료자들은 그러한 경우에 나타나는 공격성을 수용하는 것이 특히 중요하고, 그리하여 일어나서 치유하고 해결할 필요가 있는 수치스러운 감정에 결국 도달할 수 있다.

숙련된 놀이치료자들의 반응은 아동의 공격적인 주제와 감정에 대한 반영에서 시작하지만 점차 내재되어 있는 감정으로 옮겨 간다. 이것은 아동이 스스로 수용감을 느끼도록 하며, 그들에게 공격성을 일으키는 두려움과 불안을 계속해서 해결할 수 있게 한다. 다음에 사례를 제시하였다.

9세인 레슬리는 자신이 아기(인형)에게 나쁜 마법을 거는 마녀라고 가장했다. 일상생활에서 아동은 새로 입양된 어린 여동생과 다투는 일이 잦았다. 레슬리는 또한 6세 때 어머니의 남자친구 중의 한 명에게 신체적으로 학대당한 경험이 있었다.

레슬리: 나는 나쁜 마녀다. 나는 아기들의 머리를 잘라 버릴 거야! (깔깔거리며 웃는다.)

치료자: 오! 네가 저 아기들의 머리를 잘라 버릴 거구나.

레슬리: (웃으며) 그래! 이거 봐(칼로 머리를 자르는 척 하면서).

치료자: 저기 머리 하나가 있네. 저 아기는 죽었구나. 너는 정말로 걔를 없애 버리고 싶구나.

레슬리: 그래! 걔는 나빠, 나빠, 나빠. 저 아이는 악마아아아~라고(다른 목을 쳐버리며).

치료자: 거기 다른 머리가 있구나. 그들이 문제를 일으키기 전에 너는 그 애들을 없앨 필요가 있구나.

레슬리: 그들은 벌써 문제를 일으켰어. 걔네들이 하는 것이라곤 문제를 일으키는 것뿐이라고!

치료자: 문제는 끔찍한 것 같구나. 넌 정말 더 이상 문제가 없게 확실히 하고 싶구나. 그 문제들을 다 제거하고 나면 기분이 좋을 것 같구나. 휴, 안심이 되네. 더 이상 문제가 없어서!

레슬리: 지금 나는 공주가 되는 거야(공주로 치장하면서).

치료자: 지금 너는 왕관을 쓰고 많은 보석으로 치장한 공주구나.

레슬리: 나는 못된 아기들에게 공주 학교에서 예절을 가르칠 거야.

치료자: 너는 모든 문제를 일으키는 것을 멈추려고 그들을 도우려 하고 있구나.

이 사례에서 치료자는 결국 그 문제가 얼마나 끔찍한지, 그리고 그것을 없애고 싶은 아동의 욕구를 반영했다. 그런 다음 레슬리는 자신의 상징적인 딜레마를 해결하려는 대안적인 방법으로 옮겨 갈 수 있었다.

공격적인 놀이는 초보 아동중심 놀이치료자에게 대부분의 다른 유형의 놀이보다 더 많은 질문과 걱정을 만들어 낼 수 있다. 이것은 아마도 그들이 내재되어 있는 감정이나 역동에 대한 고려 없이 놀이의 표면적인 요소들에만 반응을 하기 때문인 것 같다. 치료자가 무력함, 상처, 또는 두려움과 같은 공격성에 내재되어 있는 보다 근본적인 감정에 대해서 수용하고 인식할 때 아동은 이해받고 있다고 느끼며 자신의 도전을 해결할 수 있는 힘을 얻는다. 물론 치료자들은 특정한 유형의 놀이에 대해 한계와 민감성을 가질 수 있으므로 자신이 안전하다고 느끼지 않는 행동에 대해서는 제한을 설정해야 한다. 반면, 치료자가 대부분의 공격적인 놀이에 대해서 불편함을 느낀다면 그들은 훈련과 수퍼비전을 통해서 인내에 대한 한계치를 늘려야 한다. 대개 치료자가 자신의 제한 설정 능력에 좀 더 자신감을 가진다면, 그들은 아동의 내적인 세계와 딜레마를 나타내는 가상적인 공격적 놀이를 좀 더 수용할 수 있는 준비가 되는 것이다. 실제적인 공격성에 대한 제한 설정과 가상적 공격성 사이의 균형은 놀이 이면에 있는 아동의 최종적인 공격성과 불안을 해결하는 데 중요하다.

아동중심 놀이치료에서의 수용경험이 일상생활을 엉망으로 만들지는 않을까

초보 놀이치료자들은 때때로 놀이실에서 특정 행동을 허용하는 것이 일상생활에서 그런 행동을 증가시키지는 않을지 궁금해한다. 답은 '대체적으로 아니다.' 이다. 매우 어린 연령에서부터 아동들은 각기 다른 환경을 구분할 수 있고, 각 환경마다 다른 규칙이 적용된다는 것을 이해한다. 아버지가 인자하고 어머니가 엄격하다는 것을 아는 3세 아동을 생각해 보자. 이 아동은 아이스크림을 먹을 건지 새로운 장난감을 원하는지 물어오는 사람이 대개 아버지임을 알고 있다. 이것은 각각의 상황마다 다른 규칙이나 조건을 가지고 있다는 것을 아동이 일찍 배운다는 사실을 말해 준다. 이러한 관점의 다른 예는 종종 예의 없게 행동하거나 가정에서 통제할 수 없는 아동이 다른 부모의 집을 방문하는 동안에는 상당히 협조하고 도움을 주기도 하는 것에서 알 수 있다.

이것은 놀이 회기에 있어서도 또한 그렇다. 아동중심 놀이치료에서 치료자들은 "여기는 아주 특별한 방이야." "지금은 아주 특별한 놀이 시간이란다."와 같은 문장, 즉 상담을 구조화하는 진술을 통해 일상생활과 놀이 회기가 다르다는 것을 강조한다. 일상생활에서는 허용되지 않는 놀이 회기 동안에 아동은 많은 것을 표현할 수 있으므로, 아동의 욕구는 더 잘 충족되며 실제로 자신의 욕구를 충족시키기 위해서 시도했던 부적응적인 방법들을 줄이게 된다. 아동중심 놀이치료 회기들은 행동문제를 악화시키는 대신에 행동문제를 줄이거나 없앤다. 아동이 이해받는다고 느끼고 욕구를 좀 더 완전히 충족하면, 그들은 더 이상 스스로를 표현할 부적절한 행동을 사용할 필요가 없게 된다. 이러한 결과는 부모가 치료자의 이야기에 더 귀를 기울이고, 아동의 욕구에 반응할 때 향상된다.

그러나 때로는 아동이 실생활에서는 허용되지 않는 놀이실에서의 행동을 시도해 볼 가능성이 있다. 이러한 경우, 치료자는 대개 부모에게 이러한 행동에 대한 제한을 평소와 같이 설정하라고 알려 주거나 부모가 이러한 행동을 다룰 수 있도록 하는 제한을 더 잘 설정할 수 있게 돕는다. 한계를 시험하려는 아동이 "그러나 치료실 선생님은 놀이실에서 하게 해 줬다고요!"라며 자신의 방식대로 느슨한 놀이 회기 규칙들을 실생활에서 시도해 보려고 할 수도 있다. 치료자는 부모에게 이러한 것들을 막는 언어를 가르칠 수 있는데, "자, 그때는 선생님과 특별한 놀이 시간이었지. 다른 시간에까지 항상 그렇게 할 수는 없단다."라고 반응할 수 있다. 이 반응은 대개 그러한 행동을 억제하도록 하기에 충분하다. 치료자가 부모를 초대해서 영향을 미치는 효과에 대해 보고하도록 하는 것도 유용하며, 그렇게 함으로써 부모는 이러한 드물게 발생하는 일을 다루는 방법들에 대해 이야기 나눌 수 있을 것이다.

치료자의 불편감

이 장의 여러 부분에서 언급했듯이, 아동의 행동이 치료자에게 신체적 또는 심리적 불편감을 야기하는 때가 있다. 때때로 치료자는 특정한 행동을 좀 더 수용하기 위해 스스로를 변화시키는 방법을 배울 필요가 있는지 결정하여 자신의 불편감보다는 아동의 요구를 중요시해야 한다. 어떤 경우에는 제한이 분명하게 필요하고, 이것은 치료자가 스스로의 불편감을 극복할 수 없는 상황에 해당한다.

일반적으로 아동중심 놀이치료 과정에서 개인적 제한을 사용함에 따라 그러한 차이가 나타날 수 있으며, 치료자 자신의 특별한 상황에 의해서 나타나기도 한다. 예를 들어, 어떤 놀이치료자는 줄넘기에 대한 개인적 제한을 설정했는데, 왜냐하면 그녀가 무릎 수술을 받았기 때문에 줄넘기를 이용하여 뛸 때 자신의 무릎이 견딜 수 없었기 때문이었다. 그러나 그녀는 아동에게 자신이 부드럽게 줄을 넘을 수는 있다고 알려 주었고, 이것은 무릎에 무리를 주지 않았다. 그래서 치료자는 아주 적은 제한을 가지고 아동의 안내와 지시를 따를 수 있었다.

다른 예는 교통사고로 인해서 얼굴에 외상을 입은 치료자의 이야기다. 그 치료자는 여전히 사물이 공중에서 얼굴을 향해 날아올 때 움찔하며, 약간의 외상 후 반응을 경험하고 있다. 그녀는 아동이 예측할 수 없게 또는 갑작스럽게 공을 던지거나 넘겨주거나, 다른 일반적으로 안전한 장난감들을 자신에게 던질 때, 받아들이는 자세를 취하기 어려운 것을 알게 되었다. 치료자는 무조건적으로 수용하는 자세를 취하기 어려웠는데, 피하려고 하는 반응과 놀라는 반사가 매우 강했기 때문이었다. 이 경우에 치료자는 "특별한 놀이실의 규칙 중 하나는 공을 나에게 던지기 전에는 나에게 말해 주어야 한다는 거야." 하고 개인적인 제한을 설정하였다.

이 장은 아동중심 놀이치료를 실시할 때의 일반적인 질문들과 어려움에 대한 개요를 서술하고 있다. 치료자들이 명확하지 않은 상황들을 마주칠 때가 수퍼비전이나 사례분석을 구해야 할 최적기다. 자격을 갖추고 숙련된 아동중심 놀이치료자로부터 지속적인 수퍼비전을 받으며 아동중심 놀이치료를 실시하는 것은 높은 수준의 역량을 개발하는 데 가장 좋은 방법 중 하나일 것이다.

Child-Centered Play Therapy

아동중심 놀이치료에서 접촉

접촉(touch)은 모든 인간 실존에 있어서 필수적인 부분이다. 그것은 가장 순수한 형태로, 의사소통과 사회적 결속의 강력한 형태다. 접촉을 통해서 인간 존재나 다른 동물들은 사랑, 돌봄, 또는 불쾌감과 반감을 전달할 수 있다. 아동은 성장하고 발달하기 위해서 애정과 안전을 제공하는 양육자로부터의 접촉에 의존한다. 우리는 간혹 혼자 간혀서 심하게 방치된 영아와 유아를 다룬 끔찍한 보도를 접하곤 한다. 이러한 학대의 결과는 상당한 발달적 지체를 낳고, 때로는 사망에 이르게 할 수도 있다. 연구는 접촉이 부모-자녀 애착의 결속을 강화하는 데 필수적이며, 생리적 발달을 도모하고, 영아에 대한 스트레스 효과를 최소화한다는 점을 보여준다(Jernberg & Booth, 1999).

대부분의 사람들은 신뢰하는 친구나 가족 구성원과 따뜻하고 진심 어린 방식으로 신체 접촉을 할 때 기분이 좋아진다. 아동은 속상하거나 다쳤거나 두려움을 느낄 때 신체 접촉의 편안함을 느끼기 위해서 성인을 찾는다. 아동과의 상호작용 경험이 있는 모든 성인은 아이가 다쳤을 때 덜 아프게 하기 위해 아파하는 곳에 입을 맞춰 주는 것(kiss a boo-boo)을 알 것이다. 영아와 유아는 자신을 탐색하기 위해, 그리고 자신의 몸이 어디에서 끝나고 시작하는지 배우기 위해 스스로의 몸을 만지기도 한다. 접촉은 아동이 자기감, 자아와 환경에 대한 숙달, 그리고 자아존중감을 발달시키도록 한다. 접촉을 적절하게 사용하면 아동은 성장한다. 하지만 접촉을 부적절하게 사용하면 발달을 방해하거나 아동에게 평생 문제가 되는 해를 야기할 수도 있다. 아동중심 놀이치료자를 포함하여 모든 아동치료자에게 중요한 것은 치료에 있어서 접촉의 중요성을 이해하는 것이다. 그러한 이해는 치료자에게 접촉을 적절하게 사용할 수 있도록 만들어 주고, 그럼으로써 아동의 욕구를 충족시키며 치료적 과정을 향상시킨다.

아동중심 놀이치료에서 접촉의 역할

접촉이 아동중심 놀이치료 과정에서 매우 중요한 역할을 할 수 있다 할지라도, 치료자들은 접촉을 사용하거나 사용하지 않는 이유를 평가할 필요가 있다. 사람들은 접촉에 관해서 편안함을 느끼는 수준이 다르므로, 치료자가 자신의 편안함의 수준을 알고 있는 것이 중요하다. 치료자가 아동중심 놀이치료 동안 어떠한 유형의 접촉에도 불편함을 경험한다면 잘 훈련된 지도감독자와 그 문제에 대해 탐색해 볼 필요가 있다. 또한 아동중심 놀이치료자는 놀이치료에서의 접촉을 각 아동의 욕구에 대한 서비스로서 아동에게 최선의 이득이 되는 한도 내에서 치료적 목적에 맞게 사용해야 하며, 그러한 태도를 확실히 할 필요가 있다. 즉, 접촉의 사

용은 여러 요소 사이의 균형과 관련되어 있는데, 접촉에 대한 아동의 욕구를 이해하고 존중하는 것, 접촉에 대한 놀이치료자 자신의 편안함 수준을 고려하는 것, 아동중심 놀이치료 과정에서 특정한 접촉을 하는 이유를 아는 것 등이 그것이다.

접촉은 여러 다른 방식과 맥락에서 아동중심 놀이치료의 일부로 쓰일 수 있다. 이때 접촉의 유형은 놀이치료자에 의해서 결정되는데, 일반적으로 아동중심 놀이치료에서 접촉을 시작하는 사람이 아동이라 할지라도 그러하다. 이 규칙의 단 한 가지 예외는 아동이 놀이 회기를 종료하고 싶어하지 않을 때다. 이러한 경우에, 치료자는 종종 접촉을 사용해서 회기를 종료하기 위한 행동을 한다. 예를 들어, 5세 남아인 토비는 놀이를 끝내고 다른 활동으로 옮겨 가는 전이에 어려움이 있었으며, 한계를 시험하는 데 매우 능숙했다. 아동은 모든 치료자가 준비해야만 하는 유형의 아동이었다. 따라서 놀이치료 회기가 끝나고 놀이실을 나가야 할 때면 한 번씩 소란이 일어나기도 했다.

이 책의 제5장에 기술했듯이, 놀이 회기를 종료할 때는 가장 덜 침범하는 수준으로 시작하는 것이 현명하다. 즉, 놀이치료자가 서서 갈 시간이라고 말하는 것이 적절하다. 토비의 사례에서 아동은 치료자가 알려주는 것을 무시하고 회기가 끝났다는 비언어적 신호도 무시한 채로 탁자에서 놀이를 계속했다. 아동이 놀이치료자의 종료 신호를 무시했을 때, 치료자는 토비에게 다가가서 어깨를 만지며 "네가 그렇게 즐겁게 놀고 있을 때 상담 시간을 끝내는 건 어려운 일이지. 하지만 이제 시간이 다 됐으니 우린 나가야 한단다."라고 말했다. 토비는 빠르게 장난감을 하나씩 쥐고는 "이거를 안 주면 난 안 나갈 거예요."라고 말했다. 치료자는 인정해 주면서, "네게 이 놀이실을 나가는 일은 정말 어려운 일이구나. 그래서 그 장난감들을 갖기를 원하는구나. 하지만 놀이실에 있는 어떤 장난감도 가지고 나갈 수 없다는 것을 기억하렴." 하고 말하며 부드럽게 토비가 손에 쥔 장난감을 빼냈다. 이때 토비는 나가지 않겠다며 자기 몸집만한 탁자의 다리를 두 팔로 잡았다. 치료자는 하는 수 없이 조심스럽게 탁자 다리에서 아동의 손을 떼어내고, 팔로 들어 올린 다음, 발버둥치고 소리 지르는 토비를 놀이실 밖으로 데리고 나왔다. 이 시간을 통해서 치료자는 "너는 정말 놀이 시간이 끝나는 것이 싫구나. 네가 더 머물 수 없고, 놀이할 수도 없어서 화가 났구나. 네가 원하는 것을 할 수 없을 때 정말 속상하구나."라고 아동을 인정해 주었다. 치료자가 놀이실에서 토비를 데리고 나오자 아동은 차분해졌고, 이 종료 제한을 받아들일 수밖에 없다는 것을 깨달았다. 이러한 일련의 상황은 종료 한계를 실행하기 위해 접촉을 사용하는 것이 온전히 인정되는 예다. 놀이실에서 밖으로 옮겨 가는 것과 한계를 시험하는 것 등의 문제는 적절한 구조를 지속적으로 사용함으로써, 그리고 아동이 순응하지 않을 때 결과를 시행함으로써 치료적으로 가장 잘 다룰 수 있다.

일부 접촉은 결과를 시행하기 위해서 필요하기 때문에 놀이치료자를 포함하여 모든 아동치료자가 접촉을 비롯하여 가볍게 아동을 저지하기 위한 적절한 방법을 훈련받아야 한다. 가장 덜 제한적인 방법을 사용해야 하고, 아동이나 치료자 모두 다치지 않는 방법을 써야 한다.

특별한 놀이실에서 나가기 싫어하는 아동을 신체적으로 움직일 수 있는 몇 가지 방법은 접촉에 비해서 다루기 쉬울 수 있다. 아동이 접촉하고 싶어 하는 경우는 많으며, 그중 일부는 접촉에 대한 아동의 욕구가 부적절할 수도 있다. 다음 사례들은 아마 초보 놀이치료자가 언제 접촉을 사용하는지 배울 수 있는 최선의 방법이 될 것이다. 예를 들어, 한 아동이 치료자에게 안겨서 아기처럼 젖병을 빨고 싶어 할 때, 치료자는 아동의 제안을 받아들이지 못할 이유가 없으므로 요청을 들어준다(물론, 이러한 목적을 위해서 깨끗한 젖병을 제공할 수 있어야 한다). 아동이 안겨 젖병을 빨면서 놀이치료자의 가슴을 만지려고 할 때는 그러한 방식으로 치료자를 접촉하는 것을 막기 위한 제한이 필요하다. 치료자는 아동에게 "네가 젖병을 빠는 동안 안겨 있는 것을 정말 즐기고 있구나. 그런데 몇 가지 규칙이 있는 것을 기억하렴. 한 가지 규칙은 우리가 서로 안고 있는 동안 가슴을 만질 수 없다는 것이란다. 그러나 너는 다른 것은 대부분 할 수 있단다."라고 말할 수 있다.

부모와 자녀 사이의 부모-자녀 놀이치료 동안에 받아들여질 수 있는 접촉 중 일부는 아동중심 놀이치료자와 아동 사이에서는 부적절할 수 있다. 한 예로, 아버지에게 성적 학대를 당했던 3세 여아인 마이라의 사례를 들 수 있다. 마이라의 현재 증상 중 하나는 학대로부터 기인한 복통을 종종 느낀다는 것이다. 어머니와의 놀이치료 회기에서 마이라는 어머니가 자신을 아기처럼 안아서 아픈 배를 문질러 주기를 원했다. 어머니는 마이라의 안내를 따랐고 요청한 대로 했다. 어머니가 배를 문질러 주는 것은 아동의 불안을 감소시켰고, 놀이를 다시 시작할 수 있을 만큼 충분히 편안하게 만들었다. 마이라가 치료자에게 비슷한 요청을 결코 하지 않았음에도 이것은 치료자가 주의를 기울여야 할 상황이 될 수 있다. 마이라는 어머니와 강한 애착을 형성하고 있었기 때문에 마이라의 배를 문지르는 것을 양육적이고 지지적인 신호라고 해석할 수 있었다. 하지만 치료자와는 이럴 가능성이 낮을 것이며, 따라서 치료자는 마이라가 자신에게 학대에 대한 이야기를 털어놓을 수 있을 만큼 충분히 안전한 사람이 되기 위해 신뢰감과 관계를 형성하고자 부가적으로 놀이했다. 마이라의 성학대 경험 때문에 개인 회기를 진행하는 아동중심 놀이치료자는 그러한 종류의 친밀감에 불편함을 느낄 가능성이 있다. 치료자는 이러한 접촉을 제한하고자 할 수 있다. 단순히 친밀감의 수준이 아니라, 그것이 마이라에게 아버지로부터 받았던 학대를 재현하게 할 가능성이 있기 때문이다.

접촉의 다른 긍정적 형태는 아동이 자발적으로 치료자를 껴안는 것, 미술 작업을 하면서 치료자 쪽으로 몸을 기대는 것, 성취 후에 하이파이브를 하기 위해서 손을 드는 것, 놀이실에 들어가거나 나오면서 치료자의 손을 잡아끄는 것 등이다. 놀이치료자는 그러한 모든 종류의 접촉에 공감적으로 반응해야 하며, 그렇게 하면 아동은 신체적 근접성을 편안하게 경험할 수 있고, 이때 그러한 접촉에 대한 치료자의 수용 신호는 허용적이어야 한다. 예를 들어, 치료자는 "너는 우리가 나가는 동안 내 손을 잡고 있기를 좋아하는구나."라고 말할 수 있다.

어떤 아동에게는 어떠한 접촉도 불편할 수 있음을 기억하는 것이 중요하다. 그에 해당하는 경우가 촉각 저항 및 놀이실 안에서 한계를 시험하는 경향이 있는 10세의 경증 아스퍼거 증후군 아동 데미안의 사례다. 한 회기가 끝날 때 즈음에 데미안은 종료 신호를 들은 후에도 놀이를 계속했다. 그가 놀이실을 떠나려고 하지 않을 때, 놀이치료자는 나가야 할 시간임을 알려 주기 위해 아동의 어깨를 잡았다. 데미안은 "나를 만지지 마세요. 난 누군가 나를 만지는 걸 좋아하지 않는다는 거 선생님도 알잖아요."라고 말했다. 놀이치료자는 이를 인정해 주었으나 놀이 시간이 끝났으니 나야가 한다는 것을 다시 한 번 반복했다. 그들이 놀이실을 나오자 치료자는 아동에게 누군가가 자신을 만지는 경험이 불편할 수 있음을 인정하면서 치료적으로 이 순간을 활용했는데, 자신이 놀이 시간의 종료를 알린 후 가능한 한 빨리 놀이실을 떠난다면 아동을 만지지 않겠다고 했다. 데미안은 동의했고, 교사나 또래 등이 아동의 요청을 따르지 않아 아동을 불편하게 하는 접촉을 했던 경험에 관한 대화를 뒤따라 했다. 최종적으로, 데미안은 사람들이 자신의 개인적 경계를 존중해 주기를 원한다면 자기부터 타인의 경계를 존중해 줄 필요가 있다는 것을 배웠다.

아동중심 놀이치료에서 접촉의 위험

놀이치료자는 접촉이 오늘날 매우 민감한 주제가 되었음을 인식할 필요가 있다. 인터넷 접근성이 확대됨에 따라 인터넷에 대한 아동의 접근성은 증가했다. 그러한 접근성은 잠재적 위험을 지닌다. 미국 NBC 방송국의 〈To catch a predator〉 같은 프로그램이 부모들에게 자신의 자녀도 잠재적 피해자가 될 수 있다는 각성과 두려움을 일깨우는 데 일조하고 있다. 놀이치료자는 아동의 부모가 놀이치료에서 자신이 하는 부적절한 행동이나 화장실에서 자신이 부적절한 접촉으로 아동을 도와주는 것을 본다면 아동학대로 의심할 수도 있다는 것에 주의를 기울여야 한다. 법치국가에서 접촉을 사용할 때는 매우 주의를 기울여야 하고, 접촉에 대한 정책을 고지해야만 한다. 불행하게도, 놀이치료자가 좋은 의도를 가지고 대했다 하더라도 법을 악용하여 이익을 얻으려는 공격적인 부모에게 희생될 수 있다.

우리 저자들 중 한 명은 수년 전에 이와 비슷한 사례를 경험한 적이 있다. 치료자는 6세에서 11세에 이르는 네 명의 아이를 기르고 있는 한부모 어머니를 만나서 부모-자녀 놀이치료를 시행했다. 가장 나이가 많았던 아이는 퇴행성 질환 때문에 휠체어를 타고 있는 상태였다. 첫 번째와 두 번째 회기에 그 어머니는 장애를 가진 아들이 화장실을 갈 때 얼마나 많은 도움이 필요한지에 대해서 긴 이야기를 했다. 어머니는 이 아들의 양육에 압도된 것 같았다. 그녀는 자신이 힘들 때 두 번째와 세 번째 자녀가 자신을 대신하여 화장실에서 큰아들을 도왔다고 이야기했다. 세 번째 회기에서, 어머니가 첫 번째 부모-자녀 놀이치료 회기를 가장 어린 자녀와 하고 있었을 때 10세인 엘리샤가 관찰실을 노크했다. 치료자가 노크 소리에 대답하자 엘리샤는 오빠가 화장실을 가야 하며 치료자의 도움이 필요하다고 했다. 이상하게도 치료자가 대기실로 나갔을 때 모든 세 아동이 치료자에게 화장실로 가서 오빠를 도와주어야 한다고 했다. 치료자는 부드럽게 그가 도움을 필요로 하는 것은 이해하지만 자신은 어머니의 놀이 회기를 봐야만 한다고 했다. 그리고 치료자는 어머니가 다른 형제들이 큰아들을 도울 수 있다고 했던 것에 대해 설명했고, 관찰실로 돌아왔다. 어머니의 놀이 회기가 끝날 때쯤에, 치료자는 어머니에게 피드백을 주었다. 치료자는 화장실에 있던 큰아들이 도움을 청한 것에 대해서 언급했고, 자신이 어떻게 다루었는지를 확실히 했다. 그 후 어머니는 치료자와 함께 그다음 주의 치료 일정을 잡았음에도 다음 회기에 나타나지 않았다. 심지어 취소 연락도 하지 않았으며, 치료자의 연락도 받지 않았다. 치료자는 그 어머니가 자신을 함정에 빠뜨리려고 했고, 아이들을 돕는 일을 가지고 치료자를 잠재적 위험 상황에 빠뜨리려 했음을 깨달았다. 이 경우에, 자녀들의 행동이 이상하다고 느낀 치료자의 직관이 그 자신을 잠재적인 법률적 희생양이 되지 않도록 해 준 것이다.

이 이야기는 치료자를 겁먹게 해서 아동과의 접촉을 피하도록 만들려는 의도가 아니라, 보다 조심스럽게 잠재적 위험을 분석하도록 하기 위한 것이다. 접촉은 아동의 욕구에 의해서만 이끌어질 때, 치료 목적과 일관성이 있을 때, 어떠한 윤리적이고 도덕적이며 전문적인 기준도 위반하지 않을 때만 적절하다.

어떠한 유형의 성적 접촉이나 성애적 접촉도 명백하게 아동중심 놀이치료의 맥락 혹은 아동치료에서는 금지된다. 아동중심 놀이치료자는 또한 그들 자신의 반응에도 주의를 기울일 필요가 있으며, 아동의 놀이에서 성적 흥분을 느낄 수 있는 상황, 아동이 불편함을 추구할 때 느낄 수 있는 접촉, 또는 아동에게 화가 날 수 있는 상황에서의 접촉은 삼가야 한다. 아동이 접촉을 성적 · 공격적으로 처벌적이라고 오해할 수 있는 상황에서는 주의를 기울이는 것이 중요하다.

접촉에 대해서 알아차릴 필요가 있었던 경우로 심한 발달지체를 가지고 있는 16세 아동 랜스의 아동중심 놀이치료 사례가 있다. 치료자가 아동용 의자에 다리를 꼬고 앉아 있었을 때 갑작스럽게 굽이 높은 신발이 벗겨졌고, 놀이치료 과정에 매우 집중해 있었기 때문에 치료자는 뒤늦게 랜스가 성적으로 흥분해서 옷 위로 성기를 살짝 만지기 시작한 것을 알았다. 치료자는 즉시 특별한 방의 맥락 하에서의 이 행동에 대한 제한을 추가했다. 랜스는 자신이 치료자의 발을 만질 수 있도록 신발을 벗어 달라고 반응했는데, 이것은 명백히 랜스가 성애적 행동을 시작하려는 신호였다. 다시, 치료자는 랜스의 감정을 인정했지만 행동에 대해서는 제한했다. 이것은 랜스가 놀이를 다시 시작하게 만들었다. 회기가 끝났을 때, 놀이치료자는 어머니에게 일어났던 일에 대해서 이야기했다. 어머니는 당황했지만 자신의 아들이 발 흥분증이 있다는 것을 인정했고, 심각하게 그것에 대해서 걱정했다. 이것은 치료자에게 어머니가 이 행동에 대한 적절한 한계를 설정하는 법을 배울 수 있도록 하는 문을 열어 줬다.

외상을 입은 아동에 대한 특별한 고려점

아동중심 놀이치료에서 신체적으로, 또는/그리고 성적으로 학대를 당한 아동과 접촉할 때에는 특별한 고려를 할 필요가 있다. 외상을 입은 아동과 접촉할 때에는 사려 깊게, 그리고 신경 써서 접근할 필요가 있다. 아동과 적절한 방식을 통해 접촉하는 것은 아동의 외상 증상을 해결하는 데 도움을 주고, 학대의 결과로서 발달시켜 온 부적응적 대처기술의 형태를 바꾼다. 접촉이 아동에게 해를 입히는 방향으로 사용되었다면 아동은 종종 좋은(적절한) 접촉과 나쁜(부적절한) 접촉을 구분하는 데 혼란을 느낀다.

관련된 한 사례는 아버지에게 항문성교를 당했던 6세 남아 코리의 경우다. 어머니는 코리가 들러붙어 있으려고 하고, 신체적 친밀감을 매우 좋아하게 되었다고 보고했다. 어머니가 아동과 좋은 접촉과 나쁜 접촉에 대해서 함께 책을 읽었음에도 코리는 때때로 어머니를 부적절하게 만졌다. 어머니는 치료자에게 나쁜 접촉에 대해서 적절한 제한을 어떻게 설정하는지 배우면서, 접촉하려는 아동의 욕구를 만족시킬 수 있도록 코리에게 수용되는 방식의 접촉을 가르쳤다. 이 혼란스러운 시기에 코리의 놀이 회기는 접촉에 집중되어 있었다. 예를 들어, 아동은 종종 치료자에게 잠깐 기대거나 치료자의 무릎을 베고 누워도 되는지 물었다. 치료자는 "나에게 기대는 것이 괜찮은지 확신할 수 없구나." 또는 "내 무릎에 머리를 두어도 되는지 궁금하구나." 등의 반응을 하면서 적극적으로 아동의 감정에 대해서는 인정하였다. 코리가 이러한 공감적 반응에 대해서 "네."라고 대답했을 때, 치료자는 아동에게 "너는 이 특별한 방에서 네가 원하는 것을 거의 대부분 할 수 있단다. 네가 할 수 없는 것이 있으면 내가 말해 줄게."라고 상기해 주었다. 이 단순한 구조화는 학대받을 때 흐려졌던 아버지의 부적절한 행동에 대한 코리의 경계에 안전감을 주었다.

접촉의 형태가 적절한지를 판단하고 적절하지 않은 접촉에 대해 명확한 기준을 세우는 것은 치료자의 몫이라 할지라도, 아동중심 놀이치료에서의 접촉은 언제나 아동이 주도한다는 것을 기억하는 것이 중요하다. 성적 학대를 받은 아동을 상담하기 위해 특화된 아동치료자 훈련 집단에서는 외상을 입은 아동 및 접촉의 다양한 상황을 어떻게 다루어야 하는지에 대해 몇 가지 좋은 질문을 제기했다. 그들은 자신의 아동 내담자가 접촉을 부적절하게 사용하거나 부적절한 방식으로 자신을 만지라고 요청해 온다고 말했다. 또한 인형의 생식기를 만지는 것과 같이 아동이 성적 행동을 재현하는 것에 대한 적절성을 질문했다. 아동중심 놀이치료에서의 환상놀이와 일상생활에서의 재현 간에는 구분이 존재한다. 아동의 환상놀이는 그 놀이가 한계를 설정해야 하는 행동과 관계되지 않는다면 일반적으로 허용된다. 예를 들어, 아동이 인형의 옷을 벗기고 심지어 인형의 사적인 부분을 만지는 것은 괜찮을 수 있다. 놀이치료자는 "네가 인형의 벗은 모습을 보기 위해서 옷을 벗기고 있구나. 너는 그것이 궁금하구나. 인형의 성기가 어떤지 보기 위해서 옷을 벗기고 싶구나."라고 말하면서 적극적으로 반응한다. 종종 아동은 놀이치료자의 반응을 보고 싶어하기 때문에 자신이 겪은 성적 학대의 경험을 환상 놀이를 통해서 행동화한다. 그러한 경우라고 생각되면, 치료자는 반드시 "네가 인형의 성기를 만지는 것에 대해서 내가 어떻게 생각하는지 궁금하구나."라고 반응해야 한다. 아동이 대답할 것을 종용한다면, 치료자는 "너는 이 특별한 놀이실에서 거의 대부분의 것을 할 수 있지만 네가 할 수 없는 것이 있다면 선생님이 말해 줄게."라고 대답할 수 있다. 한편, 아동이 펀칭백에 앉아서 자위를 하는 것처럼 앞뒤로 움직이기 시작하면, 치료자는 "너는 그렇게 느끼는 것이 좋구나. 그런데 네가 할 수 없는 것들 중 하나가 펀칭백에 그렇게 너를 부비는 거란다." 하며 한계를 설정한다. 만약에 아동이 바지를 내리고 인형에 자신의 성기를 문지르려 한다면, 아동이 놀이 회기 중에 자신의 성기를 노출하는 것은 부적절하므로 역시 제한을 설정해야 한다. 유사하게, 아동이 놀이치료자에게 성기를 노출하도록 하는 것 또한 적절하지 않고, 아동과 놀이치료자 사이에 어떠한 성적 접촉이 있어서도 안 된다. 그리고 놀이치료자 스스로 신체적으로 성적 행동을 재현할 수 있는 환상 놀이에 참여해서도 안 되며, 이것은 그러한 성인의 행동의 적절성에 대해 아동에게 매우 혼란스러운 메시지를 줄 수 있다. 아동이 치료자에게 자신의 허리를 매우 꽉 잡고서 아무 데도 가지 못하게 해 달라고 한다면 치료자는 그러한 역할을 거절해야 한다. 아동이 왜 치료자가 성적 환상 놀이에 참여하지 않는지 혼란스러워한다면, 놀이치료자는 아동의 요구에는 응하지 않으면서 그러한 혼란스러움에 대해서는 인정한다. 즉, "나는 이렇게 하는 것에 편안함을 느끼지 않는데, 왜냐하면 어른들이 그렇게 아동을 아프게 하는 건 괜찮지 않기 때문이야."와 같이 말한다.

이 부분이 많은 치료자에게 혼란스러운 부분이기 때문에, 아동중심 놀이치료에서 아동의 성적 놀이를 다루는 행동의 여러 수준에 대한 사례를 다음에 제시하였다. 사례는 부적절한 행동에 한계를 사용하는 것과 아동의 치료적 작업(이 경우, 성학대의 재현)을 위한 공감적 경청을 구분한다.

조니는 치료자에게 자신의 바지 속에 있는 것을 보고 싶은지 물은 다음, 대답을 기다리지도 않고 자신의 바지를 내렸다. 이에 대해 치료자는 "조니, 특별한 놀이실에서 너는 언제나 옷을 입고 있어야 하고, 나도 옷을 입고 있을 거란다. 그래서 우리의 사적인 부분은 가려져 있어. 나는 결코 네게 사적인 부분을 보거나 만져 봐도 되는지 묻지 않을 거고, 네 사적인 부분에 대해서도 그렇게 할 거야. 여기는 안전하고 편안하게 머물기 위해서 모든 사람이 옷을 입고 있을 필요가 있는 곳이야."라고 말하며 제한을 설정했다. 그러자 조니는 두 개의 인형을 가져오더니 옷을 벗겼다. 치료자는 "네가 그들의 옷을 벗기고 있구나. 이제 벌거벗었네."라고 반영했다. 조니는 그런 다음, 한 인형은 벌거벗은 것을 좋아하지 않고, 다른 한 인형은 그렇게 하는 걸 허락했다고 했다. 치료자는 "오, 그녀는 불편하구나. 이 벌거벗는 것은 그녀의 생각이 아니구나. 그녀는 자신이 선택한 것에 대해서 불편해하는구나."라고 말했다. 조니는 "아니요. 만약에 안 된다고 했다면 그 큰 여자애가 상처받았을 거예요."라고 했고 치료자는 계속해서 "그녀는 정말 두려워했던 것처럼 들리는구나. 도와줄 사람이 없었구나. 그녀는 그곳에서 나오기를 바랐겠구나."하고 말했다. 조니는 가해자 인형을 더 작은 인형의 위에 놓고 위아래로 움직였다. 치료자는 "그 큰 인형이 작은 인형 위에서 위아래로 움직이는구나. 작은 인형은 정말 혼란스럽고 두려울 거야."하고 반영했다.

이 경우, 치료자는 부적절하게 나타나는 행동에 대해서는 즉각 제한을 설정하지만 조니가 만들어 낸 은유에 대해서는 조심스러운 입장을 취하며, 가상적 놀이를 수용하고 공감적으로 경청한다. 치료자는 이러한 유형의 놀이가 아동의 작업을 나타낸다는 것을 기억해야 한다. 아동은 학대를 처리하고 있는 것이다. 치료자는 반응을 하기보다는 반영을 해야 한다. 치료자가 아동의 가상적 놀이에 대해서 불편해하고 한계를 설정하면, 그것은 학대와 연관된 아동의 수치심, 죄책감, 불안, 혼란을 가중시킬 위험이 있다. 본질적으로, 아동이 외상을 상징적으로 재현하는 놀이를 멈추게 하는 것은 학대의 비밀을 공모하는 데 이르는 것이다. 아동은 그것이 매우 위협적이기 때문에 종종 그러한 경험에 대해서 이야기하지 못한다. 아동중심 놀이치료자는 그것에 대해 의사소통할 하나의 기회를 제공할 수도 있고, 아동의 두려움, 무력감, 분노, 혼란스러운 감정을 다룰 수 있는 기회를 제공할 수도 있다. 학대당한 아동을 치료한 경험이 있는 아동중심 놀이치료자에게 수퍼비전을 받는 것은 치료자들이 자신의 반응을 논의할 수 있게 도와주며, 그러한 아동을 수용하고 돕는 데 있어서 좀 더 나은 위치에 설 수 있도록 도와줄 것이다.

아동중심 놀이치료에서의 접촉에 대해 부모에게 고지하고 서류화하기

앞서 기술한 것처럼, 접촉은 우리 사회에서 매우 민감한 사안이 되었다. 그러므로 치료를 시작하기 전에 부모에게 아동중심 놀이치료에서 접촉의 일부 유형이 일어날 수 있다는 점과 접촉의 사용은 아동의 욕구에 의해서 이끌어질 것이며, 아동과 놀이치료자 사이에는 어떠한 성적 · 성애적 접촉도 금지될 것임을 고지하는 게 현명하다. 치료자가 접촉을 사용할 필요가 있을 때(예를 들어, 놀이실을 소개하기 위해서 아동의 손을 잡아끄는 상황이나 놀이 시간이 끝나서 종료 경계를 세우려 하는 상황)에는 똑같이 부모에게 알려 주는 것이 중요하다. 더불어 놀이치료자는 부모에게 접촉이 일어날 때마다 회기 종료 후 설명하는 것을 확실히 할 필요가 있으며, 접촉이 어떻게 시작되었고, 다루어졌으며, 후속 결과나 아동의 반응이 어떠했는지를 포함해야 한다. 아동중심 놀이치료 회기 동안의 특정 접촉 사건 후에는 그 사건의 정황과 부모에게 한 설명을 명백하게 노트에 기록해 두어야 한다. 스스로를 보호하기 위해서 놀이치료자는 아동과의 신체 접촉에 관한 동의서를 만들 수도 있고 부모가 이 서면 계약서에 서명하도록 할 수도 있다.

접촉의 문제를 어떻게 다룰 것인가에 대해서 의구심이 들 때는 학회에 등록된 놀이치료자-지도감독자 간 수퍼비전이나 사례분석이 최선의 행동방침이다. 접촉 문제는 복잡하고, 놀이치료자들은 아동의 욕구뿐만 아니라 자신의 발달사, 감정, 욕구, 사고, 동기 등을 함께 고려할 필요가 있다. 인간으로서 치료자가 스스로를 이해하는 것은 그들이 아동중심 놀이치료자로서 누구인지를 명확히 할 뿐만 아니라, 그들이 아동중심 놀이치료에서 접촉을 어떻게 사용할 것인지 적절히 결정하도록 해 준다.

놀이치료학회(The Association for Play Therapy)는 '접촉에 관한 연구: 임상적 · 전문적 · 윤리적 문제들'을 3년마다 홈페이지(www.a4pt.org)에 등록하고 있는데, PDF 파일 형태로 확인할 수 있다. 이 자료는 접촉에 관한 모든 문제를 다루고 있으며, 접촉 주제에 대한 다른 자료에 관심이 있는 상담자들을 위해서 훌륭한 참고문헌을 제공한다.

Child-Centered Play Therapy

아동중심 놀이치료의 실제에서 문화 및 체계상 고려점

놀이치료에 대한 관심이 세계적으로 상당히 증가해 왔기 때문에, 미국과 다른 나라들에서는 최근 놀이치료가 문화적으로 다양해졌으며, 치료자들 역시 자신의 아동중심 놀이치료 작업에 영향을 줄 수 있는 문화적 문제들을 잘 인식하고 있는 것이 중요하다. 유사하게, 아동과 가족 치료자들의 작업은 아동과 가족 내, 혹은 종종 학교, 지역사회, 재정 상태, 또는 정부 서비스와 같은 다른 관련된 체계에 기반을 둔다. 놀이치료자들은 종종 아동이 연관된 이러한 다른 서비스나 환경에서의 도전을 마주한다. 예를 들어, 많은 놀이치료자가 자신이 아동에게 확립한 문제마저 빠르게 해결하라는 압력을 받는다며 불평한다. 때때로 아동보호기관이나 거주 상담 프로그램과 같은 다른 서비스 전달 체계와 협력하는 것은, 즉 아동중심 놀이치료와 다른 아동치료의 협력은 의사소통의 부족으로 오인되기도 한다. 이 장에서는 아동중심 놀이치료의 문화적 관련성과 아동중심 놀이치료를 사용할 때의 일반적인 체계상 문제의 일부, 그리고 그것을 극복하는 가능한 수단 등을 다룬다.

문화적 관련성

저자인 우리 셋과 놀이치료 동료들은 미국과 해외의 문화적으로 다양한 집단에서 훈련받고 일을 해 왔다. 더불어 많은 국가에서 놀이치료학회와 다른 전문가 집단이 치료자를 훈련시키고 놀이치료의 실제를 지지하고자 하는 목적으로 생기고 있다. 심지어 미국에서조차 많은 다른 문화적 배경을 가진 아동이 치료를 필요로 하고 있으므로 놀이치료자들은 각 아동의 가족과 문화적 환경에 맞는 개입을 할 수 있도록 문화적으로 깨어 있어야 하며 민감해야 한다.

이러한 논의를 위해서 문화는 가족의 역사, 즉 인종적 정체성, 민족적 유산, 관습, 신념, 그리고 실제를 나타낼 수 있다. 심지어 특정한 인종적 혹은 민족적 집단에 속한다 할지라도 엄청난 차이가 있으므로 일반화는 피해야만 한다. 각 개인과 각 가족은 그들의 고유 특징과 관습을 지닌다. 사실 모든 가족이 그들만의 고유한 문화적 신념과 믿음을 가지고 있으며, 이것은 그들이 살아가고 일을 하는 좀 더 넓은 문화와 사회에 기반을 둔다. 치료자들은 자신이 함께 작업하는 각 아동, 부모, 가족을 존중해야 하고, 그들에게 민감하고 수용적이어야 한다. 아동중심 놀이치료와 부모-자녀 놀이치료에서 중요한 공감은 협력적 관계를 발달시키고, 모든 가족에 대한 이해를 나타내는 데 중요하다.

사람들의 문화적 배경은 그들이 사물을 보는 방식과 행동하는 방식에 영향을 준다. 치료는 대개 가족의 역동에 변화를 일으키므로, 대부분의 문화적으로 민감한 개입은 치료 과정에 부모를 파트너로서 배치한다. 이러한 방식에서 치료자는 자신의 노력에 대해 공감적으로 경청하고, 치료적 개입이 부모의 세계관과 맞추어질 수 있게 논의한다. 부모와의 진정한 동반자 관계는 문화적으로 관련되고 적절한 개입을 만들어 낼 가능성이 더욱 높다. Gil과 Drewes는 그들의 책인 『놀이치료에서의 문화적 문제(*Cultural Issues in Play Therapy*)』(2005)에서 이 매혹적이고 중요한 영역을 탐색해 왔고, 다른 훌륭한 참고자료에서도 이를 살펴볼 수 있다(예를 들어, Ellis & Carlson, 2009). 다음에서는 아동중심 놀이치료 및 부모-자녀 놀이치료와 관련된 몇 가지 관점을 제시하고 있다.

모든 아동은 기회가 주어지면 놀이를 한다. 놀이는 보편적이고 어디에서나 아동에게 중요한 발달적 목적을 제공하는 것으로 보인다. 아동중심 놀이치료는 그것의 비지시적 특성 때문에 다양한 문화적 배경을 가진 아동에게 특히 적합하다. 놀이실에는 다양한 종류의 장난감이 쌓여 있고, 아동은 자신이 선택하는 대로 자유롭게 놀이한다.

왜냐하면 아동은 자신이 처한 문화에 젖어 있으므로 아동의 놀이는 그 문화적 환경에 대한 아동 자신의 인식을 반영하기 때문이다. 잘 훈련된 치료자들은 이 고유성을 평가하면서 각 아동의 개성에 수용하는 방식으로 반응한다. 중요한 목적은 아동이 그들 스스로를 받아들이는 것이고, 이것은 그들 자신의 인종적 또는 민족적 정체성에 대한 수용을 포함한다.

예를 들어, 7세 아프리카계 미국인 소년 샘은 지속적으로, 역시 아프리카계 미국인인 부모와의 부모-자녀 놀이치료 회기에서 어두운 피부색의 인형은 옆에 두고 옅은 피부색의 손 인형을 가지고 놀았다. 그의 부모는 아동의 이런 선택을 수용하기 위해서 공감 기술을 활용하였지만 치료자에게는 우려를 표했다. 샘의 행동은 상당히 신중했기 때문에 아동은 자신과 비슷한 피부색의 손 인형을 거부하고 있는 것처럼 보였다. 치료자는 부모의 말을 공감적으로 경청했고, 부모-자녀 놀이치료 과정이 진행될수록 그것이 아동의 감정에 대해서 좀 더 많은 단서를 제공해 줄 것이라며 믿어 보라고 했다. 그러한 특성이 나타난 네 번째 회기에서 샘은 어두운 피부색의 인형 중 하나를 선택해 놀이를 시작했다. 옅은 피부색을 가진 두 인형은 짙은 피부색을 가진 인형을 놀리기 시작했다. 아동의 어머니는 "그 소녀들이 그의 어두운 피부색을 놀리고 있구나. 그들이 그를 놀리고 있어……. 남자 아이는 정말 상처받았구나. 지금 그가 여자 아이들에게 욕을 하는구나. 그는 화가 나서, 이것에 대해서 슬퍼하고 있구나."라며 이 장면을 매우 잘 반영했다. 이 회기 후에 토의에서 치료자와 부모는 샘이 재현했던 것과 비슷한 문제들이 학교에서 일어났을 가능성이 있음을 가정했다. 그들은 함께 부모가 학교선생님 및 학교 상담가와 이 가능성에 대해서 이야기할 수 있도록 대책을 마련했다. 치료자는 또한 부모에게 아들이 인종에 대해서 좀 더 긍정적인 면을 볼 수 있도록 가족으로서 함께할 수 있는 활동을 고려해 볼 것을 권했다. 아마도 가장 중요한 것은 샘이 그 자신의 어려움을 해결하기 시작하려고 하는 방향이었다. 뒤이은 놀이 회기에서 아동은 어두운 피부색을 가진 인형에게 점점 더 힘을 부과하기 시작했으며, 놀리는 것에서 비롯된 그의 감정을 다루고 있는 것으로 보였다.

문화적인 요소는 종종 아동의 놀이에 대한 해석에 있어서 하나의 역할을 한다. 제6장의 놀이 주제에 대한 토의에서 적은 것처럼, 아동이 살아가는 맥락을 총체적으로 고려한 뒤, 해석은 잠정적으로만 하는 것이 중요하다. 아동은 자신의 문화적 맥락 하에서 놀이를 하는데, 부모는 치료자와 이것에 대해서 이야기를 나눌 수 있다. 부모는 아동의 놀이가 지니는 의미에 대한 지식과 통찰이 있으며, 그들이 아동중심 놀이치료와 전체 부모-자녀 놀이치료에 규칙적으로 참여할 때, 종종 아동의 놀이에 대한 의미에 불을 밝힐 수 있다. 부모는 그들 가족의 독특한 문화적 특성을 알고 있다. 예를 들어, 부모-자녀 놀이치료 회기에서 조부모와 한 4세 남아가 놀이를 할 때, 아동은 고무로 된 닭과 달걀이 들어 있는 작은 바구니에 매료되었다. 아동은 의도적으로 그 장난감들을 여러 차례 가지고 놀았고, 할머니에게도 여러 차례 "이 달걀들이 정말로 깨질까요?"라고 물었다. 아동은 정신적으로 질환이 있는 어머니의 드문드문한 양육 때문에 많은 애착 문제를 가지고 있었다. 아동을 규칙적으로 양육해 주는 사람은 할머니였고, 할머니는 치료자가 결코 고려할 수 없는 이 달걀 놀이에 대한 가능한 해석을 제안해 주었다. 할머니는 "아이가 나를 방문할 때마다 나는 보통 그를 위해서 뭔가 맛있는 것을 만들어 주곤 했어요. 나는 아이에게 빵 굽는 것을 돕게 했고, 그중에 하나가 달걀을 깨는 것이었어요."라고 언급했다. 가족 맥락에 대한 이러한 정보(달걀 깨기와 빵 굽는 일과)를 가지고 치료자와 할머니는 아동의 달걀 놀이와 질문들이 아마도 가족 내에서의 아동의 역할과 아동 자신이 얼마나 중요하게 달걀 깨는 일을 받아들였는지와 연관된다고 가정했다. 할머니는 자신의 양육과 관련된 노력이 아동에게 그렇게 의미가 있었다는 것에 또한 몹시 기뻐했다. 할머니만이 알고 있었던 가족 맥락이 없었다면 치료자는 이 놀이의 가장 그럴듯한 의미에 대해서 모르고 있었을 것이다.

그러나 가장 중요한 것은 부모와 개방적이고 진실되며 협력적인 관계를 만드는 것이다. 치료자는 겸손의 자세를 취해야만 한다. 치료자는 모든 것을 알 수도 없고, 그래야만 하는 것도 아니다. 모든 내담자가 나누어야 할 상당한 중요한 정보를 가지고 있으며, 치료자가 부모에게 공감하고 문화를 초월한 대화를 나누도록 북돋울 때 그들의 작업은 풍부해질 수 있다. 특히 개인과 가족의 정체성, 문화, 그리고 독특성에 대해 인정할 때 더욱 그러하다.

다른 전문가들의 아동중심 놀이치료에 대한 오해

다른 정신건강이나 의학적 전문가들이 항상 아동중심 놀이치료에 대해서, 또는 아동중심 놀이치료의 과정에 대해서 알고 있는 것은 아니며, 심지어 방법적인 부분에서 본질적인 훈련을 받지 못한 놀이치료자들의 경우에도 아동중심 놀이치료에 대한 오해를 지닐 수 있다. 우리는 아동중심 놀이치료가 이론이나 연구에 많은 근거를 두지 않고 말하는 사람의 의견을 반영한다는 주장을 많이 들어 왔다. 일부는 아동중심 놀이치료가 외상이나 애착 문제를 가진 아동에게 적합하지 않다고 주장한다. 다른 이들은 아동중심 놀이치료가 경계를 설정하거나 파괴적 행동에 대해서 한계를 설정하지 않고, 아동에게 무질서 상태를 제공한다고 믿는 것처럼 보인다. 또한 여전히 일부는 아동중심 놀이치료가 더 이상 단기 치료의 시대에는 실행 가능하지 않다고 말하기도 한다. 그러한 주장들은 일반적으로 수준 높은 아동중심 놀이치료 실제에 대한 이해가 부족한 것이다. 임상가들이 그러한 주장을 듣게 될 때는 반드시 질문을 해 봐야 하며, 참고한 문헌들의 출처를 평가하고, 경험 많고 자격 있는 아동중심 놀이치료자들과 논의해야 한다. 면밀히 조사를 할 때 우리는 일부 주장이 한 가지 또는 여러 이유로 인해서 단순히 유효하지 않다는 것을 알 수 있다. 그 이유는 불충분한 연구가 인용되었다든지, 인용된 연구가 의심스러운 방법론을 사용했다든지, 아동중심 놀이치료로 제공된 방법이 실제 적절하게 정의되고 수행된 아동중심 놀이치료와 유사성이 부족하다든지 또는 연구에서 치료를 제공하는 사람이 놀이치료 훈련을 받지 못했거나 연구에 등장하는 사람들이 아동중심 놀이치료에서 중요한 훈련을 받지 못했거나 혹은 두 경우 모두에 해당한다든지 등이다.

그러므로 아동 임상가들은 아동중심 놀이치료에 대한 모든 긍정적 · 부정적 주장을 회의적 태도를 가지고 고려할 필요가 있으며, 어떤 증거가 자료로 제시되든 직접적인 조사가 뒤따라야 한다. 실제로 아동중심 놀이치료가 사용되었는지, 연구 치료자들의 훈련 정도와 자격은 어떠한지, 연구 설계가 적용되었는지, 그리고 결론이 정확한지를 살펴본다. 제13장에서는 연구를 평가하는 것은 물론, 아동중심 놀이치료나 부모-자녀 놀이치료에서 보여 주는 실증적 연구를 요약하는 것에 있어서 좀 더 깊은 안내를 제공할 것이다. 마지막으로, 수준 높은 훈련과 수퍼비전을 받는 임상 실제를 경험한 아동중심 놀이치료자는 자기 자신이 취하는 접근의 영향력을 판단하는 데 있어서 좀 더 나은 위치에 있을 수 있다.

치료 결과에 대한 성급한 압력

아동중심 놀이치료자는 종종 상담을 의뢰한 곳, 부모, 보험회사로부터 빠른 결과를 성취할 것에 대한 압박을 받는다. 그러한 압박에 굴복하기 쉬울 수 있는데, 즉 타인의 기대를 충족시키지 못하기 때문에 치료 과정을 서두르려고 하거나 불충분하다고 느낄 수 있다. '빠르게 수리하라는' 압박의 근원을 이해하는 것은 치료자들이 이 상황을 좀 더 잘 다룰 수 있게 하고, 그들의 아동 내담자가 자신의 흥미를 진실하게 탐색할 수 있도록 만든다.

빠른 결과에 대한 압박은 보통 재정적인 동기에 의해서 따라온다. 몇몇 보험 회사들은 좀 더 적은 서비스와 회기를 승인함으로써 더 많은 이득을 취하려고 하는 것처럼 보인다. 정부 기금은 가능한 한 많은 가족에게 제한된 자원을 고루 나눠 주려고 한다. 일부 관료들은 그들이 나누어 주는 것보다 더 많은 기금을 소비하는 것처럼 보인다. 이러한 경우에 아동중심 놀이치료를 위한 재정은 불충분할 수 있고, 치료자들은 자주 더 많은 회기를 진행해야 하는 필요성을 정당화해야 한다. 언론을 담당하는 사람들을 교육하고, 아동중심 놀이치료의 경제적 이점을 표현하는 것도 도움이 될 수 있다.

하나의 사례를 들자면, 한 보험 회사가 전형적인 결과를 본 다음에 부모-자녀 놀이치료를 추천하기 시작했다. 이 회사는 역시 부모-자녀 놀이치료의 심리교육적인 특성, 그리고 그것의 장기적인 효과에 대한 연구를 좋아했다. 언론 · 매체 담당자는 치료자에게 부모-자녀 놀이치료를 소개받았고, 그가 후속적으로 회사 내의 다른 의사결정권자들을 교육했다. 때때로 보험 회사들은 자신의 직원들이 그러한 서비스로부터 이득을 얻을 수 있을 때 점진적으로 아동중심 놀이치료와 다른 놀이치료 접근에 대해서 배우려 한다.

유사하게, 지역사회 정신 건강 센터의 한 놀이치료자는 시와 주 프로그램 평가자들에게 어떻게 아동중심 놀이치료와 부모-자녀 놀이치료가 많은 아동이 지니는 문제의 근원적인 원인을 다루는지 교육했다. 그녀는 또한 이러한 접근들이 어떻게 '회전문 현상'을 줄이는지 보여 주었다. 회전문현상이란 내담자가 위기 상황에서 센터를 찾아오는 것, 가정에서만 부분적으로 단기적 문제해결을 시도하는 것, 위기가 지나간 후에 치료가 더 이상 도움이 되지 않는다는 이유로 치료를 너무 이르게 중도 종료하는 것, 내담자가 새로운 위기를 가지고 몇 달 후에 다시 나타나는 것이다. 발달적으로 좀 더 적합한 아동중심 놀이치료(이 책의 제2장과 제8장에서 논의한 부모 기술 훈련과 결합된 놀이치료의 다른 형태)는 가족을 위해서 좀 더 나은 결과를 가져올 수 있고, 이것은 가족의 참여를 개선하며 치료 효과를 더욱 높인다. 특히 부모-자녀 놀이치료는 관계자들이 이전에 보지 못했던 긍정적 결과를 낳는다. 결국 프로그램 평가자들은 단기적으로는 추가적인 자원이 필요하지만 장기적으로는 거의 자원이 필요하지 않은 놀이치료 접근에 열정적인 관심을 보인다.

부모와 학교 관계자들이 빠른 문제해결을 요구할 때, 이것은 아동의 행동에 대한 좌절과 우려를 가져오기 쉽다. 때때로 전문가의 도움을 받을 수 있는 곳으로 다시 소개할 정도로 꽤 절망적인 상황이 올 때까지 기다리게 될 수도 있다. 빠른 결과에 대한 압박은 그들의 무력감에 대한 표현일 가능성이 높은데, 왜냐하면 그들의 모든 시도가 실패를 거듭해 왔기 때문이다.

이러한 상황에서 아동중심 놀이치료는 먼저 그들의 우려와 걱정을 공감적으로 경청하는 것이 필요하다. 부모 그리고/또는 교사의 좌절에 대한 철저한 이해는 치료자가 보다 도움이 되는 반응을 하는 데 있어 유익하다. 예를 들어, 치료자는 교사가 아동의 산만성을 다룰 수 있도록 학교 관찰과 상담을 제안할 수 있다. 부모나 교사가 진정으로 자신의 말을 경청한다고 느낄 때에만 그들은 치료자의 상황에 대한 현실적인 평가를 들을 수 있다. 치료자는 그 후에 상황에 대한 교육을 할 수 있고, 그들을 긍정적인 행동으로 이끌 수 있으며, 희망을 갖게 할 수 있다.

캐시라는 이름의 치료자는 래리라는 6세 남아와 아동중심 놀이치료를 시작했다. 래리는 아버지가 갑작스럽게 심장마비로 돌아가신 후에 1학년 교실에서 자주 성질을 부렸다. 어머니는 우울했고, 부모-자녀 놀이치료는 어머니의 극도로 낮은 에너지 수준 때문에 금지되었다. 아동중심 놀이치료를 3회기 한 후에, 래리의 어머니는 캐시에게 아동중심 놀이치료가 효과가 없으며 래리의 선생님이 아동의 폭발적인 행동을 스스로 통제하게 하지 못하면 정학을 시키겠다고 부모를 겁주었다고 했다. 캐시는 아동의 어머니가 부족감을 느낀다고 추정했고, 특히 학교에서 빠르게 변화할 것을 요구할 때 더욱 그러하다고 생각했다. 캐시는 어머니의 말을 수용적이고 공감적인 자세로 경청했다. "학교에서 그러한 말을 들어서 너무 기분이 상했을 거예요. 어머니는 우리가 이 성질을 부리는 행동을 빨리 멈출 수 있기를 바라시죠……. 우리가 선생님 및 학교 상담가와 직접 이야기해 보는 것이 도움이 될까요? 아마도 우리가 여기서 하고 있는 것들에 대한 이야기와 어머니가 얼마나 협조적인지에 대해서 이야기할 수 있을 것 같아요. 그리고 우리는 동시에 선생님이 도울 수 있는 것들에 대해서도 생각해낼 수 있을 거예요."

적합한 계약서에 사인을 하고 나서 캐시는 선생님과 이야기했다. 다시, 치료자는 조심스럽게 공감적으로 선생님의 좌절과 분노에 대해 경청했다. 선생님의 화가 가라앉고 침착해지자 치료자는 아동중심 놀이치료가 어떻게 이루어지는지, 시간이 지나 어떠한 변화를 기대할 수 있는지에 대해서 설명했다. 그런 다음 치료자는 몇 가지 단기적인 해결책을 위해서 학교와 상담할 것을 제안했다. 캐시, 어머니, 선생님, 학교 상담가는 45분의 회의를 통해 모두를 만족시키는 임시적 계획을 세우게 되었다. 한 주의 행동 그래프는 떼쓰기를 불러일으켰을 법한 시간과 상황을 보여 주었다. 선생님은 단순한 강화 계획을 실행했고, 상담가는 학교 안에서 지지를 하는 방법으로서 래리를 만나기 시작했다. 이것은 선생님을 만족시켰고, 어머니의 압박감을 없앴으며, 아동중심 놀이치료를 할 시간을 주었다. 따라서 래리는 아동중심 놀이치료 회기를 충분히 가질 수 있었고, 종종 모래상자에 묻는 장면과 가상의 아버지와 축구 게임을 하는 장면을 연출했다. 12회기에서 선생님은 아동의 성질을 부리는 행동이 상당히 감소했다고 보고했다.

아동중심 놀이치료는 반드시 장기적으로 치료해야 하는 것이 아니다.

아동에게는 놀이실을 탐색하는 과정, 공격적 놀이, 퇴행적 놀이, 다른 주제 관련 놀이, 숙달놀이 등 최소 10회기가 추천된다(30분의 다른 전형적인 치료는 부모와 작업을 하는 시간 또는 다른 아동을 상담하거나 가족 개입을 위한 시간으로 쓸 수 있다). 메타분석에서, Bratton과 동료들(2005)은 대부분의 비지시적 놀이치료가 내담자와 평균 22회기를 진행한다고 보고하였다. 물론, 일부 복잡하거나 뿌리 깊은 문제들은 좀 더 시간이 걸리나 아동중심 놀이치료가 장기적 접근으로 정의되지는 않는다.

보육원이나 보호 시설에서 아동을 위한 아동중심 놀이치료

위탁양육체계에 배치되었던 아동은 이후의 적응에 영향을 주는 학대나 애착 붕괴를 경험해 왔다. 그들은 많은 정서적 · 사회적 욕구를 가지고 있다. 때때로 그들을 보호하기 위해서 고안된 이 체계가 그러한 요구를 충족하기에 불충분할 수 있으며, 이 체계 내에서 심지어 학대가 보고되기도 한다(Bernstein, 2001). 재정은 모든 재활을 위해서는 부족할 수 있고, 구성원들은 담당하는 건수가 많을 수 있다. 직원 훈련 프로그램은 아동에게 주어진 외상의 영향이나 애착 붕괴에 대한 견고한 기초를 제공하지 못한다. 이러한 기초 없이 사례를 다루는 직원들, 위탁부모, 거주 상담 프로그램 직원들은 아동의 붕괴된 행동이 함축하는 사회 정서적 요소에 대한 충분한 이해 없이 단순하게 그 행동을 나쁘다고 해석한다. 외상 반응적인 행동에 대한 오해로 인해 아동을 위한 사안에 최적이지 않은 결정을 내릴 수 있으며, 바라던 결과가 성취되지 않을 때 모든 관련된 사람들의 좌절 수준이 증가할 수 있다.

위탁/보호양육체계에서 어떤 유형의 아동에게나 정신건강치료를 제공하는 것은 어려움이 될 수 있는데, 이러한 아동의 상당수가 외상 반응 문제를 나타내지 않기 때문이기도 하거니와 앞서 기술한 것과 같은 체계의 불충분함 때문이기도 한다. 게다가 많은 곳에서 정신건강 양육 제공자와 보호서비스를 제공하는 기관 사이의 긴장이 존재한다. 이러한 긴장은 아마도 일에 내재하는 어려움, 불충분한 재정, 각각 다른 단체 간의 목표와 초점에 대한 이해 부족에서 발생한다. 즉, 종종 서비스 제공자가 다루기 힘든 아동에 대한 책임을 다룰 때, 체계의 문제는 좀 더 개인적인 것이 된다. 수많은 이유 때문에 의사소통과 협력은 상당히 부실할 수 있고, 많은 아동 치료자는 아동의 삶에 대해서, 그리고 아동의 배치가 이루어지는 것에 대해서 중요한 결정을 하기 전에 자신에게 상담을 하지 않은 것에 대해서 불평한다. 이것은 부실하고 아동에게 심리적으로 재앙적인 결과일 수 있는데, 다음의 사례가 이를 나타내 준다.

닉은 아버지에게 버림을 받았고, 어머니의 애인으로부터 신체적 학대를 받은 후에 위탁양육을 받게 되었다. 6세에 그는 반항적 · 공격적 행동을 포함하여 외상과 애착 붕괴에 대한 여러 신호를 보였다. 그는 아동중심 놀이치료에 빠르게 참여하게 되었고, 잘 해냈다. 그는 놀이 회기들에서 자신의 이전의 외상적인 경험을 다뤘고, 치료자를 자신의 놀이에 참여시켰다. 가상적 역할에서 아동은 주변의 여러 위험으로부터 치료자를 보호했고, 힘 있고 보호적인 역할을 실행함으로써 자신의 두려움에 숙달될 수 있었다. 1년 이상 지속된 아동중심 놀이치료의 확장된 과정을 통해 닉과 그 위탁 어머니의 사례를 다루던 아동보호서비스 단체는 아동이 나아졌다는 것을 목격했다.

하지만 상당한 진전을 보이다가 아동의 가정에서의 공격성과 파괴적 행동이 다시 증가했다. 닉은 치료자에게 위탁 어머니의 십대 친척이 그들과 함께 살게 되었다고 털어놨는데, 이 십대 소년이 아동을 성폭행했던 것이다. 그 뒤 닉은 이전 위탁했던 곳에서 있었던 성적 학대까지 폭로했다. 닉은 자신의 위탁 어머니에게 매우 애착을 갖고 있었고, 그 어머니는 닉을 입양할 생각까지 갖고 있었다. 그들은 인종적인 공통점을 갖고 있었는데, 그것은 닉에게 모국어를 쓰게 해 주었고, 익숙한 음식을 먹을 수 있게 해 주었으며, 확대가족과의 가족 의식과 행사에 편안함을 느끼게 해 주었다. 학대가 폭로된 이후에, 치료자는 의무로서 그것을 보고했다. 닉은 다른 가정에 배치되는 것으로 결정됐는데, 기본적으로 가해자가 가정에 살고 있었기 때문이었다.

위탁 어머니는 닉을 잃는 것에 대해서 매우 심란했지만 닉에게 자신을 떠나야 한다는 말을 꺼내지 못했다. 치료자는 이것을 의식하지 못하고 있었다. 게다가 위탁 양육 단체만이 전체적인 것을 숙지한 채 닉의 다음 치료 회기에서 그의 짐을 싸서 주며 새로운 위탁 어머니를 만나 함께 집으로 가게 했다. 닉과 치료자 누구도 이것을 알지 못했다. 이전 위탁 어머니는 헤어지는 인사도 없이 닉을 내려 주고 떠났다.

닉은 매우 상처받았고, 두려웠으며, 일련의 사건들에 혼란스러워했다. 새로운 위탁 어머니가 도착했을 때 닉은 슬픔을 가눌 수 없었고, 사무실에서 뛰쳐나갔으나 어쩔 수 없이 돌아가야만 했다. 치료자 또한 이것을 알지 못했다는 사실에 고통스러워했고, 알았다면 상황을 좀 더 용이하게 할 수 있었을 것이라고 생각했다. 치료자는 단체에 의사소통과 협조가 부재했던 것에 대한 잠재적 피해를 알렸다.

닉이 치료를 다시 시작했을 때, 그는 지난 해에 많은 것을 했던 놀이실로 들어오기를 거부했다. 아동은 새로운 집에서 문제행동을 보이기 시작했고, 여러 주 동안 놀이실에 들어가기를 거부했다. 닉은 치료실이나 놀이치료자를 강한 애착을 형성했던 위탁 어머니와의 외상적 분리와 연합시켰던 것이다. 치료자는 집단 회의실에 닉과의 작업을 위한 새로운 놀이 공간을 만들어야만 했고, 아동중심 놀이치료에 아동을 다시 참여시키는 일은 거의 4개월이 걸렸다. 이 경험을 한 후 치료자는 자신과 단체의 관계, 치료의 성격, 다시 그러한 상황이 발생하는 것을 막을 수 있는 방법에 대해 논의하기 위해서 단체에 회의를 요청했다.

이 사례에서 나타나듯이 아동중심 놀이치료 임상가들은 종종 의사결정권자들에게 도움이 될 수 있는 아동에 대한 가치 있는 정보를 얻는다. 이러한 이유에서 그들을 의사결정 팀의 일부로 포함하는 것은 중요하다. 임상가들이 그러한 결정에서 제외되거나 묵살되었다고 느낄 때 취할 수 있는 단계가 몇 가지 있다. 첫째, 그들은 담당 사례 관리자나 단체의 연락 담당자에게 접촉하여 모든 팀 회의에 참여해 줄 것을 요청한다. 그들은 법정에서 보고하는 것뿐 아니라 의사결정을 위해서 사용할 수 있는 치료 요약서를 제공할 수도 있다. 때때로 이것은 치료자를 포함하도록 주의를 기울이게 하는 데 충분하다. 치료자는 또한 관련 단체들과 그들의 관계를 강화하고 발전시키기 위한 방법을 찾는다.

둘째, 중요한 긴장이나 부정적인 태도가 위탁/보호양육 단체와 정신건강 관련 돌봄 제공자 사이에 존재하는데, 이것은 단순한 교차 훈련을 제안함으로써 매우 유익해질 수 있다. 때때로 큰 그림에서의 놀이치료와 아동치료자들의 역할에 대한 2시간짜리 프레젠테이션은 상당히 개선된 협업과 조정을 위한 상황을 조성한다. 예를 들어, 놀이치료를 제공하는 한 지역사회의 정신 건강 센터는 많은 내담자를 공유하는 아동보호 서비스 단체와 오랫동안 다툼이 있어 왔다. 종종 이 갈등은 특히 어려운 사례가 발생하거나 내담자가 부주의로 빠지게 될 때 표면화되었다. 두 단체는 결국 법적인 의무에 대한 정보, 재정 흐름, 어려움, 그들의 일에의 접근에 대한 정보를 공유하는 일련의 교차 훈련 회기를 가지게 되었다. 그때부터 문제가 되는 사례가 그들을 맞서게 하는 일은 없었고, 두 단체의 전문가들은 서로의 일과 한계에 대해서 더 나은 평가를 할 수 있었다. 놀이치료에 대한 보다 명확한 이해는 의뢰를 증가시켰고, 의사소통을 향상시켰으며, 두 단체 간의 경쟁적인 순간들을 줄였다. 결국 아동보호 서비스 단체는 정신 건강 센터의 놀이치료자들에게 자기 직원들이 주는 스트레스에 대처하고, 간접 외상화(vicarious traumatization)를 예방하기 위해 놀이 중심의 워크숍을 제공해 달라고 요청해 왔다.

이런 교육적 접근은 다른 단체들과 아동, 가족과 관련되거나 그들에게 영향을 주는 의사결정에 관계된 개인에게도 적용될 수 있다. 또한 이 접근은 가정폭력 전문가, 변호사, 판사, 법적 보호자를 위한 간단한 프로그램을 제안하는 치료자들을 포함한다. 의사결정 과정에 있어서 이들을 더 빈번하게 포함시켰음은 물론이거니와 다른 전문가들의 영역에서 심리사회적 문제에 대한 민감성을 높였고, 적합한 치료를 위한 법정명령 추천사항들을 포함시켰다.

일반적으로, 좌절과 불완전한 상호작용은 매우 고통받는 아동들을 위해 일하는 단체 간에 일어날 수 있는데, 그것은 본래 일 자체에서 생길 수 있는 스트레스나, 상치되는 듯한 다른 의무들로부터 생겨난 시스템의 문제를 시사하는 것일 수 있다. 이러한 경우에, 스트레스를 덜 받는 시간 동안 대화나 다른 교육적 노력을 하는 것이 더 도전적인 상황이 발생하지 않도록 예방할 수 있다.

지시적인 놀이치료와 아동중심 놀이치료 접목시키기

기본적으로 아동중심 놀이치료를 사용하는 놀이치료자가 특정 아동과 일부 지시적인 놀이치료를 실행해야 할 욕구를 느낄 때가 있다. 예를 들면, 학교나 시공간의 제약 때문에 놀이치료 작업 실시에 다소 어려움이 있는 일부 환경에서 그렇다(그러한 환경에서의 아동중심 놀이치료 실행에 대해 더 알아보기 위해서는 다음 부분을 참고할 것). 많은 아동이 제한된 시간에 도움을 필요로 하는 곳에서 치료자는 집단 놀이치료나 목표에 초점을 둔 인지행동 놀이치료를 할 수 있다. 때때로 놀이치료자들은 아동에게 가장 적합한 대처를 하기 위하여 특정 기술을 학습하고자 하기도 한다. 아동중심 놀이치료는 지시적인 놀이치료와 결합될 수 있으나 개입이 서로 다른 원리와 가정에 기반을 두고 있기 때문에 여러 문제를 고려해야만 한다.

비지시적이고 지시적인 놀이치료 접근이 결합될 때는 아동이 차이를 확실히 알도록 하는 것이 중요하다. 두 가지 형태의 놀이치료는 연속적으로만 사용되어야 하고, 동시에 사용되어서는 안 된다. 이것은 아동의 혼란을 막고, 아동에게 한 약속들을 온전하게 만든다. 만약 치료자가 "지금은 우리의 특별한 놀이 시간이야. 너는 네가 원하는 거의 모든 것을 할 수 있어. 네가 할 수 없는 것이 있다면 내가 알려 줄게."와 같이 아동중심 놀이치료를 표준적인 안내로 시작했다면, 치료의 종료 시간도 알려야 하고 명확히 종료될 때까지 비지시적인 입장을 존중해야만 한다. 치료자가 아동중심 놀이치료의 중간에 제안하는 것은 허용되지 않으며, 그것은 시작하는 안내에서 한 약속을 어기는 것이다.

특별한 방이라는 분위기를 보존하기 위해서는 아동중심 놀이치료를 위한 놀이실과 좀 더 지시적인 형태의 놀이치료를 위한 방을 구분하는 것이 가장 효과적이다. 만약에 놀이치료자가 모든 유형의 아동 치료를 단 하나의 사무실에서만 시행한다면, 치료자는 아동중심 놀이치료와 지시적인 접근 사이의 차이를 드러내는 것에 좀 더 창의성을 발휘할 필요가 있다. 한 가지 제안은 아동중심 놀이치료를 위한 장난감을 방의 한쪽 구석에 치워 두거나 담요를 덮어서 좀 더 지시적인 놀이치료 회기에서는 접근하지 못 하도록 해 두는 것이다(사용할 수도 있는 장난감들을 치료자가 꺼내는 것은 예외로 하고). 일부 놀이치료자들은 놀이실을 아동중심 놀이치료 공간과 좀 더 지시적인 놀이치료를 위한 공간 또는 예술적 개입이 일어날 수 있는 공간으로 나누어 둔다. 이 영역들은 가구나 장막으로 나뉜다. 한 학교 상담가(C. Mader와의 개인적 대화, 1998)는 상담실을 책장을 사용해 나눈 후 아동중심 놀이치료에서 사용할 장난감을 책장의 한쪽에 두었고, 작은 탁자와 비지시적 항목들은 다른 한쪽에 두었다. 치료자는 어디가 되었든 놀이영역에 아동이 머물 때 제한을 설정했다.

혼란을 피하는 다른 방법은(특히 지시적 놀이치료가 비지시적 회기 후에 즉각적으로 일어날 때) 회기를 시작할 때 아동에게 언어적으로 차이를 알려주고, 아동중심 놀이치료에서 계획된 다른 활동으로 바뀔 때 다시 알려주는 것이다. 치료자는 아마도 다음과 같이 말하면서 회기를 시작할 수 있다. “오늘 놀이 시간에 처음 부분에서는 네가 장난감을 가지고 어떻게 놀지 결정할 수 있고, 나중에 할 부분에서는 우리가 함께 어떻게 놀 수 있을지 선생님이 생각해 두었어.” 이것은 아동중심 놀이치료를 시작할 때의 안내에 뒤따라 올 수 있다. 아동중심 놀이치료 회기의 종료 즈음에, 치료자는 평소와 같이 5분 전, 1분 전에 알려 준 후 “지금부터는 네가 좋아할 것 같아서 내가 준비해 둔 특별한 것들을 해 볼 거야.”라고 설명한다.

대부분의 아동은 이러한 준비에 꽤 잘 적응한다. 심지어 같은 방에서 모든 것을 하더라도 각각 다른 장난감 세트를 사용하는 것을 추천한다.

아동중심 놀이치료와 결합된 지시적인 놀이치료의 예는 다음과 같다. 10세인 조나단은 가정에서 적대적 반항성을 보이고 학교에서 그것을 행동화하는 것 때문에 치료에 의뢰되었다. 학교는 그를 사회적 · 정서적으로 문제가 있는 아동을 위한 학급에 배치할 계획을 갖고 있으며, 부모는 그러한 즉각적인 대응에 절망적이었다. 일주일에 한 번 아동중심 놀이치료를 하고, 직접적인 문제행동을 해결하기 위해서 같은 주에 한 번 더 치료실을 방문했다. 역할놀이를 하는 사회적 상황에서 조나단은 전형적으로 화가 났고, 스스로를 좀 더 적절하게 표현할 수 있는 대인관계 기술을 배우도록 하자 공격적으로 반응했다. 따라서 인지행동치료에 근원을 둔 분노 워크북이 독서치료에 포함되었다. 이것은 조나단이 어떻게 화를 통제할 수 없게 되는지 더 잘 이해하도록 했다. 아동은 또한 자신을 화나게 하는 것들에 대한 생각을 변화시킴으로써 자신의 분노 반응을 조절할 수 있다는 것을 학습했다. 분노 유발 상황에 대해서 자신의 생각을 바꿈으로써 조나단은 화난 감정을 줄일 수 있게 되었고, 더 나은 결정을 할 수 있게 되었다. 치료자는 또한 부모에게 적절한 한계를 설정할 수 있도록 그들의 역량을 개선시켰고, 일관성을 숙달하게 했으며, 의미 있는 결과를 완수하도록 했다. 조나단의 아동중심 놀이치료는 수개월에 걸쳐 진행되었고, 지시적 접근을 포함한 여덟 회기 동안 그는 일반 교실에 남아 있을 수 있었다. 여기서 얻어진 이점은 아동중심 놀이치료 회기에 의해서 강화되었고, 거기서 조나단은 자신에 대해 숙달할 수 있었으며, 감정에 대한 적절한 표현을 개발시키고, 자아존중감을 상당히 발달시킬 수 있었다.

비지시적이고 지시적인 놀이치료 방법을 한 회기 내에서 사용할 때,

치료자는 그것을 하는 순서에 대해서 궁금증을 가질 수 있다. 일반적으로 우리는 아동중심 놀이치료로 시작해서 좀 더 지시적인 접근으로 끝내는 것을 선호한다. 이것에는 두 가지 주요한 이유가 있다. 첫 번째, 아동중심 놀이치료로 시작하는 것은 아동에게 이완할 수 있는 기회를 제공하고, 회기의 시작부터 그들 스스로의 문제에 대해서 좀 더 자유롭게 표현할 수 있기 때문이다. 고전적인 성인 상담과 아동중심 상담의 도입부는 "최근에 어떻게 지냈는지 말씀해 보세요."로 같다. 두 번째, 아동은 치료 회기를 마친 후 전형적으로 좀 더 구조화된 환경, 학교나 가정 등으로 돌아가기 때문에 지시적인 개입으로 끝마치는 것이 좀 더 구조화된 환경으로 들어가는 하나의 단계일 수 있고, 아마도 좀 더 쉽게 전환할 수 있을 것이다.

아동중심 놀이치료와 지시적 놀이치료 둘 다와 관련되어 회기의 시간을 어떻게 나눌 것인지, 회기들의 시간 길이 측면에 대해 의문이 있을 수 있다. 우리는 30분의 아동중심 놀이치료 회기 후에 뒤따라 10분에서 15분 정도의 지시적 놀이 회기가 꽤 효과적임을 발견했다. 시간이 좀 더 제한적이라면, 20분의 아동중심 놀이치료 회기 후에 10분의 지시적 부분을 실시할 수 있다. 이러한 제안들은 단순한 안내이므로 반드시 따를 필요는 없다.

학교, 병원, 가정에서 아동중심 놀이치료 활용

아동중심 놀이치료는 매우 변통성(變通性)이 높다. 다양한 장난감을 진열할 수 있는 곳이라면 거의 어느 곳에서나 실시할 수 있다. 제4장에 이미 기술한 대로, 한 학교 상담가(C. Mader와의 개인적 대화, 1998)는 교사와 학교 운영자들로부터 승인이 있을 때까지 수위 탈의실에서 처음 아동중심 놀이치료 회기를 시작했다. 매 회기를 통해 지속적으로 교실과 쉬는 시간에 좀 더 개선된 행동을 보이자 교사들은 아이들과 치료자가 무엇을 하는지는 모르지만 계속해 주기를 원한다고 하였다. 시간이 지나고, 학구(school district)에서는 놀이치료실로 사용하라며 밴을 제공했다. 치료자는 그 밴을 운전해서 상담을 제공하는 세 군데 학교에 나갔으며, 아동은 자신의 놀이 회기가 되면 밴으로 왔고, 이는 마치 책을 빌리기 위해 이동도서관을 방문하는 것과 상당히 비슷했다.

놀이실 전용 공간이 가능하지 않은 아동 위기 프로그램에서, 두 치료자(Caplin & Pernet과의 개인적 대화, 2004)는 부모-자녀 놀이 회기를 위해 큰 회의실을 활용했다. 그들은 놀이공간을 표시하기 위해서 바닥에 사각 운동 매트를 깔고 그 위에 장난감들을 놓았으며, 부모와 아동에게 그 공간 안에서 놀이할 것을 요청했다. 유사하게, 저자 중 한 명은 큰 집단 치료실에 의자를 원형으로 배치하여 잠정적인 아동중심 놀이치료 공간을 만들어냈고, 의자에 막힌 공간을 놀이 공간으로 지정했다.

소아과 병동 환경은 입원 환자들을 위해 일반적으로 사용 가능한 놀이실을 가지고 있지만, 그것은 개방되어 있고 누구나 사용 가능하다. 따라서 전형적으로 이러한 공간은 아동중심 놀이치료 회기에 적합하지 않다. 이동할 수 있는 장난감 세트가 작은 상담실에서는 사용 가능하며 심지어 그것은 진료실에서도 사용할 수 있다. 한 치료자는 의료센터의 소아과 층에서 만성적인 질환을 가진 아동들을 상담했다. 아동들은 앓아 누워 있는 상태였기 때문에 치료자가 그들의 병실로 장난감을 가져갔다. 장난감이 아무렇게나 굴러다니지 않게 하기 위해 플라스틱 보관함과 모형 인형 한 상자를 아동의 침대에 놓고, 휴대 가능한 인형 집과 소꿉놀이 장난감을 침대 옆 탁자에 두었다. 매우 아픈데도 아동들은 플라스틱 보관함과 탁자에 놓인 장난감을 가지고 매우 열정적으로 놀이했다. 치료자는 아동중심 놀이치료 회기를 수행하기 위해서 침대 옆에 앉았다. 아동은 치료자에게 다양한 변장 장난감(모자, 선글라스, 두건)과 근처의 다른 의자에 올려 둔 상자에서 거울 등을 가져다 달라고 했다.

가정에서 실시하는 아동중심 놀이치료나 부모-자녀 놀이치료 또한 가능하며 전체 치료는 집 안에서 이루어진다. 하지만 이러한 유형의 치료에는 독특한 어려움이 따르는데, 이는 치료자가 가정환경을 거의 통제할 수 없기 때문이다. 치료자는 휴대할 수 있는 장난감 세트를 사용하고, 안전하고 개인적인 공간에 장난감들을 배치한다. 침실 혹은 아동이 놀이하거나 많은 시간을 보내는 다른 방은 추천하지 않는다. 아동이 자주 가는 공간으로부터 치료 공간을 분리하고자 하는 노력 하에 일상적인 놀이나 다른 활동, 그리고 특별한 치료적 놀이 시간 사이의 구분이 명확해진다.

도전적인 상황은 가정환경이 다소 혼란스러울 때, 즉 텔레비전이 틀어져 있고, 다른 아동들이 들락거리면서 뛰어다니고, 이웃들이 방문하는 상황이다. 가정에서 회기를 진행하는 치료자는 부모가 놀이 회기를 위해 환경을 차분하게 만들 수 있도록 행동을 수정하거나 제안을 함으로써, 부모가 이러한 혼란을 다루는 법을 배우도록 한다. 한 놀이치료자가 부엌에서 가정 회기를 진행하고 있었을 때 다른 아동이 근처에서 계속 방해를 하고 있었다. 치료자는 작은 텔레비전과 비디오테이프들을 가지고 와서 상담을 할 동안 다른 아이가 옆에서 시청하게 해 주었다. 치료자는 또한 어머니가 요리를 할 때나 방해 없이 다른 일들을 다루어야 할 필요가 있을 때 비슷한 구조화 방법을 사용할 수 있도록 도왔다. 다른 어려움은 놀이를 위한 바닥이 깨끗하지 않거나 수리가 되지 않아서 적절하지 않을 때인데, 이러한 경우에는 나무로 된 탁자 위에서 회기를 진행하거나 장난감 혹은 의자 아래에 테이블보 같은 것을 깔고 회기를 진행할 수 있다.

적용

아동중심 놀이치료와 부모-자녀 놀이치료는 대개 대부분의 상황에 적용 가능한 방식이다. 『부모-자녀 놀이치료 사례집(*The Casebook of Filial Therapy*)』(VanFleet & Guerney, 2003)은 다양한 환경 하에서 부모-자녀 놀이치료를 수행하기 위해 치료자들이 시행하는 임상적·문화적·환경적 적용에 대한 다양한 사례를 포함한다. 치료자가 이러한 접근을 하는 데 있어서 어려움에 직면할 때, 또는 체계의 문제나 장애물에 직면할 때 그들은 다른 경험을 지닌 아동중심 놀이치료자나 지도감독자와 문제를 상의해야만 한다. 더욱이 지도감독자는 어려움이 발생했을 때 필요한 접근, 지도, 지지를 제공할 수 있다.

아동중심 놀이치료는 많은 사람이 알고 있는 것보다 복잡한 개입이다. 지도감독자는 치료자들이 진정으로 놀이치료 원칙에 머물도록, 아동중심 놀이치료 기술을 발달시킬 수 있도록, 일어나는 갈등을 다룰 수 있도록, 가족과 공감적·상호적·효과적 관계를 맺을 수 있도록 도움을 줄 수 있다. 이것은 치료자들이 아동과 가족에게 능력의 최대치를 제공하도록 한다. 그리고 대부분의 아동중심 놀이치료 전문가는 자신의 일에 있어서 특별한 보상을 발견한다.

제 5 부

연구와 전문적 문제

아동중심 놀이치료 연구와 부모-자녀 놀이치료

Albert Einstein은 "우리가 무엇을 하고 있는지 알고 있다면, 그것은 연구라고 할 수 없을 것이다."라는 말을 한 바 있다. 일반적으로는 심리치료의 실제에 대해서, 특히 놀이치료에 있어서 우리는 상당 부분을 모르고 있다. 연구는 결과와 효과성을 결정하며, 구체적인 가설이 다양한 환경 하에서 가장 관련된 결과를 도출해 내는 지속적인 과정이다. 아동과 가족에게 최선의 것을 제공하기 위해서 치료자는 자신이 사용하는 개입과 관련된 연구를 알 필요가 있다. 가능하다면 배경 지식을 더할 수 있는 연구를 실행하고 그것에 참여한다.

아동중심 놀이치료와 부모-자녀 놀이치료의 효과성을 나타내는 실증적인 기초는 여러 해 동안 꾸준히 성장해 왔다. 이 장에서는 임상적 지식의 다양한 출처가 지니는 장점에 대해서 간단히 토의하고, 지금까지의 주요한 연구 결과나 자료들을 요약한다.

치료 방법에 대한 지식을 얻을 수 있는 곳

여러 형태의 연구는 서로 다른 유형의 정보를 산출하므로, 이들 모두는 임상적 실제를 향상시키는 데 사용된다. 한 가지 출처의 정보에만 의지하는 것은 그것이 자신의 개인적 임상경험이든지 가장 엄격하게 통제된 연구 결과든지 간에 특정한 개입의 중요성을 온전히 다 알려 주지 않는다. 일반적으로 통제된 연구는 치료적 접근의 효과성에 대한 가장 강력한 증거를 제공하지만, 다른 유형의 자료나 정보는 임상가가 사용할 수 있는 세부사항까지도 제공한다.

수천 명의 아동치료자의 임상적 경험은 치료 방법의 적용과 응용에 대한 정보를 제공한다. 한편, 근거가 희박하거나 거의 없는 치료적 유행은 시간의 시험을 거치면서 거의 설자리를 잃게 되며, 결과가 나타나지 않는다면 그 인기는 사그라진다. 다른 한편으로 엄격한 연구에 의해 지지를 받는 치료 방법이라도 임상적 상담에 필요한 융통성과 실용성이 부족하다면 적용될 수 없을지도 모른다. 그러나 임상적 증거만 있을 경우, 그러한 치료는 치료자의 편견에 의해서 의미 있게 제한된다. 치료자는 자신의 상담이 효과가 있다고 느끼고 싶어 하며, 그러한 시각을 가지고 자신의 상담 결과를 볼 가능성이 높다. 적어도 어느 정도는 그렇다. 치료자를 활용한 아동중심 놀이치료 연구에서 치료자들은 아동중심 놀이치료가 시간, 장소, 방법에 있어서 유용하다고 하지만 그 결과는 자기보고에 의한 편견을 반영하고 있을 가능성이 있다.

예를 들어, 만약 한 조사에서 놀이치료자의 80%가 선택적 함묵증을 가진 아동에게 아동중심 놀이치료를 활용할 수 있다고 보고했고, 이들 중 65%는 아동이 8회기 내에 작은 소리로 속삭이기 시작했다고 보고 했다면, 임상가는 선택적 함묵증을 다루는 자신의 사례에 대해 아동중심 놀이치료의 적용을 고려해 보았을지도 모른다. 그러나 이 연구를 통해 객관적으로 아동중심 놀이치료가 선택적 함묵증 아동에게 실제적인 효과를 지니는지는 알 수 없다. 선택적 함묵증의 후속 사례들이 예측값을 가지고 있지도 않다.

유사하게, 잘 쓰인 개인 사례 연구는 구체적 아동이나 가족 상황, 관련된 반응들과 같은 아동중심 놀이치료의 미묘한 세부 사항들을 다른 임상가들에게 알려 준다. 일부 아동이나 가족들은 인구학적인, 그리고 주 호소 문제의 특성을 공유하기 때문에 전문가들은 그들 자신의 사례에 그러한 방법들이 어떻게 적용될 수 있을지 볼 수 있다. 사례연구는 가치 있는 후속연구를 위한 새로운 아이디어의 출처가 될 수 있고, 확립된 방법이 융통성 있게 작용하는 것을 보여 줄 수 있다.

그래서 각 사례 상황에서는 고유한 변수들이 있고, 하나의 사례를 가지고 다른 사례의 결과를 일반화할 수는 없다. 즉, 생물학자이자 인지생태학자인 Marc Bekoff는 "복수의 사례연구는 자료다."라고 말했다. 비슷한 방법론과 긍정적인 결과를 도출해 낸 다중의 사례연구를 간과해서는 안 되는데, 사례연구 자체가 가진 편견에도 불구하고, 그것이 방법론으로 조합된 자료에 확신을 더하기 때문이라는 것이다.

아동중심 놀이치료는 여러 조사연구와 사례연구에서 많은 다른 환경의 다양한 범위에 걸쳐 나타나는 문제들을 다루는 데 있어 효과적이다. 최근 놀이치료의 인기가 높아진 것도 부분적으로는 임상가와 가족들이 다른 사람들의 놀이치료에 대한 열정에 공감했기 때문이다. 이러한 증가하는 열정은 전문가들이 이론적 근거를 가지며, 고려해 볼 가치가 있고, 발달적으로도 조율된 치료방법인 아동중심 놀이치료를 선택하게 한다. 여기에 인용되지는 않았지만, 구체적인 임상 사례의 과학적 가치는 제한

적이며, 본래적으로 꽤 주관적이다.

수량적 연구는 임상가들에게 객관적인 치료의 효과성에 대한 확실을 제공한다. 잠재적으로 결과에 영향을 줄 수 있는 많은 변수를 통제하는 연구 설계는 결과에 신뢰를 더한다. 예를 들어, 구체적 치료 집단과 치료를 기다리는 대기 집단에 내담자들이 무작위 배치되어 수행한 연구의 결과는 치료의 효과성에 있어서 신뢰할 만한 측정으로 사료될 수 있다. 단일 치료 집단을 가지고 사건 사후 측정을 하는 연구는 아무런 측정도 하지 않는 사례 보고보다 더 많은 정보를 주지만, 그보다 통제집단과 비교집단을 사용하는 준 실험 연구 설계가 더욱 큰 확실성을 제공한다. 치료 전, 치료 중, 치료 후의 수치를 여러 번 측정하여 사용하는 시계열 설계 역시 결과에 영향을 주는 변수들을 가능한 한 많이 통제할 수 있다(연구설계에 대한 유용하고 고전적인 출처는 Stanley & Campbell[1973] 참고). 이러한 보다 엄격한 연구설계는 사회과학에서 증거기반의 치료를 확립하는 데 중요하고, 프로그램 행정가들과 투자자들이 프로그램에 더욱 매력을 느끼게 할 것이다. 수량 연구의 증가는 명백하게 아동중심 놀이치료와 부모-자녀 놀이치료의 효과성을 나타나고, 이러한 연구 결과 역시 다른 장에 요약되어 있다. 그러나 그것 자체만 가지고 수량적인 연구 형태로 충분하다고 할 수 없다.

프로그램 평가 연구는 전형적으로 연구에 최적인 상태는 아닌 현실 세계에서 수행된다. 프로그램 평가 연구는 가능하면 가장 잘 통제된 수단을 통하여 운영 중인 프로그램의 효과성을 결정하는 것을 목표로 하고 있지만, 실제적이고 윤리적인 어려움은 종종 실험적인 설계를 실행하는 능력을 감소시킨다. 예를 들어, 어떤 사람은 지역사회 정신 건강 센터에서의 놀이치료의 유용성에 대해서 평가하기를 원할 수 있다. 센터는 사례들을 언제 어떻게 임상가에게 할당할지 결정할 수 있는 체계를 가지고 있는데, 이 체계는 종종 대기 순서에서 기다려야 하는 시간이나 긴급성에 기초하기도 한다. 이러한 경우 아동을 치료 상황에 무작위로 할당하는 것은 윤리적인 문제를 발생시킬 수도 있다. 가령 치료가 시급하게 필요한 사람들에게 연구 때문에 놀이치료를 보류하거나 연기시키는 것이다. 종종 대기 순서에 따라 통제 집단을 사용하는 것은 프로그램 평가 연구를 강화시키지만 언제나 그런 것은 아니다. 그런 연구에서 매뉴얼화된 순서를 사용하는 것은 어려울 뿐 아니라, 임상적 환경에서의 많은 가족이 지닌 독특하고 다양한 욕구 때문이다. 특정 가족에게 반드시 중요한 것이 아님에도 일반적인 가치를 지닌 자료를 수집하기 위해서 평가는 가족이 즉각적으로 필요로 하는 서비스를 거부할 수 없다.

프로그램 평가 연구와 관련하여 다른 어려움은 종종 특정 단체나 정부 기관 감독자가 재정을 적절하게 사용했다는 증거로 제출하기 위해 그것을 수행한다는 점이다. 따라서 그것을 모두 학술지에 실을 필요는 없다. 많은 프로그램 평가 연구가 아동중심 놀이치료와 부모-자녀 놀이치료로 수행됐고, 이것은 매우 긍정적인 결과를 나타냈다(VanFleet, 1983, 1991). 정말 이러한 결과는 프로그램에 대한 재정 지원을 계속할 수 있도록 중요한 정책 결정자들에게 확신을 주기에 충분하다.

질적 연구는 양적 연구와는 다른 목적과 방법론을 가지고 있고, 그래서 서로 다른 유형의 정보를 제공한다. 질적 연구는 종종 방해가 되지 않는 관찰, 참여 관찰, 생태학적인 방법을 사용한다. 그것이 정확히 이루어졌을 때 질적 연구 역시 후속 연구를 제안하는 구체적인 자료 평가 방법이 될 수 있다. 질적 연구들은 흥미롭고 새로운 분야에서 이론을 개발한다는 가치가 있고, 양적 연구에서 얻어진 결과에 대한 잠정적인 설명을 제공한다는 가치가 있다. 예를 들어, 만약 양적 연구가 놀이치료의 효과성을 보여 준다면, 질적 연구는 왜 그러한지에 대한 이해에 기여할 수 있다. 아동중심 놀이치료나 부모-자녀 놀이치료 분야의 선행연구를 찾아보았을 때 나타난 연구들이 전적으로 질적 연구는 아니라 할지라도, 지금까지 이루어진 양적 연구의 일부는 질적인 요소를 포함한다. 그럼에도 현존하는 연구의 질적 측면은 좀 더 시험해 봐야 하는 임상적 실제에서 아동중심 놀이치료와 부모-자녀 놀이치료의 특성에 대한 가설을 제안해 왔다. 게다가 거기에는 수많은 중요한 임상가들과 부모-자녀 놀이치료에 대한 준비의 일부로서 비지시적 놀이 회기에 참여하는 부모들이 있다. 그들의 경험에 대해서 수행된 연구는 없지만 그들이 비공식적으로 언급한 내용은 접근에 힘을 더한다. 여러 사례에 있어서 그러한 임상가-부모는 우리에게 자신들의 가족 놀이 회기 경험이 매우 긍정적이어서 부모-자녀 놀이치료 훈련과 슈퍼비전을 좀 더 받고 싶을 정도라고 했다.

요약하자면, 많은 유형의 연구는 아동과 가족 내담자에게 최선으로 작용하는 치료적 방법을 임상가들에게 알려 줄 수 있다. 아동중심 놀이치료와 부모-자녀 놀이치료의 사용은 최근에 극적으로 증가했고, 조사와 프로그램 평가 연구가 그것들의 잠재적 가치를 나타내고 있다. 심지어 연구의 양도 시간에 따라 본질적으로 증가했다(Bratton et al., 200; VanFleet et al., 2005). 잘 고안되고, 수행되었으며, 한계 내에서 적절하게 해석된 양적 연구는 임상가들이 자신의 상담에 기초로 삼을 수 있는 가장 단단한 토대를 제공한다. 잘 이루어진 질적 연구는 연구에 대한 새로운 의문을 만들어 낼 수 있고, 치료가 어떻게 이루어지는지, 왜 그러한지에 대한 좀 더 세부적인 사항들을 있는 그대로 제공할 수 있다. 요점은, 양적 연구는 집의 기초와 골격을 만드는 반면, 질적 연구는 장식을 제공한다는 것이다. 다음 절에서는 아동중심 놀이치료와 부모-자녀 놀이치료의 실증적 지지를 위해 현재의 상태를 요약하도록 한다.

아동중심 놀이치료와 부모-자녀 놀이치료를 지지하는 연구

아동중심 놀이치료와 부모-자녀 놀이치료가 둘 다 효과적이라는 상당한 증거들이 있다. 이 부분에서 우리는 먼저 놀이치료와 부모-자녀 놀이치료 연구의 중요한 네 가지 참고문헌을 소개할 것이고, 그런 다음 연구 결과를 요약할 것이다. 이 네 가지 자료는 가장 잘 통제된 조건에서 놀이치료, 그중에서도 특히 아동중심 놀이치료와 부모-자녀 놀이치료를 수행한 양적인 연구에 기반을 두고 있다.

중요한 네 가지 자료

- 아동 놀이치료의 효과성: 치료 결과에 대한 메타분석연구(Bratton, S. C., Ray, D., Rhine, T., & Jones, L. (2005). The efficacy of play therapy with children: A meta-analytic review of treatment outcomes. Professional *Psychology: Research and Practice, 36*(4), 376-390). 이 논문은 지금까지의 놀이치료 연구 중 가장 방대한 메타분석을 보여 준다. 메타분석은 연구자들이 여러 치료 연구에 만연한 작은 연구 대상자들에게서 수집한 전체 치료 효과로, 많은 연구의 결과를 조합함으로써 보충할 수 있다. 이 중요한 메타연구에서, 저자들은 엄격한 기준에 부합하는 93개의 연구를 대상으로 하였다. 이 메타분석은 통제나 비교집단을 사용한 비지시적/인간중심적 놀이치료 연구 74개, 부모-자녀 놀이치료 26개를 조사했다. 이 논문은 사용된 기준, 다양한 결정에 대한 근거, 결과에 대해서 명확하게 규정하고 있으며, 결론 및 이 연구

에서 도출할 수 없었던 점에 대해서도 유익한 논의를 제시하고 있다. 따라서 놀이치료와 부모-자녀 놀이치료의 효과성을 명확하게 제시하고 있다.

- 증거기반 놀이치료(Ray, D. (2006). Evidence-based play therapy. In C. E. Schaefer & H. G. Kaduson (Eds.), *Contemporary play therapy: Theory, research, and practice* (pp. 136-157). New York: Guilford Press). 이 장은 놀이치료 연구의 중요성, 역사, 결과들의 개요를 보여 준다. 학교, 병원, 개인 상담, 클리닉 등과 같은 실제 내담자와 이루어진 연구의 딜레마와 단점에 대해 명확한 설명을 포함하고 있다. 이것은 놀이치료, 아동중심 놀이치료에 초점을 두고 강건성을 나타내는 연구 샘플링을 강조하고 있다. 연구를 실행하려고 하는 임상가들에게 유용한 정보를 제공해 주는 것은 물론, 상담을 의뢰할 곳을 보고 싶어 하는 사용자들, 재정 기관, 또는 행정가에게 놀이치료가 증거에 기반하고 있다는 정보를 제공한다.
- 아동을 위한 실증 기반의 놀이치료(Reddy, L., Files-Hall, T., & Schaefer, C. (Eds.). (2005). *Empirically based play interventions for children*. Washington, DC: America Psychological Association). 이 책의 각 장은 다른 유형의 놀이치료와 그 적용에 대해서 요약하고 있다. 이 책은 다양한 범위의 문제에 대해서 놀이치료 개입의 실증적 기반을 보여 주는 포괄적인 자료다.
- 아동을 위한 실증 기반의 놀이치료(VanFleet, R., Ryan, S., & Smith, S. (2005). Filial Therapy: A critical review. In L. Reddy, L., Files-Hall, T., & Schaefer, C. (Eds.), *Empirically based play interventions for children*, pp. 241-264, Washington, DC: America Psychological Association). 이 책에서 Reddy와 동료들은 부모-자녀 놀이치료의 역사적인 연구에 대해

서 요약하였고, 우리 저자 중 한 명(Sywulak)이 여기에 중대한 역할을 하였다. 그는 이 연구에서 여러 다른 문제와 환경에 처해 있는 가족을 돕는 힘을 보여 주면서 이 연구가 부모-자녀 놀이치료에 대해 가장 잘 통제된 좀 더 최근의 연구임을 강조한다. 그리고 부모-자녀 놀이치료의 효과성에 대한 실증적 증거를 지속적으로 발전시키고자 하는 임상가들을 위한 추천사항으로 끝맺는다. 이 장은 왜 부모-자녀 놀이치료를 보통 실증적으로 가장 근거 있는 놀이치료 형태로 여기는지에 대한 이유를 강조한다.

결과

Bratton과 동료들(2005)에 의한 놀이치료 메타분석 연구는 지금까지의 연구 중에서 가장 포괄적이다. 앞서 기술한 대로, 그들은 놀이치료의 활용에 대해서 잘 정의하였고, 사전 · 사후 검사를 실시한 통제 · 비교 집단을 가지며, 효과 크기를 계산하기 위해 충분한 자료를 준비하는 등 그들의 기준에 맞는 93개의 사례를 조사했다. 이 연구들은 다양한 호소 문제를 가지는 3,248명의 아동을 대상으로 하고 있다. Bratton과 동료들은 출판 여부에 따른 편견을 줄이기 위하여 출판된 연구와 그렇지 않은 연구 둘 다를 모두 조사했다(연구는 통계적으로 유의하다는 결과가 나타나면 좀 더 출판될 가능성이 있다). 메타분석은 전체 0.80의 효과 크기를 나타냈다. 이것은 상당한 효과 크기 수치로 간주되며, 놀이치료를 받는 아동이 놀이치료를 받지 않는 아동에 비해서 0.80의 표준편차만큼 상위에 있다는 것을 의미한다. 이 연구와 그 세부적인 분석은 놀이치료가 다양한 스펙트럼의 문제에 있어서 효과적임을 명백하게 보여 주며, 내면화 문제, 외현화 문제, 그리고 결합되어 나타나는 문제를 가진 아동에게 똑같이 효과적이다.

이 연구의 저자들은 또한 놀이치료의 유형과 지시적 · 비지시적(아동중심 놀이치료, 인간중심 놀이치료)인 이론적 근거를 포함하는 여러 연구의 특성에 대해서도 탐색했다. 비지시적 범주에 속하는 73건의 연구에 대한 평균적인 효과 크기는 0.92였다. 이 결과는 아동중심 놀이치료 접근의 효과를 명백히 증명한다. 다른 분석에서 그 효과성은 상담 환경, 아동의 성과 연령, 나타나는 문제에 상관없이 나타났다.

Bratton과 동료들(2005)은 또한 놀이 개입을 시행하는 개인에 대해서도 연구를 진행했다. 그들은 훈련된 부모가 정신건강전문가들의 수퍼비전 하에서 자녀와 시행하는 놀이 회기들을 분리하였다. 이 22건의 연구는 1.15라는 매우 높은 효과 크기를 산출했으나, 반면 정신건강 전문가에게 직접적으로 놀이 개입이 제공된 경우에는 효과 크기가 0.72로 나타났다. 이것은 부모-자녀 놀이치료에서 부모의 개입이 결과에 상당한 이득을 제공한다는 증거가 된다.

요약하자면, 메타분석은 놀이치료가 효과적이며, 비지시적 놀이치료는 매우 효과적이고, 부모-자녀 놀이치료에서 부모를 포함시키는 것은 더더욱 효과적이라는 것을 보여 준다. 어떤 메타분석이라 할지라도 포함되는 연구의 질에 따라 다르기는 하지만 Bratton과 동료들의 연구는 아동과 가족을 위한 개입으로서의 가족치료의 가치에 실증적인 증거를 제공한다.

다른 자료들은 지금까지의 놀이치료와 관련된, 구체적으로는 아동중심 놀이치료와 부모-자녀 놀이치료에 대한 연구를 축적시키고 분석했다. Reddy 등(2005)의 책은 다양한 문제와 환경에서의 놀이치료의 여러 방법을 뒷받침하는 증거를 탐색한다. 이 책은 명백하게 놀이치료의 실증적 기초와 후속 연구를 위한 방향을 추천한다. Ray(2006)는 아동중심 놀이치료나 비지시적 놀이치료를 사용한 통제된 여러 연구의 윤곽을 보여 주고, 이러한 방법들의 힘과 적용 가능성 등을 보여 준다. 그녀는 또한 후속 연구를 위한 시사점을 포함하여 놀이치료 연구의 현재 상태에 대한 명확하고 중요한 논의를 제공한다. VanFleet과 동료들(2005)은 가족치료와 놀이치료가 결합된 접근을 다루는 연구의 역사에 대한 개요를 제공하고, 10건의 최근의 통제된 연구에 대해서 논의하였으며, 부모-자녀 놀이치료 연구에 있어서 상당히 유사한 작업을 수행하였다. 이 책에서의 설명은 다른 문제, 환경, 문화에서 부모-자녀 놀이치료가 지니는 효과성과 강력함을 보여 준다. 이 장에서는 또한 임상가들이 부모-자녀 놀이치료의 기초가 되는 근거를 증가시킬 수 있는 방법을 강조한다.

요약하자면, 아동중심 놀이치료와 부모-자녀 놀이치료의 효과성에 대한 정보는 임상가의 자기보고, 사례연구, 보다 엄격하고 명확히 통제된 연구를 통한 조사 등 많은 출처를 지닌다. 더 많은 결과와 과정에 대한 연구가 필요하다 할지라도, 이 모델들에 대한 실증적인 지지는 여전히 강하다. 독자가 지금까지의 근거에 대한 좀 더 심오한 이해를 얻고자 한다면 여기에 기술된 네 가지 참고문헌을 구해 볼 것을 권한다. 이 자료는 아동 및 가족 내담자들과 놀이치료를 해 보려는 사람과 실증적인 지지를 받는 접근으로서 아동중심 놀이치료와 부모-자녀 놀이치료를 원하는 사람들에게 권장된다.

아동중심 놀이치료자의 역량 개발하기

아동중심 놀이치료는 믿을 수 없을 만큼 단순하다. 혹자는 네 가지 기법을 익히고 아동 놀이에 대한 해석을 조금 배우는 것이 쉽게 성취될 거라고 생각하기 쉽다. 그러나 사실 아동중심 놀이치료의 효과적인 실제에는 많은 미묘한 부분과 차이가 존재한다. 아동중심 놀이치료를 유창하게 사용하기 위해서 치료자들은 반드시 수퍼비전 하에서 실제 상담이 따르는 훈련을 받아야만 한다. 이 장에서는 이와 같이 고려해야만 하는 훈련 유형, 아동중심 놀이치료 지도감독자나 사례 상담가를 선택하는 데 있어서의 고려해야 할 사항, 다른 유용한 자료, 취득할 수 있는 아동중심 놀이치료 및 놀이치료 자격증을 세부적으로 다룬다.

훈련

놀이치료 분야가 성장을 지속함에 따라 수많은 대학이 놀이치료 과정 프로그램을 제공하고 있다. 하지만 이 과정 중 대부분은 사실상 소개하는 개론에 머무르며, 일부만 아동중심 놀이치료를 포함한 놀이치료의 실제에 있어서 깊이 있는 실질적 부분을 다룬다. 대학원 프로그램을 이미 이수한 전문가들은 놀이치료와 아동중심 놀이치료에서의 다양한 워크숍 및 집중적인 훈련프로그램을 들을 수 있다.

다양한 국가에서 현재 제공하는 놀이치료 학회들과 훈련 프로그램들을 나열하면 그 수가 압도적으로 방대할 수 있다. 그렇다면 어디서 시작할 것인가? 아동중심 놀이치료는 매우 널리 실행되고 있고, 수요도 증가하고 있으며, 놀이치료의 다른 유형에 대해 여러 방법에서 기본이 되기 때문에 시작하기에 좋은 지점이 된다. 아동중심 놀이치료 훈련은 치료자들에게 라포를 형성해 주고 아동의 발달적 · 사회심리적 욕구를 충족하게 해 주는 가장 효과적인 방법 중 하나다. 또한 이 지식은 아동 치료뿐 아니라 대부분의 다른 유형의 놀이치료에 적용될 수도 있다.

훈련 프로그램을 선택할 때 고려해야 할 몇 가지가 있다. 놀이치료 훈련 프로그램은 아동중심 놀이치료에서 반드시 필요한 것이 아니며, 그것에 대한 설명은 훈련의 범위와 깊이를 나타내야만 한다는 것이다. 미국에서 Rogers와 Axline의 이론에 영향을 받은 비지시적인 놀이치료 유형은 자주 아동중심 놀이치료로 불리는데, 이 책에서 다룬 것과 같다. 영국에서는 비지시적 놀이치료라고 좀 더 불린다. 인간 중심놀이치료 또는 내담자 중심 놀이치료 같이 다른 명칭으로도 지칭되는데, 혼란을 피하기 위해서는 훈련이 Axline의 여덟 가지 원리를 따르는지 아닌지를 알아내는 것이 최선이다.

이 여덟 가지 원칙에 대한 다른 해석들이 존재하기 때문에, 아동중심 놀이치료를 실시하는 데 있어서도 앞서 기술한 것처럼 다른 형태가 존재한다. 그러므로 치료자가 훈련 프로그램을 고려할 때 그 훈련 프로그램이 제시하는 해석 양식에 대한 세부사항을 요청하는 것이 바람직하다. 이러한 차이는 아동중심 놀이치료를 실행하는 방법이 정확히 한 가지만 있는 것이 아니라, 그러한 것은 없다는 것을 의미한다. 심지어 일부 훈련 프로그램의 내용은 Axline 이론에 의한 다양한 해석의 결과로, 이 책의 내용과 달라질 수 있다. 하지만 그러한 방식의 변화나 일부 기법의 실행상 변화에도 불구하고 아동중심 놀이치료 훈련을 제공하는 다른 전문가들이나 프로그램들 사이에는 상당히 일치하는 경향이 있다. 이 책에서 우리는 우리 자신이 현재 실행하고 있는 것과 같은 치료 방법을 사용하는 이유에 대해 분명히 표현하고자 했다. 치료자들이 아동중심 놀이치료의 일부 측면에서 다른 방법이나 해석을 마주하게 될 때, 강사나 지도감독자에게 그들이 그렇게 하는 이유에 대해서 이야기 나눌 것을 요청하는 것이 가치 있을 수 있다. 이러한 부분을 고려하는 것이 아동중심 놀이치료의 효과적인 임상가가 되는 과정의 일부이고, Axline의 여덟 가지 원칙이 사람들에게 고유한 작업으로 어떻게 적용되는지에 대해 이해할 수 있게 해 주기 때문이다.

아동중심 놀이치료에 대한 소개는 학회 발표에서나 대학에서의 폭넓은 놀이치료 교육과정, 1일 또는 2일로 진행되는 워크숍, 책이나 DVD 프로그램을 통해서 들을 수 있다. 이러한 것들은 아동중심 놀이치료의 기본적 전제들과 실제에 대해서 배울 수 있는 좋은 기회를 제공하지만 유창성이 필요한 기법이나 태도를 숙달하기에는 불충분하다. 많은 사람들이 과정에 대한 맥락적인 배경을 고려하지 않은 채, 놀이 회기의 일부만을 촬영한 동영상을 제공하는 짧은 프로그램에 참여하여 아동중심 놀이치료에 대한 오해를 키워 왔다. 따라서 심도 있는 훈련이 절대적으로 필요하다.

아동중심 놀이치료에 적어도 학기의 반 정도를 할애하는 대학원 과정, 적은 수의 사람이 모여 3~4일 정도 지속하는 집중적인 워크숍, 또는 점차 수준 높은 훈련을 제공하는 작은 규모의 연속적인 워크숍 등이 전문가들에게 아동중심 놀이치료 능력을 적절하게 발달시키도록 할 수 있다. 가장 최적의 훈련은 아동과 실제적인 상담이나 역할놀이를 함으로써 아동중심 놀이치료 기법을 실제적으로 실습하는 것이며, 이후에 강사는 각 참여자에게 개인적인 피드백을 제공한다. 상담 실습 동안의 각 개인의 기법에 대한 피드백과 관찰은 아동중심 놀이치료의 학습 경험을 최적화한다. 실습을 위해서 큰 집단을 작은 집단으로 나누어 진행하는 것은 소개하는 수준에서는 도움이 될 수 있지만 개별적인 피드백을 제공할 수는 없다.

치료자들은 이러한 훈련을 넘어서 실제 아동과의 상담에 아동중심 놀이치료를 활용할 때, 수퍼비전을 받으며 상담을 진행하는 것이 바람직하다. 이것은 다음 절에서 좀 더 깊이 있게 다룬다. 고급 아동중심 놀이치료 과정은 다양한 환경에서 여러 범위의 문제를 가진 더 복잡한 사례들에 있어서 치료자가 아동중심 놀이치료를 이해하고 사용할 수 있도록 한다.

수퍼비전

여러 형태의 치료 대부분에 있어서 훈련은 숙달로 가는 유일하고도 최초인 중요한 단계다. 많은 치료자가 훈련에서 배운 것을 실제 경험에 적용함으로써 더 많이 학습할 수 있다. 수천 명의 아동중심 놀이치료자를 훈련시키고 수퍼비전한 경험에서 가장 유능한 치료자는 경험 있는 아동중심 놀이치료 임상가와 지도감독자에게 수퍼비전을 받은 사람들이었다.

아동중심 놀이치료 작업에 있어서 올바른 지도감독자를 선택하는 일은 중요하다. 학회에 등록된 놀이치료자(www.a4pt.org 참고) 혹은 그와 동등한 자격을 가진 누군가로부터 배우는 것은 모두 중요하지만 지도감독자가 구체적으로 아동중심 놀이치료에 있어서 상당한 훈련과 경험을 가지고 있어야 하는 것은 필수다. 잠재적인 지도감독자는 자신의 훈련이나 수퍼비전을 받으면서 했던 경험, 어디서 그들이 아동중심 놀이치료 훈련을 받았는지, 누구로부터 수퍼비전을 받았는지, 얼마나 오랫동안 아동중심 놀이치료를 해 왔는지 등에 대한 과거사를 나누려고 할 것임에 틀림없다. 아동중심 놀이치료의 상담 실제는 널리 확산되어 있기 때문에 전 세계적으로 그 활용이 증가하고 있다. 또한 활용 가능한 많은 자격 있는 지도감독자도 있다. 지도감독자들은 특정한 치료 방법을 사용하는 데 있어서 전문가들의 능력과 자신감에 지대한 영향을 주기 때문에, 상당한 경험이 있고 자격을 갖춘 지도감독자를 찾는 일은 노력과 시간을 들일 만큼 가치 있는 일이다.

때때로 아동중심 놀이치료의 실행과 관련하여 훈련을 받는 동안 지도감독자는 치료자가 습득했던 것과는 다소 다른 방식의 접근을 할 것이다. 그러한 차이가 발견되면 두 전문가가 서로 만족스러운 합의점에 도달할 때까지 논의를 하는 것이 중요하다. 유능한 놀이치료자가 되기 위한 배움은 역동적이고 존중받는 수퍼비전 관계에서 기초가 되어야 하는 과정이다. 독단이 존재할 여지는 없으며, 그것은 경험 및 수퍼비전 피드백으로부터 오는 탐색과 전문적인 발달을 제한한다. 두 놀이치료자가 정확히 같을 수는 없다. 지도감독자는 그들이 하고 있는 것에 대해서 그들이 왜 그러한 추천을 하는지 설명할 수 있어야 한다. 수퍼비전을 받는 사람은 이러한 투입에 대해서 개방적이어야 하고, 회기에 대한 그들 자신의 반응을 나누고 탐색하는 데 흥미가 있어야 하며, 자신의 기술을 개선시키고자 해야 하고, 스스로의 학습 과정에서 적극적인 역할을 해야 한다.

수퍼비전은 여러 형태로 받을 수 있다. 직접 만나거나 비디오를 사용할 수도 있고, 전화나 이메일을 통할 수도 있으며, 컴퓨터에 있는 웹캠을 이용할 수도 있다. 실시간 수퍼비전이 다른 형태보다 선호되지만, 때때로 불가능한 경우도 있는데, 특히 근처에 아동중심 놀이치료 지도감독자가 없는 농촌지역이거나 그러한 나라일 때 그렇다. 따라서 종종 전화나 이메일 수퍼비전을 함께 사용하지만 비밀 보장에 대해서 각별한 주의가 필요하다. 이러한 방법은 언제나 온전히 사적이지 않기 때문이다. 수퍼비전이 직접적으로 실시되든 먼 거리에서 실시되든, 비디오의 사용은 과정의 질을 상당히 높여 준다. 수퍼비전으로부터 최대의 이득을 얻기 위해서 치료자들은 적어도 일부 시간에 자신의 아동중심 놀이치료 회기 비디오를 검토해 줄 것을 요청한다. 이것은 비디오를 사용하지 않고 단순히 회기에 대해서 이야기할 때 자칫 간과할 수 없는 미묘한 것에 대해 지도감독자가 놓치지 않고 보고 듣게 할 수 있다.

활용할 수 있는 자원

이 책에서 다루고 있는 자료를 늘리거나 확장할 수 있는 활용 가능한 자원으로는 다음과 같은 것이 있다.

실시간 워크숍

아동중심 놀이치료에서는 매우 다양한 곳에서 실시간 워크숍을 할 수 있다. 우리 모두는 전 세계적으로 아동중심 놀이치료 초급 · 중급 · 고급 훈련 프로그램을 제공하고 있으며, 다음에서 제시하는 주소로 연락을 취하면 된다. 저자들 중 한 명(VanFleet)이 전 세계 다양한 곳의 평판 좋고 자격 있는 훈련가들을 소개해 줄 수 있다.

- Rise VanFleet, PhD, RPT-S
  Family Enhancement and Play Therapy Center, Inc.
  P.O. Box 613, Boiling Springs, PA 17007
  Phone: 717-249-4707
  Website: www.play-therapy.com
  e-mail: Risevanfleet@aol.com

- Andrea E. Sywulak, PhD, RPT-S
  Sywulak and Weiss Psychological Associates, LLC
  928 Jaymor Road, Suite A-120, Southampton, PA 18966
  Phone: 215-355-8812
  e-mail: asywulakPC@gmail.com

- Cynthia Caparosa Sniscak, LPC, RPT-S
  Beech Street Program, LLC
  20-A Beech Street, Carlisle, PA 17013
  Phone: 717-245-2404

Website: www.beechstreetprogram.com

e-mail: csnis@yahoo.com

DVD 워크숍

www.play-therapy.com(내용은 사이트에 있는 목록 참조)에서 이용할 수 있으며, 제시되는 DVD워크숍은 아동중심 놀이치료의 세부사항을 다루고 있고, 실제 아동중심 놀이치료 회기에서 어떻게 나타나는지를 다룬다. 3시간짜리 DVD 세트로 구성되어 있으며 매뉴얼 책자가 함께 제공된다.

자격증

최근 통용되는 가능한 대부분의 자격증은 일반적으로 놀이치료나 부모-자녀 놀이치료에 대한 것이다. 다른 나라의 여러 전문가를 위한 놀이치료 협회에 대해 좀 더 알아보려면 www.play-therapy.com의 관련 페이지에 방문해 보라. 통용되는 정보를 이 페이지에 포함시키기 위해서는 노력이 필요하다.

이 책에서 다룬 Guerney의 영향을 받은 형태의 아동중심 놀이치료 관련 자격증 및 부모-자녀 놀이치료 관련 자격증은 다음의 기관에서 제공한다.

- Family Enhancement and Play Therapy Center, Inc.

  Phone: 717-249-4707

  Website: www.play-therapy.com

- National Institute of Relational Enhancement
  Phone: 301-986-1479
  Website: www.nire.org

결 론

아동중심 놀이치료는 다양한 아동 문제에 성공적으로 사용해 온, 실증적으로 근거가 있는 놀이치료 방법이다. 아동중심 놀이치료를 사용하는 많은 놀이치료자는 처음 자신의 내담자와 그 결과를 기술할 때 '마법'이라는 단어를 사용한다. 이 접근에 대한 아동의 반응이 실제로 때로는 마법처럼 느껴지기 때문이기도 하고, 아동기의 특별한 특징들 때문이기도 하다. 성인은 자신의 분주하거나 높은 스트레스를 받는 삶 속에서 간간이 즉흥성, 상상력, 즐거움을 찾는다. 즉, 그러한 것은 스트레스를 감소시키고 창의성을 북돋우며, 건강한 관계와 행복을 지원한다. 아동중심 놀이치료는 아동이 그들 자신의 모습 그대로일 수 있도록 문을 열어 주기 때문에 독특함을 가진다. 성인이 공감, 무조건적 긍정적 존중, 그리고 진정성을 제공할 때, 그들은 다시 한 번 아동기의 그 특별한 세계로 들어갈 수 있다. 고통받는 아동과 그들의 가족이 자신들의 삶에 있어서 더 큰 행복과 풍요로움을 가지고 살 수 있도록 돕는 것은 그 자체가 보상이 될 수 있을 것이다.

참고문헌

Adalist-Estrin, A. (1986). Parenting from behind bars. *Family Resource Coalition-FRC Report, 1*, 12-13.

Allan, J. A. B. (2008). *Inscapes of the child's world: Jungian counseling in schools and clinics.* New York: Continuum.

American Psychiatric Association. (2000). *Diagnostic and statistical manual of mental disorders* (4th ed., text rev.). Washington, DC: Author.

Axline, V. M. (1947). *Play therapy.* Boston: Houghton Mifflin.

Axline, V. M. (1964). *Dibs: In search of self.* New York: Ballantine Books.

Axline, V. M. (2069). *Play therapy* (rev. ed.). New York: Ballantine Books.

Barabash, K. J. (2004). Developmental filial therapy: Process-outcome research on strengthening child-parent relationships through play in a setting for victims of domestic violence (Doctoral dissertation, University of Victoria, Victoria, British Columbia). *Dissertation Abstracts International, 64*(7), 3513B.

Bekoff, M., & Byers, J. A. (Eds.). (1998). *Animal play: Evolutionary, comparative, and ecological perspectives.* Cambridge, UK: Cambridge University Press.

Benedict, H. E. (2006). Object relations play therapy: Applications to attachment problems and relational trauma. In C. E. Schaefer & H. G. Kaduson (Eds.), *Contemporary play therapy: Theory, research, and practice* (pp. 3-27). New York: Guilford Press.

Bergen, D. (2009). Pay as the learning medium for future scientists, mathematicians, and engineers. *American Journal of Play, 1*(4), 413-428.

Bernstein, N. (2001). *The lost children of Wilder: The epic struggle to change foster care.* New York: Vintage Books.

Bratton, S. C., Ray, D., Rhine, T., & Jones, L. (2005). The efficacy of play therapy with children: A meta-analytic review of treatment outcomes. *Professional Psychology: Research and Practice, 36*(4), 376-390.

Bronfenbrenner, U. (1979). *The ecology of human development.* Cambridge, MA: Harvard University Press.

Brown, S., & Vaughan, C. (2009). *Play: How it shapes the brain, opens the imagination, and invigorates the soul.* New York: Avery.

Burghardt, G. M. (2005). *The genesis of animal play: Testing the limits.* Cambridge, MA: The MIT Press.

Caplin, W., & Pernet, K. (in press). *Group filial therapy for at-risk families: A leader's manual for an effective short-term model.* Boiling Springs, PA: Play Therapy Press.

Chudacoff, H. P. (2007). *Children at play.* New York: New York University Press.

Clark, C. D., & Miller, P. J. (1998). Play. In H. Friedman (Ed.), *Encyclopedia of mental health* (Vol. 3, pp. 189-197). San Diego, CA: Academic Press.

Cochran, N., Nordling, W., & Cochran, J. (2010). *Child centered play therapy: A practical guide to developing therapeutic relationships with children.* Hoboken, NJ: Wiley.

Cohen, L. J. (2001). *Playful parenting.* New York: Ballantine Books.

Drewes, A. (Ed.). (2009). *Blending play therapy with cognitive behavioral therapy: Evidence-based and other effective treatments and techniques.* Hoboken, NJ: Wiley.

Ekman, P. (2007). *Emotions revealed* (2nd ed.). New York: Holt Paperbacks.

Elkind, D. (2007). *The power of play.* Cambridge, MA: Da Capo Lifelong Books.

Ellis, C. M., & Carlson, J. (2009). *Cross cultural awareness and social justice in counseling*. New York: Taylor & Francis.

Else, P. (2009). *The value of play*. New York: Continuum.

Fagen, R. (1981). *Animal play behavior*. New York: Oxford University Press.

Freud, A. (1974). The methods of child analysis. In *The writings of Anna Freud*. New York: International Universities Press. (Original work published 1927)

Gallo-Lopez, L. (2001). TV show storyboard. In H. G. Kaduson & C. E. Schaefer (Eds.), *101 more favorite play therapy techniques* (pp. 8-10). Northvale, NJ: Jason Aronson.

Gallo-Lopez, L., & Schaefer, C. E. (Eds.). (2005). *Play therapy with adolescents* (2nd ed.). Lanham, MD: Aronson.

Gil, E., & Drewes, A. A. (Eds.). (2005). *Cultural issues in play therapy*. New York: Guilford Press.

Ginsberg, B. G. (1976). Parents as therapeutic agents: The usefulness of filial therapy in a community mental health center. *American Journal of Community Psychology, 4*(1), 47-54.

Ginsberg, B. G. (1997). *Relationship enhancement family therapy*. New York: Wiley.

Ginsberg, B. G. (2003). An integrated, holistic model of child-centered family therapy. In R. VanFleet & L. F. Guerney (Eds.), *Casebook of filial therapy* (pp. 21-47). Boiling Springs, PA: Play Therapy Press.

Ginsberg, B. G., Sywulak, A. E., & Cramer, T. A. (1984). Beyond behavior modification: Client-centered play therapy with the retarded. *Academic Psychology Bulletin, 6*(1), 321-334.

Ginsburg, K. R. (2007). The importance of play in promoting healthy child development and maintaining strong parent-child bonds. *Pediatrics, 119*(1), 182-191.

Guerney, B. G., Jr. (1964). Filial therapy: Description and rationale. *Journal of Consulting Psychology, 28*(4), 303-310.

Guerney, B. G., Jr. (Ed.). (1969). *Psychotherapeutic agents: New roles for non-professionals, parents, and teachers*. New York: Holt, Rinehart & Winston.

Guerney, B. G., Jr., & Flumen, A. B. (1970). Teachers as psychotherapeutic agents for withdrawn children. *Journal of Psychology, 8*(2), 107-113.

Guerney, B. G., Jr., & Guerney, L. F. (1961). Analysis of interpersonal relationships as an aid to understanding family dynamics. A case report. *Journal of Clinical Psychology, 17*(3), 225-228.

Guerney, B. G., Stollak, G., & Guerney, L. F. (1970). A format for a new mode of psychological practice: Or, how to escape a zombie. *Consulting Psychologist, 2*(2), 97-105.

Guerney, B. G., Jr., Stollak, G., & Guerney, L. F. (1971). The practicing psychologist as educator: An alternative to the medical practitioner model. *The Consulting Psychologist, 2*(3), 276-282.

Guerney, B. G., Jr., & Stover, L. (1971). *Filial therapy: Final report on MH 1826401*. (Available from the National Institute of Relationship Enhancement, 12500 Blake Road, Silver Spring, MD 20904)

Guerney, L. F. (1976). Filial therapy program. In D. H. Olsen (Ed.), *Treating relationships* (pp. 67-91). Lake Mills, IA: Graphic.

Guerney, L. F. (1983). Introduction to filial therapy: Training parents as therapists. In P. A. Keller & L. G. Ritt (Eds.), *Innovations in clinical practice: A source book* (Vol. 2, pp. 26-39). Sarasota, FL: Professional Resource Exchange.

Guerney, L. F. (1991). Parenting as partners in treating behavior problems in early childhood settings. *Topics in Early Childhood Special Education, 11*(2), 74-90.

Guerney, L. F. (1995). *Parenting: A skills training manual* (5th ed.). North Bethesda, MD: IDEALS.

Guerney, L. F. (2001). Child-centered play therapy. *International Journal of Play Therapy, 10*(2), 13-31.

Guerney, L. F., & Guerney, B. G., Jr. (1987). Integrating child and family therapy. *Psychotherapy, 24*(3), 609-614.

Harris, Z. (2003). Filial therapy with incarcerated mothers in a county jail. In R. VanFleet & L. F. Guerney (Eds.), *Casebook of filial therapy* (pp. 373-384). Boiling Springs, PA: Play Therapy Press.

Hirsh-Pasek, K., Golinkoff, R. M., & Eyer, D. (2003). *Einstein never used flash cards: How our children really learn-and why they need to play more and memorize less*. New York: MJF Books.

Honoré, C. (2008). *Under pressure: Rescuing our children from the culture of hyperparenting*. New York: HarperOne.

Jernberg, A. M., & Booth, P. B. (1999). *Theraplay: Helping parents and children build better relationships through attachment based play* (2nd ed.). San Francisco: Jossey-Bass.

Jones, G. (2002). *Killing monsters: Why children need fantasy, super heroes, and make-believe violence*. New York: Basic Books.

Kaduson, H. G. (2006). *Play therapy for children with ADHD* [DVD]. Monroe Township, NJ: Author.

Knell, S. M. (1993). *Cognitive-behavioral play therapy*. Northvale, NJ: Aronson.

Kottman, T. (2002). *Partners in play: An Adlerian approach to play therapy*. Alexandria, VA: American Counseling Association.

Kottman, T., Ashby, J. S., & Degraaf, D. G. (2001). *Adventures in guidance: How to integrate fun into your guidance program*. Alexandria, VA: American Counseling Association.

Labovitz-Boik, B., & Goodwin, E. A. (2000). *Sandplay therapy: A step-by-step manual for psychotherapists of diverse orientations*. New York: Norton.

Landreth, G. L. (2002). *Play therapy: The art of the relationship* (2nd ed.). New York: Brunner-Routledge.

Landreth, G. L., & Bratton, S. C. (2006). *Child Parent Relationship Therapy (CPRT)*. New York: Routledge.

Landreth, G. L., & Lobaugh, A. (1998). Filial therapy with incarcerated fathers: Effects on parental acceptance of child, parental stress, and child adjustment. *Journal of Counseling and Development, 76*, 157-165.

Levy, D. (1938). Release therapy in young children. *Psychiatry, 1*, 387-389.

Lobaugh, A. (2003). Filial therapy with incarcerated fathers in a federal prison. On R. VanFleet & L. F. Guerney (Eds.), *Case book of filial therapy* (pp. 373-384). Boiling Springs, PA: Play Therapy Press.

London, K. B., & McConnell, P. B. (2008). *Play together, stay together: Happy and healthy play between people and dogs.* Black Earth, WI: McConnell.

Lowenfeld, M. (1979). *The world technique.* London: Allen & Unwin.

Mandelbaum, D., & Carter, L. (2003). Filial therapy in independent practice. In R. VanFleet & L. F. Guerney (Eds.), *Casebook of filial therapy* (pp. 361-372). Boiling Springs, PA: Play Therapy Press.

McConnell, P. B. (2006). *For the love of a dog: The biology of emotion in two species* [DVD]. Meridian, ID: Tawzer Dog Videos.

Mechling, J. (2008). Gun Play. *American Journal of Play, 1*(2), 192-209.

Miller, P. (2008). *Play with your dog.* Wenatchee, WA: Dogwise.

Minuchin, S. (1974). *Families and family therapy.* Cambridge, MA: Harvard University Press.

Munns, E. (Ed.). (2000). *Theraplay: Innovations in attachment-enhancing play therapy.* Northvale, NJ: Aronson.

Munns, E. (Ed.). (2009). *Aplications of family and group Theraplay.* Lanham, MD: Aronson.

Nordling, W. J., & Guerney, L. F. (1999). Typical stages in the child-centered play therapy process. *Journal for the Professional Counselor, 14*(1), 17-23.

O'Connor, K. J. (2000). *The play therapy primer* (2nd ed.). New York: Wiley.

O'Connor, K. J., & Braverman, L. D. (Eds.). (2009). *Play therapy theory and practice: Comparing theories and techniques* (2nd ed.). Hoboken, NJ: Wiley.

Paley, V. G. (2004). *A child's work: The importance of fantasy play.* Chicago: University of Chicago Press.

Panksepp, J. (2005). *Affective neuroscience: The foundations of human and animal emotions.* New York: Oxford University Press.

Pellegrini, A. D. (2008). The recess debate: A disjuncture between educational policy and scientific research. *American Journal of Play, 1*(2), 181-191.

Pellegrini, A. D., & Smith, P. K. (Eds.). (2005). *The nature of play: Great apes and humans.* New York: Guilford Press.

Perry, J. P., & Branum, L. (2009). Sometimes I Pounce on twigs because I'm a meat eater: Supporting physically active play and outdoor learning. *American Journal of Play, 2*(2), 195-214.

Ramos, A. M. (2003). Filial therapy after domestic violence. In R. VanFleet & L. Guerney (Eds.), *Casebook of filial therapy* (pp. 171-183). Boiling Springs, PA: Play Therapy Press.

Ray, D. (2006). Evidence-based play therapy. In C. E. Schaefer & H. G. Kaduson (Eds.), *Contemporary play therapy: Theory, research, and practice* (pp. 136-157). New York: Guilford Press.

Reddy, L., Files-Hall, T., & Schaefer, C. (Eds.). (2005). *Empirically based play interventions for children.* Washington, DC: American Psychological Association.

Reissman, F. (1965). The "helper" therapy principle. *Social Work, 10*(2), 27-32.

Reynolds, C. A. (2003). Filial therapy with parents earning GEDs. In R. VanFleet & L. Guerney (Eds.), *Casebook of filial therapy* (pp. 351-360). Boiling Springs, PA: Play Therapy Press.

Rogers, C. R. (1951). *Client-centered therapy.* Boston: Houghton Mifflin.

Sensue, M. E. (1981). *Filial therapy follow-up study: Effects on parental acceptance and child adjustment.* Unpublished doctoral dissertation, The Pennsylvania State University, University Park, PA.

Sori, C. F. (Ed.). (2006). *Engaging children in family therapy: Creative appro-*

aches to integrating theory and research in clinical pracice. New York: Routledge.

Stanley, J. C., & Campbell, D. T. (1973). *Experimental and quasi-experimental designs for research* (10th ed.). Chicago: Rand McNally College Publishing.

Sutton-Smith, B. (1997). *The ambiguity of play.* Cambridge, MA: Harvard University Press.

Sutton-Smith, B. (2008, January-February). To play or not to play. *The Pennsylvania Gazette*, pp. 18-19.

Sweeney, D. S., & Homeyer, L. E. (1999). *The handbook of group play therapy.* San Francisco: Jossey-Bass.

Sywulak, A. E. (1978). The effect of filial therapy on parental acceptance and child adjustment (Doctoral dissertation, Pennsylvania State University, 1977). *Dissertation Abstracts International, 38*(12), 6180B.

Sywulak, A. E. (2003). If the child is the boss, the boss needs to be fired: Filial therapy for children with ODD. In R. VanFleet & L. F. Guerney (Eds.), *Casebook of filial therapy* (pp. 49-64). Boiling Springs, PA: Play Therapy Press.

Terr, L. (1990). *Too scared to cry: How trauma affects children… and ultimately us all.* New York: Basic Books.

VanFleet, R. (1983). *Report on the skills-training program for parents of pediatric cardiology patients.* Technical report presented to Geisinger Medical Center, Danville, PA.

VanFleet, R. (1986). Mothers' perceptions of their families' needs when one of their children has diabetes mellitus: A developmental perspective (Doctoral dissertation, Pennsylvania State University, University Park, PA, 1985). *Dissertation Abstracts International, 47*(1), 324A.

VanFleet, R. (1990). *Therapist and child responses in child-centered play therapy: A training evaluation.* Technical report presented to the Pennsylvania

State Office of Mental Health, Harrisburg.

VanFleet, R. (1991). *An evaluation of the effectiveness of a home-based program combining play therapy, filial therapy, and children's intensive case management.* Technical report presented to the Pennsylvania State Office of Mental Health, Harrisburg.

VanFleet, R. (2000a). Short-term play therapy for families with chronic illness. In H. G. Kaduson & C. E. Schaefer (Eds.), *Short-term play therapy for children* (pp. 175-193). New York: Guilford Press.

VanFleet, R. (2000b). Understanding and overcoming parent resistance to play therapy. *International Journal of Play Therapy, 9*(1), 35-46.

VanFleet, R. (2004). *It's only natural: Exploring the play in play therapy workshop manual.* Boiling Springs, PA: Play Therapy Press.

VanFleet, R. (2005). *Filial therapy: Strengthening parent-child relationships through play* (2nd ed.). Sarasota, FL: Professional Resource Press.

VanFleet, R. (2006a). *Child-centered play therapy: A DVD workshop* [DVD]. Boiling Springs, PA: Play Therapy Press.

VanFleet, R. (2006b). *Introduction to filial therapy: A DVD workshop* [DVD]. Boiling Springs, PA: Play Therapy Press.

VanFleet, R. (2006c). Short-term play therapy for adoptive families: Facilitating adjustment and attachment with filial therapy. In H. G. Kaduson & C. E. Schaefer (Eds.), *Short-term play therapy for children* (2nd ed., pp. 145-168). New York: Guilford Press.

VanFleet, R. (2007). *Overcoming resistance: Engaging parents in play therapy* [DVD]. Boiling Springs, PA: Play Therapy Press.

VanFleet, R. (2008a). *Filial play Therapy* [part of Jon Carlson's DVD series on children and adolescents]. Washington, DC: American Psychological Association.

VanFleet, R. (2008b). *Play therapy with kids & canines: Benefits for children's developmental and psychosocial health.* Sarasota, FL: Professional Resource Press.

VanFleet, R. (2009). *Group play therapy with adolescents and young adults: An experiential approach to prevention and intervention.* Boiling Springs, PA: Play Therapy Press.

VanFleet, R., & Guerney, L. F. (Eds.). (2003). *Casebook of filial therapy.* Boiling Springs, PA: Play Therapy Press.

VanFleet, R., Lilly, J. P., & Kaduson, H. G. (1999). Play therapy for children exposed to violence: Individual, family, and community interventions. *International Journal of Play Therapy, 8*(1), 27-42.

VanFleet, R., Ryan, S., & Smith, S. (2005). Filial therapy: A critical review. In L. Reddy, T. Files-Hall, & C. Schaefer (Eds.), *Empirically based paly interventions for children* (pp. 241-264). Washington, DC: American Psychological Association.

VanFleet, R., & Sniscak, C. C. (2003a). Filial therapy for attachment-disrupted and disordered children. In R. VanFleet & L. F. Guerney (Eds.), *Casebook of filial therapy* (pp. 279-308). Boiling Springs, PA: Play Therapy Press.

VanFleet, R., & Sniscak, C. C. (2003b). Filial therapy for children exposed to traumatic events. In R. VanFleet & L. F. Guerney (Eds.), *Casebook of filial therapy* (pp. 113-137). Boiling Springs, PA.

VanFleet, R., & Sniscak, C. C. (2012). *Filial therapy for child trauma and attachment problems: Leader's manual for family groups.* Boiling Springs, PA: Play Therapy Press.

Wettig, H. H. G., Franke, U., & Fjordbak, B. S. (2006). Evaluating the effectiveness of Theraplay. On C. E. Schaefer & H. G. Kaduson (Eds.), *Contemporary play therapy: Theory, research, and practice* (pp. 103-135). New York: Guilford Press.

White, J., Draper, K., & Flynt, M. (2003). Kinder training: A school counselor and teacher consultation model integrating filial therapy and Adlerian theory. In R. VanFleet & L. F. Guerney (Eds.), *Casebook of filial therapy* (pp. 331-350). Boiling Springs, PA: Play Therapy Press.

Wilson, K., & Ryan, V. (2005). *Play therapy: A non-directive approach for children and adolescents* (2nd ed.). London: Balliére Tindall.

Winerman, L. (2009). Playtime in peril. *Monitor on Psychology, 40*(8), 50-52.

Wright, C., & Walker, J. (2003). Using filial therapy with Head Start families. In R. VanFleet & L F. Guerney (Eds.), *Casebook of filial therapy* (pp. 309-330). Boiling Springs, PA: Play Therapy Press.

찾아보기

인명

내용

Risë VanFleet 박사는 Pennsylvania 주 Boiling Springs의 Family Enhancement and Play Therapy Center의 창립자이자 센터장이다. 이 기관은 아동, 가족, 놀이치료 전문가를 위한 훈련프로그램과 수퍼비전 프로그램을 진행하고 있다. Pennsylvania 주에서 심리학자 면허를 가지고 있는 VanFleet 박사는 공인받은 갖춘 부모-자녀 관계 놀이치료자 겸 지도감독자, 그리고 교육전문가면서, 국제놀이치료학회에 등록된 놀이치료자 겸 지도감독자다. 그녀는 놀이를 통해 가족 관계를 강화시키는 것에 관심이 있다. 주요 분야는 만성적인 질환을 가진 아동과 가족, 재난 정신 건강, 아동-가족의 정신적 외상, 놀이와 부모-자녀 놀이치료를 활용한 애착 개입, 견공보조 놀이치료 등이며, 자신이 키우는 몇 마리 개와 정기적으로 상담을 진행하고 있다.

Andrea E. Sywulak 박사는 Pennsylvania 주 Southampton에서 1986년 설립한 사설 센터인 Sywulak & Weiss Psychological Associates(LLC)의 장이다. 그녀는 Pennsylvania 주에서 심리학자로서 면허를 받았다. 사설 센터에서 그녀는 특별히 어린 아이가 있는 가족들과 함께 아동기에 나타날 수 있는 다양한 문제를 작업하는 데 부모-자녀 놀이치료를 적용하는 상담을 해 오고 있다. 그녀는 또한 공인받은 놀이치료자이자 지도감독자다.

Sywulak 박사는 수백 명의 전문가에게 아동중심 놀이치료와 부모-자녀 놀이치료를 해 오고 있으며, 아동 심리치료에서 다른 전문가들에게 정기적으로 수퍼비전을 요청받고 있다. 그녀는 이러한 방식으로 또는 전문가들이 적용하는 방식대로 다양한 지역, 국가적 · 국제적 회의에서 프레젠테이션을 진행하고 있다.

그녀는 또한 위탁 부모를 대상으로 한 훈련 프로그램을 위한 여러 초기 훈련 매뉴얼과 비디오 스크립트를 제작했으며, Pennsylvania 주의 아동복지사를 대상으로 아동중심 놀이치료의 원리로부터 유래한 기술들을 교사, 위탁부모에게 가르치는 주 단위 프로젝트를 진행하였다. 그녀는 이 프로젝트의 일부로 수백 명의 아동복지사를 지도감독하였다.

아동 외상의 효과와 가족 문제를 기본적으로 다루는 법정 심리학자로서

Sywulak 박사는 수백 명에 대한 양육권 평가를 수행했으며, Pennsylvania 주 전역에서 전문가 증인으로서 증언하였고, 종종 법정에서 지정한 치료자나 부모 조정자로 지명되어 왔다. 그녀는 안구운동 민감 소실 및 재처리(EMDR)와 뇌치료모델을 포함하여 외상치료 모델에서 고도의 훈련을 받았으며, 이것을 아동중심 놀이치료와 부모-자녀 놀이치료 작업에 통합하고 있다.

Cynthia Caparosa Sniscak 전문상담사(LPC)는 Beech Street Program(BSP)의 장이자 편집자며 대표다. BSP 프로그램은 편안하고, 즐겁고, 가족 친화적인 환경에서 아동, 청소년, 가족에 대한 포괄적인 정신 건강 서비스를 제공하는 사설기관이다. Sniscak은 Pennsylvania의 면허가 있는 전문상담자로, 공인된 놀이치료자-지도감독자며, 공인받은 부모-자녀 놀이치료자, 지도감독자 겸 교육 전문가고, 국가 공인 심리학자다. 그녀는 또한 BSP 프로그램에서 견공보조 놀이치료를 공동치료자인 래브러두들 종의 개 헨리와 함께 제공하고 있다.

Sniscak은 놀이치료, 부모-자녀 놀이치료, 부모 상담, 행동 관리 등을 전문적으로 사용하여, 특히 광범위한 외상 문제나 애착 문제를 가진 아동과 다양한 문제를 가진 가족과 작업하고 있다. 그녀는 치료의 전 과정에서 부모와 가깝게 작업하며, 학교, 의료기관, 아동 복지, 다른 정신 건강 전문가들과 협력하고 있다. 또한 Sniscak은 아동중심 놀이치료와 부모-자녀 놀이치료를 포함하여, 아동과 가족치료자들에게 수퍼비전을 제공하고 있다. 그녀는 또한 아동과 관련된 커뮤니티, 대학에 있는 프로그램과 정신 건강 기관에 훈련을 제공하고 있다. 그녀는 학대 상황에서 일하는 피항소인의 법집행을 위한 Pennsylvania 주 훈련 프로그램을 개발하는 일을 돕고 있다. 그녀는 주 단위, 국가 단위 그리고 국제 학회에서 특별 연사였으며, 놀이치료와 관련된 여러 책을 공동 저술하였다. Sniscak은 부모-자녀 놀이치료의 전문적 훈련에 뛰어난 기여를 한 공으로 2007년 Family Enhancement & Play Therapy Center 상을 수상하는 영광을 안았다.

권윤정

서울대학교 아동가족학과 아동학전공 박사과정 수료
전 서경대학교 아동학과 겸임교수
현 서경대학교 강사 및 학생생활연구소 상담위원
이음세움 심리상담센터 놀이치료사
한국행동분석학회 이사

저서 및 역서

영유아 언어지도(공저, 학지사, 2011)

유아 다문화교육(공저, 교문사, 2011)

유아 다문화교육 프로그램(공저, 학지사, 2011)

공격적 아동을 위한 놀이치료핸드북(공역, 학지사, 2012)

아동중심 놀이치료

Child-Centered Play Therapy

2013년 9월 10일 1판 1쇄 발행
2024년 1월 25일 1판 7쇄 발행

지은이 • Risë VanFleet, Andrea E. Sywulak, Cynthia Caparosa Sniscak
옮긴이 • 권 윤 정
펴낸이 • 김 진 환
펴낸곳 • (주) 학지사
04031 서울특별시 마포구 양화로 15길 20 마인드월드빌딩 5층
대표전화 • 02) 330-5114 팩스 • 02) 324-2345
등록번호 • 제313-2006-000265호
홈페이지 • http://www.hakjisa.co.kr
인스타그램 • https://www.instagram.com/hakjisabook

ISBN 978-89-997-0203-7 93180

정가 17,000원

역자와의 협약으로 인지는 생략합니다.
파본은 구입처에서 교환하여 드립니다.